中国教科书理论研究书系

石 鸥／主 编

国家出版基金项目
NATIONAL PUBLICATION FOUNDATION

教科书文化学

辛继湘／著

SPM 南方传媒
全国优秀出版社
全国百佳图书出版单位
广东教育出版社
·广 州·

图书在版编目（CIP）数据

教科书文化学／辛继湘著. --广州：广东教育出版
社，2024.12. --（中国教科书理论研究丛书／石鸥主编）.
--ISBN 978-7-5548-7070-9

Ⅰ. G423.3

中国国家版本馆 CIP 数据核字第 2024LQ4357 号

教科书文化学

JIAOKESHU WENHUAXUE

出 版 人：朱文清
丛书策划：李朝明
项目负责：林 蔺
责任编辑：孙玉扉 程 兰
责任校对：王惠贤
责任技编：许伟斌
装帧设计：陈宇丹
出版发行：广东教育出版社
　　　　　（广州市环市东路 472 号 12—15 楼　邮政编码：510075）
销售热线：020-87615809
网　　址：http://www.gjs.cn
E-mail：gjs-quality@nfcb.com.cn
发　　行：广东新华发行集团股份有限公司
印　　刷：广东信源文化科技有限公司
　　　　　（广州市番禺区大龙街竹山工业路 57 号）
规　　格：787 mm×1092 mm　1/16
印　　张：15.75
字　　数：265 千
版　　次：2024 年 12 月第 1 版
　　　　　2024 年 12 月第 1 次印刷
定　　价：88.00 元

如发现因印装质量问题影响阅读，请与本社联系调换（电话：020-87613102）

序
一

　　没有人会怀疑"书籍是人类进步的阶梯"，而这个"阶梯"中最基础、最坚实的那一部分便是教科书。与高头讲章相比，孩童手捧的小课本似乎是微不足道的，但小课本却有大启蒙、大学问。课本虽小，却能培根铸魂、启智增慧。习近平总书记指出，要大力"培养能够担当民族复兴大任的时代新人"。而教科书正是培养时代新人最重要、最直接、最影响深远的工具。它体现国家意志，承载优秀文化成果；它传播科学知识，打开每个人心灵的窗户；它凝心聚力，培育代代新人，为民族复兴注入持久而深沉的力量。可以说，有什么样的教科书，就有什么样的年轻人，也就有什么样的国家未来、民族未来。同样地，我们想要什么样的年轻人，想要什么样的国家未来、民族未来，就要建设什么样的教科书。教科书是"小课本"，但"小课本"却关乎国家大事。

　　石鸥教授从20世纪90年代起就对教科书产生了浓厚的兴趣，边收藏边研究，执着地走到今天，所藏教科书已具博物馆规模，研究团队日益壮大，研究成果不断涌现。2015年，鉴于教科书研究的重要性以及石鸥教授带领的团队在教科书研究上的成果和优势，我所在的教育部基础教育课程教材发展中心与首都师范大学合作，联合成立了"中国基础教育教科书研究与评价中心"，致力于研究基础教育教科书发展和评价中的理论与现实问题。多年来，首都师范大学教科书研究成果丰硕,影响力日益扩大。

摆在读者面前的这套"中国教科书理论研究丛书",既是石鸥教授团队的又一重要成果,更是理论研究对教科书实践的积极回应,是教科书建设的"及时雨"。该丛书不仅把教科书理论推上了一个新高度,也为该领域的一些现实关切和争议的问题提供了专业、科学的解答思路。该丛书的面世对于提升我国教科书研究的理论水平具有重要意义。该丛书分为两辑,此前我为之作序的第一辑已经出版,一经面世就深受好评,屡获重要奖项;本次出版的是第二辑。在第二辑中,研究者将从文化学、心理学、管理学、编辑学、传播学、技术学、评价学等理论视角和专题领域切入,进一步丰富教科书理论体系,回答教科书实践问题。有理由相信,这套"中国教科书理论研究丛书"将推动我国教科书研究迈上一个新台阶。

恩格斯指出,"一个民族要想站在科学的最高峰,就一刻也不能没有理论思维"。当前,我国教科书建设亟须理论支持。在某种意义上,教科书理论已经严重滞后于教科书实践,教科书实践正在不断倒逼教科书理论研究。如何评判一本教科书的质量?如何通过教科书培养能够担当民族复兴大任的时代新人?如何提高教科书质量以满足人民群众对更高水平、更加优质教育的期盼?如何在教科书中处理好本土化与国际化、政治性与科学性、传承与创新、教与学的关系?这些问题在理论上都没有得到很好的解释与解决。尤其是,如何增强中国自己的教科书话语能力(从长远来看,教科书话语能力体现的是国家教育实力与教育科学实力),如何构建以中国话语说中国经验的具有中国特色、中国气派的"教科书学"等,已经成为我们这一代教科书研究者的时代使命。

这是一个需要教科书理论、呼唤教科书理论的时代。

教科书研究者任重道远。

田慧生　首都师范大学教授

2024 年 3 月

序
二

一

教科书应该是世上最珍贵的文本，也是最深入浅出、通俗易懂的文本。它是人类知识的精华，对读者的影响深刻而持久。莫言对此是有感受的："让我收益最大的是上个世纪（20世纪）50年代末60年代初期，我大哥家中留下很多中学语文教材，每逢雨天无法下地，我便躲到磨坊里去读这些课本……这些教材虽然很薄，但它们打开了农村少年的眼界……对中学语文教材的阅读让我受益终生。"

美国学者多伦曾感叹道："这个国家若没有教科书是难以想象的……教科书是基础或根基的东西。"[1] 著名学者托马斯·库恩认为，"任何一门科学中第一个范式兴起的附带现象，就是对于教科书的依赖。"[2] 实际上，不仅学科发展离不开教科书，个人发展更与教科书息息相关；不仅每个人的大部分科学知识、人文社会知识的获取离不开教科书，甚至我们的世界观、人生观、价值观的获得，都直接受教科书的影响。

---

① 瞿葆奎. 教育学文集：课程与教材：下册[M]. 北京：人民教育出版社，1993：113.
② 库恩. 科学革命的结构[M]. 金吾伦，胡新和，译. 北京：北京大学出版社，2003：85.

大量优良的教科书培养了人的良知，唤醒了人的渴望，引导人们向善向上。

重视教科书研究，是为了提升教科书质量，其终极意义是这一特殊文本能使读者有更良善的发展。教科书对学生的影响是最直接、最深远的。所以，我们必须擦亮眼睛——孩子们的未来与此时此刻正在读的教科书息息相关！

重视教科书研究，是为了让这一独特文本繁荣。真正的教科书文本繁荣，应有强大的学术评论或学术批评作为支撑。我国教科书文化的不发达，与教科书评论的缺席或教科书研究的弱势息息相关。必须承认，目前教科书研究进展还是比较缓慢的，它在独立、自成系统方面并未取得突破性进展，没有产生有突破性意义的新方法，还不能圆满回答教科书实践中的许多重要问题。这或许可以归因于我们关注得太晚、努力得不够、研究角度不恰当，也或许可以归因于教科书太复杂、涉及的学科太多，等等。

重视教科书研究，就是要打造一个关于教科书、教科书史、教科书作者、教科书读者、教科书理论、教科书实践的对话场域，进而构建教科书评价体系，或直白地说——构建教科书学。教科书学的构建是一项相对独立的研究活动，在我国，这是几近原始的处女学术领域。近十余年，有赖于一批同道中人不离不弃地辛勤耕作，教科书学的构建具备了基础条件，时机正在逐步成熟。

教科书学建构时机趋于成熟有几个标志：一是基本完成了严格意义上的中国教科书发展历史的梳理，基本搭建了教科书主要理论视野的分支框架；二是逐步实现了教科书研究从编书经验、教书经验向教科书理论的转换，使教科书研究从教材编写论、教师备课论中走了出来，逐渐自立门户；三是形成了相对系统的知识话语体系和相对稳定的学科结构形态；四是初步实现了教科书理论的专业化转变，有稳定的研究领域、实体对象、结构规模、品牌作品，有广泛的社会、学术、教育和意识形态效应，具有其他学科所不可替代的价值；五是产生了一批有关教科书研究的书籍，有了自己相对稳定的研究平台。当然，根本标志是教科书已成为被高度重视的研究对象，教科书研究已成为一批学者终身的学术事业。

从教育科学的学术发展轨迹来看，21 世纪以来，时代的变革与学术视野的拓宽，尤其是基础教育课程改革的推进，成就了课程教学理论研究的空前繁荣。学校课程及其主要载体——教科书的研究，开始由学术边缘向学术中心移动。近年来，教科书研究逐渐成为整个教育学领域生长最快、最受关注的热点领域之一。这一现象反映了教育科学学术共同体的变化轨迹。

教科书研究逐渐成为新时期教育科学研究的新天地，这意味着学界对教科书文本是学生成长最重要的文本材料的普遍认同。这是学界视野与思维得以拓宽的一种表现，是教育科学学术共同体的一大进步。

当然，对教科书的研究，很难完全归入教育学现有学科领域，虽然教育学在这里是主力。对教科书这个客体的研究，主要涉及教育学，同时也涉及历史学、文化学、社会学、政治学、语言文字学，还涉及物理学、化学、地理学、心理学、伦理学、出版学、传播学、管理学、美学、音乐、美术、体育学等各个学科。我们高兴地发现，有历史学家、文学家，甚至有科学史专家、美术领域的专家，都表现出对教科书研究的高度兴趣。这种跨学科研究的发展是 21 世纪以来中国社会科学特别是教育学领域最令人瞩目的地方，由此构建的教科书研究学术共同体，也值得学界高度关注。

教科书研究是无尽的，教科书文本和教科书现象，永远都有可供研究之处。教科书研究进入学术殿堂并成为严谨的省思决断对象，是学术界可圈可点的事。虽然以前有零散的研究，但对教科书真正系统地、有规模意义地研究，还是 21 世纪以来的事。在 20 世纪 90 年代末关于教科书研究的硕博士论文只有寥寥几篇，到最近几年，每年与教科书研究相关的硕博士论文已经超过千篇，试问哪个学术领域有这么快的跃升？不那么谦虚地说，我们团队在推动这一进展方面发挥了积极的引领作用，和全国同仁一道，兢兢业业，不彷徨，不犹豫，执着往前走，终于迎来了可喜的局面——教科书研究领域已日渐开辟出一片新天地，教科书研究的理论特色日渐凸显，以中国话语说中国教育，具有中国特色、中国气派、中国风格的教科书学的新时代正在到来。

二

教科书是有使命的！从事教科书研究也是有使命、有担当的。因为从一定意义上说，有什么样的教科书，就有什么样的年轻人，就有什么样的国家和民族的未来。

教科书学是有责任的！从某种意义上说，它是经世之学。它必须为学生的学习承担责任，这种责任基于两种重要的考虑：一是为了学生的当下，即每日每时的学习自觉和身心成长；二是为了学生的未来，同时也是民族和人类的未来。

基于这一使命和担当，也基于构建教科书学的目的，多年来，我们借助教科书丰富的藏品，在对教科书的近现代发展史进行了系统而卓有成效的梳理后，一刻也没有停歇地把精力转向对教科书现实问题的系统理论探究上，旨在为教科书的重大现实问题提供理论解析，同时为教科书学的建构提供基本的分支理论体系和重要的学术基础。

"中国教科书理论研究丛书"站在新的学术起点上，通过加强教科书研究共同体建设来深化教科书研究，借鉴政治学、经济学、社会学、历史学、文化学、美学、哲学、管理学、传播学、生态学、语言学等学科理论精华，打破不同学科理论的界限，自觉构建教科书研究的本体论、认识论、方法论体系，力求从基础上推动教科书研究的发展和创新，为教科书学的建立构建基本框架。

该理论丛书分两辑，第一辑包括《教科书概论》《教科书美学》《教科书语言学》《教科书生态学》和《教科书研究方法论》，已经于 2019 年底出版。其一经面世就产生了良好的社会影响，已获得多个重要奖项。即将出版的第二辑包括《教科书文化学》《教科书心理学》《教科书管理学》《教科书编辑学》《教科书传播学》《教科书评价学》《教科书技术学》。

《教科书文化学》借鉴文化学的原理与方法，结合教科书文化的研究与实践，揭示了教科书与文化的关系，阐述了教科书的文化传承与创新功能，以及文化冲突对教科书产生的影响，从多个维度探讨了教科书编写过程中的文化观念、教科书内容确定过程中的文化优选和重组、教科书使用过程中的文化意识，旨在拓展教科书研究领域，促进教科书文化研究的深化以及教科书理论的创新与发展。

教科书引领学生培养健全人格，养成核心素养，追求真、善、美。教科书应该也必须考虑学生的心理发展因素。从心理学视角剖析教科书，教科书是不断契合学生心理发展规律的文本存在。《教科书心理学》主要审视教科书文本中的心理学要素，并探析这些心理要素被设计编写进教科书的原因及方式，通过对教科书的深入分析，将暗含于其中的心理学理论或规律挖掘出来，阐释教科书知识的心理学价值，促进教科书质量的提升。

《教科书管理学》一书旨在通过全面、系统地探讨教科书管理的理论和方法，推进教科书管理的科学化和规范化，提升我国教科书管理的水平，以期促进教科书研究（教科书学）成为一门独立学科。

编辑活动是教科书质量保障的生命线。《教科书编辑学》围绕教科书编辑的历史、原理、政策、编辑方式、编辑素养等方面的基础问题，初步建构了教科书编辑学的基本框架，系统呈现了教科书编辑活动的发展过程和具体要求。教科书编辑合理吸纳教学智慧、充分符合教学特性，是推动教科书育人价值更好地转化为立德树人实际成效的必然路径。信息时代，万物互联，教科书编辑应主动拥抱科学技术创新成果，及早布局教科书数字化和数字教科书发展。

《教科书传播学》将教科书视为一种传播媒介。学生不仅是教科书传播的对象，也是教科书传播的主体，更是衡量教科书传播效果的标尺。随着网络新媒体时代的到来，新时代教科书建设需要新的舆论支持，依据传播规律，运用融媒体，整合多种社会因素说服人、打动人、感染人。

什么是高质量的教科书？什么是好的教科书？教科书评价是按照特定目标和程序，对教科书进行价值判断的过程。教科书评价对于提高教科书建设质量具有非常重要的意义和价值。《教科书评价学》聚焦教科书评价的基本理论和实践探索，在分析基本概念的基础上，从视角与分类、过程与方法、实践与应用以及反思与展望等方面深入阐释了对教科书评价的研究。

现代技术是一种特殊的生命系统，具有自身的进化规律。《教科书技术学》意在运用技术思维解析教科书的技术组成元素，探索教科书的技术元素及其演变规律，进而发现教科书未来的可能形态。面向变幻莫测的未来，秉持"为了智能社会生活，为了学生素养发展，为了教师专业发展和为了学校经营"原则，探讨信息时代数字教科书的理想形态，并审慎对待数字教科书应用过程所涉及的多样化主体，释放技术在教科书创制中的功能，使教科书进一步充满能量和生命力。

"中国教科书理论研究丛书"主要提供给这样的读者——他（她）对本丛书的意图以及丛书本身怀有足够深厚的情怀和道义上的支持，进而不苛求它们的绝对完美。我先在这里感谢他们的宽容，毕竟这套书中不少是填补空白的研究，许多系统探索在国内尚属首次，片面和肤浅是不可避免的。我相信，如果我们要等一批高水平、没有瑕疵的教科书研究的理论著作，我们将会等待很长时间。但我们不能等。

我们的研究犹如手电筒，只能照亮黑暗中的一部分，没有办法看到整个黑暗中的所有事物与事件。我们知道，一套放之四海而皆准的教科书研究通则或分析模式并不存在。没有固定不变的教科书研究模式，也没有作为终极真理的教科书理论体系。真正具有生命力的教科书研究是随着思考和实践的不断推进而发展的。

这套丛书是对教科书理论的学术探讨，各书作者都有自己的研究思路与表达风格，更有自己的研究心得。为遵从作者的学术追求，我仅仅对形式方面作了一些粗略的规整。

这套"中国教科书理论研究丛书"的顺利出版，首先要感谢广东教育出版社朱文清社长，感谢李朝明总编辑、卞晓琰副总编辑和夏丰副社长的大力支持，尤其要感谢项目负责人林蔺女士，她的敬业精神令人感动，她的沟通能力让一切困难迎刃而解，没有她的精心呵护，很难想象这套书目前的进展。

当然，最需要感谢的是各位作者，在他们和出版社的共同努力下，这套书第一辑、第二辑两次成功入选国家出版基金项目。

最后，我要感谢时任教育部教材局局长田慧生和时任首都师范大学党委书记孟繁华的支持和关心。我知道，他们的支持与关心既是一种鼓励，更是一种期望和鞭策。

石鸥

2024 年 3 月　于北京学堂书斋

目
录

第一章

文化与教科书文化研究概述

文化与教科书有着天然的密切联系。教科书作为读者最多、对读者影响最深远的文本，植根于特定的文化土壤。文化预设了教科书知识选择的种类、范围和限度，强化了对教科书内容编写的价值引领，规范了对教科书的整体理解和把握。而教科书作为文化的一个特殊组成部分，既是师生组织教学活动的重要纽带，也是继承和传播文化的重要载体，更是促成生命个体走向整全、文化成人的主要媒介。教科书是对文化进行优选和重组的结果，是制度化的课程文本和文化标准，是文化活化和文化传承的媒介。由此可见，文化性是教科书的应有之义，或者说教科书本身就是一种文化。从文化学的视角审视和分析教科书不仅有助于拓展教科书研究领域，还能够为教科书研究提供科学的方法论，提高教科书研究水平，进而促进教科书理论的创新和发展。

第一节　文化的界定与文化学的发展

"文化"是一个十分复杂的概念。什么是文化、文化有哪些特征、文化由哪些内容构成、文化学的建立与发展经历了怎样的历程、文化与教育研究存在怎样的关系等，厘清这些问题对于教科书文化研究具有重要意义。

一、文化的内涵

著名的英国文化理论家菲利普·史密斯（Philip Smith）在《文化理论——导论》一书的开篇中写道："不管写什么文章，在起始处给核心概念下个定义都会很有用。但如果要写的是'文化'，下定义却出奇的难，甚至可以说是出了名的困难。"① 文化因其自身包括的领域之广、内容之丰富，直到今天也没有形成一个统一的说法。但显而易见的是，人们对文化概念的界定往往与不同的理解角度有关。对这些不同的理解追根溯源，能让我们一览文化的整体面貌，从而深刻领会并把握文化的内涵。

（一）"文化"的词源学考察

在古汉语中，"文"与"化"是分开出现的。"文"的字形在甲骨文中有多种写法，"象正立之人形，胸部有刻画之纹饰，故以文身之纹为文"②，其意是指一种对人身体的装饰，象征美好的意味。《说文解字》中说，"文，错画也，象交文"③，其意也是指一种纹理和装饰。后来"文"字引申出其他意涵，一是专门用作各种文化典籍、礼乐制度，如《论语·子罕》中"文王既没，文不在兹乎"；二是指个人的修养，《论语》中写道："质胜文则野，文胜质则史，文质彬彬，然后君子"；三是指称美、善、德之意，《礼乐·乐记》中有云，"礼减而进，以进为文"等。"化"字虽在甲骨文中有字形写法，但用意尚不明确。在很多文献中，"化"字是指从无到有的生成，其意是指造化、改变事物的性质。《庄子·逍遥游》中的"北冥有鱼，其名为鲲。鲲之大，不知其几千里也。化而为鸟，其名为鹏"正是此意。此后"化"字引申出了教化的意涵，《说文解字》中的"化，教行也"、《礼记·学记》中的"君子如欲化民成俗，其必由学乎"即为此意。

"文化"二字最早一同出现出自《说苑·指武》，"圣人之治天下也，先文德而后武力。凡武之兴，为不服也。文化不改，然后加诛"，意为圣人在治理天下时，先用仁义道德、礼仪制度去教化和改造民众，然后再用武力，只是动用武力征服，百姓难以真正诚服，如果文化没有得到根本改变，以后别人也会采用同样的方式反压自己。这里的"文化"一词除了教化、改造之意，还含有强制使他者文化符合自我文化认同的政治意识形态的意味，反映了古代君王树立统一的国家文化认同、加强对文化的统治管理和传播主流文化意识形态的强烈欲望。

---

① 史密斯. 文化理论：导论[M]. 张鲲，译. 北京：商务印书馆，2008：1.
② 徐中舒. 甲骨文字典[M]. 成都：四川辞书出版社，1989：996.
③ 许慎. 说文解字注[M]. 上海：上海古籍出版社，1988：425.

在英语的早期用法中,"文化"一词原意为神明崇拜(cult)、土地耕作、动植物培育(cultivation)等。进入 18 世纪之后,这个词开始广泛用于通过学习来提高个人的才智和修养。我国目前关于"文化"的概念其实是外来语的意译,相当于英语的 Culture 和德语的 Kultur,而英语和德语的翻译则来自拉丁语 Cultura。随着文化及其学说的发展,"文化"概念的外延变得越来越丰富。1871 年爱德华·泰勒(Edward Burnett Tylor)在《原始文化》一书中第一次给文化下了定义,将其定义为"是一个包括知识、信仰、艺术、道德、法律、习俗和其他一切由社会人所习得的才能与习惯在内的复杂整体"①,所以,泰勒也被称为"文化学之父"。自此之后,对于文化的界定犹如雨后春笋,有关专著可谓汗牛充栋。

(二)国内外学者对"文化"的界定

自泰勒以来,对文化的定义变得繁多起来,克罗伯和克拉克洪通过对 1871 年至 1952 年间西方普通学术出版物进行研究,收集到 164 种关于文化的定义,数量之多令人震惊。发展到今天,对文化的定义自然也就更多。其中具有代表性的观点如下(见表 1-1)。

表 1-1　中外学者对文化定义的代表性观点

作者	观点
马林诺夫斯基(Malinowski)	文化是指那一群传统的器物、货品、技术、思想、习惯以及价值而言的,这概念包容着及调节着一切社会科学②
玛丽·道格拉斯(Mary Donglas)	任何文化都是一系列相关的结构。它包括社会形态、价值观念、宇宙哲学和整体知识体系。通过它们,所有的经验都能得到调和③
克利福德·格尔茨(Clifford Geertz)	文化概念不是多重所指的,也不是含糊不清的:它表示的是从历史上留下来的存在于符号中的意义和模式,是以符号形式表达的前后相袭的概念系统,借此人们交流、保存和发展生命的知识和态度④

---

① 泰勒. 原始文化[M]. 连树声,译. 上海:上海文艺出版社,1992:1.
② 马林诺夫斯基. 文化论[M]. 费孝通,等译. 北京:中国民间文艺出版社,1987:2.
③ 道格拉斯. 洁净与危险[M]. 黄剑波,等译. 北京:民族出版社,2008:159.
④ 格尔茨. 文化的解释[M]. 韩莉,译. 南京:译林出版社,1999:109.

（续表）

作者	观点
梁启超	文化者，人类心能所开积出来之有价值的共业也①
梁漱溟	文化是极其实在的东西。文化之本义，应在经济、政治乃至无所不包②
张岱年	文化包含哲学、宗教、科学、技术、文学、艺术以及社会心理、民间风俗等。在这中间，又可分为三个层次③
张汝伦	文化可以说是人与自然、人与世界全部复杂关系种种表现形式的总和④

　　根据上述研究者对文化的定义不难看出，"文化"这一概念的内涵是繁多且芜杂的，中西方学者对文化的看法和认识有很大不同。那么，诸多的文化定义之间有什么共同点和一致性规律可以将其科学合理地进行归类呢？根据对已有文献的分析，研究者主要是从描述解释、结构系统、价值规范、历史溯源和其他学科等视角对文化进行归类和概括。文化的描述解释性定义认为，文化是由人自己编织的意义之网，是一个综合性的复合体，承载着一切社会生活的总和，我们在理解、研究和揭示文化时，不仅要承认文化本身的复杂性，更要将文化的构成成分列举出来，通过对具体内容的深描，解释和定义文化。因此，"对文化的分析不是一种寻求规律的实验科学，而是一种探求意义的解释科学"⑤。结构系统性定义采用系统论的思维方式，"将文化看作一个具有特定结构和层次的系统"⑥，文化是一种具有特殊结构的体系，每一个具体的文化内容都是这一体系中的有机组成部分，它意味着一套风格、技术以及既定程序。正如社会学家塔尔科特·帕森斯（Talcott Parsons）所说，文化体系本身是复合的、内部又有所区别的体系，每

① 梁启超. 梁启超论中国文化史[M]. 北京：商务印书馆，2012：1.
② 梁漱溟. 中国文化要义[M]. 上海：上海人民出版社，2005：6.
③ 张岱年. 文化体用简析[M] // 文化与哲学. 北京：教育科学出版社，1988：81－82.
④ 张汝伦. 文化研究三题议[J]. 复旦学报，1986（3）：19.
⑤ 格尔茨. 文化的解释[M]. 韩莉，译. 南京：译林出版社，1999：5.
⑥ 张岳，熊花，等. 文化学概论[M]. 北京：知识产权出版社，2018：9.

一种体系之下的职能又可以不断细化和拓展①。这一文化的定义是建立在结构性分析的基础之上,使我们更加清楚地看到,文化不仅是各种表象的简单呈现,背后也存在深层的意义或价值。文化的价值规范性定义认为,文化是可以对人类心理、情感和习惯等进行塑造、重构、引导、规范和约束的价值体系,推动人类社会向前进步的同时也规定了未来发展的方向。文化的历史溯源性定义则强调从历史发展的层面看待文化的产生、特质、进化等一系列过程,今天的文化是历史过程中创造出来的,而今后的文化是基于历史的文化才被创造的,历史或生活是文化延续和文化创新的必要条件,突出了文化的种族性、群体性及其历史性。有研究者主张从其他学科的角度对文化进行划分和界定,包括人类学、发生学、符号学、现象学等跨学科领域。还有研究者基于文化的主体性和基本需要将文化看作是满足人的全部要求、培养和提高自身修养而区别于其他动物的本能特征,强调人这一主体作为文化调试和创造的特殊性,人是文化的动物,文化是人的中介,人创造文化,文化引导人赋予客体以价值的努力,完成自身的社会化。

除此之外,在部分典籍中,文化的定义被划分为广义和狭义两个方面。《社会学简明辞典》中指出:"从广义上来说,文化是指人类在社会历史实践过程中所创造的物质财富和精神财富的总和。从狭义来说,文化是以一定物质资料和生产方式为基础的精神财富的总和。"②《辞海》中也给出了较为相似的定义:"广义上的文化是指人类社会历史实践过程中所创造的物质财富和精神财富的总和。狭义上的文化是指社会意识形态,以及相适应的制度和组织机构。"③ 张岱年在广义与狭义的基础上,进一步提出了最广义的文化和次广义的文化。

(三)跨学科视域下对"文化"的考察

在围绕以"文化"为中心概念的研究与争辩中,不仅多个以文化学为取向的学科参与其中,而且文化学的"规划"本身体现出扩界与跨界特征。著名德国文化学研究专家安斯加·纽宁(Ansgar Nünning)和维拉·纽宁(Vera Nünning)认为,之所以出现跨学科的多元视角参与到文化研究过程中,"一方面,是因为对文化现象的研究需要跨学科合作;另一方面,文化学研究又受到米

---

① 胡潇. 文化现象学[M]. 长沙:湖南人民出版社,1987:46.
② 李建华,范定九. 社会学简明辞典[M]. 兰州:甘肃人民出版社,1984:84.
③ 路丽梅,等. 辞海[M]. 北京:光明日报出版社,2012.

特尔特拉斯所称的'问题探索与学科发展不对称'这一学制问题的阻隔"①。总的来看，跨学科视域下对文化的研究反映了对既有学科体制划分的批判以及超越学科界限的努力，有助于生成以文化学为基本取向的"众文化学"（包括人类文化学、文化符号学、文化哲学等多个学科）的合力，在跨学科的争辩与讨论中，基于各专业特有的标准和方法，创生和再造了文化的概念、理论、研究方法和研究方向。

1. 文化人类学。文化学是以文化研究为中心的一门综合性的学科，对文化定义的考察绕不开对文化学及其相关理论发展脉络的追寻和探源。文化学来源于人类学，是对人类学的进一步细化。人类学研究的内容十分丰富，"扩展开来可分为躯体和灵魂，语言和音乐，火的取得和道德"② 等内容，后来逐渐发展出众多的分支，文化人类学正是这众多分支中的一种，反映了人类学中的文化转向。在文化人类学视域中，对文化的定义有两个经典的论断：一是被视为现代文化人类学之父的克利福德·格尔茨针对文化的可解读性和可翻译性把"文化比喻成文本"，他认为，如此一来，"文化含义就可以超然于主体机构暂时性的、情境性的行动场景中得到保留，并在一个包含意义和文化内部自我阐述的社会系统中确定"③，文化与文本相似，召唤着不同的阐释方式。二是行为型文化人类学的代表维克多·特纳将"文化作为表达"，根据这种观点，文化首先就不应该是作为意义的系统，而是被看作象征行为的动态过程，主张从表达和展现的方面去观察意义建构的过程本身，"通过这种方式，行为型文化人类学更加重视作为文化意义建构支点的间隙：意义在现存的文化子系统之间的缝合处被生产出来"④。

2. 文化符号学。符号作为文化理论研究的一个重要概念，文化符号学产生于符号学，符号学是一门考察符号在文化中的运行方式及其呈现出来的意义的科

---

① 纽宁 A，纽宁 V. 文化学研究导论：理论基础·方法思路·研究视角[M]. 敏志荣，译. 南京：南京大学出版社，2018：3.

② 泰勒. 人类学：人及其文化研究[M]. 连树声，译. 桂林：广西师范大学出版社，2004：2.

③ 纽宁 A，纽宁 V. 文化学研究导论：理论基础·方法思路·研究视角[M]. 敏志荣，译. 南京：南京大学出版社，2018：131.

④ 纽宁 A，纽宁 V. 文化学研究导论：理论基础·方法思路·研究视角[M]. 敏志荣，译. 南京：南京大学出版社，2018：134.

学。在符号学家看来，文化的方方面面都可以看作符号的系统，符号并不包含明确的意义或观念，而只是提供了某些线索，让人们能够凭借这些线索发掘和解释符号背后所蕴含的意义和价值，而意义的呈现必须得益于文化所提供的各种手段，包括文化的惯例、规则、习俗和机制等。换言之，"意义并非来自符号本身所固有的某种品质，而是符号与符号之间差异的产物"①。符号学对文化的研究主要通过对语言系统的研究来彰显。雅各布森认为，语言要以选择和组合过程为基础，而在此过程中需要把选择和组合看作隐喻和转喻的基本原则，而转喻与隐喻又可以看成是一切文化产品最基本的符号组织方式。之后的结构主义在继承这一观点的基础上作了一定的发展，它试图寻找符号的普遍模式，同时也承认任何给定的文化所使用的特定符号都要受到语境的限制，所有的文化都具备与之符号相符合的基本结构，并与整个文化相互关联起来。

3. 文化哲学。文化哲学由新康德主义者文德尔班（Wilhelm Windelband）率先提出，其建立和发展是"将哲学的视野从'自然世界'转向'文化世界'，聚焦于人类自身的现实生活"②。恩斯特·卡西尔（Ernst Cassirer）在《人论》中写道："哲学不能满足于分析人类文化的诸个别形式，它寻求的是一个包括所有个别形式的普遍的综合的概观。哲学思维理应揭示出这些人的文化创造物据以联结在一起的一种普遍功能的统一性。"③ 卡西尔认为，对"人"的研究，必须从对人类文化的研究着手，它是一种人的哲学，也就必然地应该是一种文化哲学。但他并不认为"人类的文化创造活动是一种主观任意的行为，而是力图追寻文化发展的内在逻辑，即通过对文化的各种存在形态的考察找到支配文化发展的'逻格斯'"④。因此在卡西尔的《人论》中致力于论证的一个基本观点就是：人作为文化创造的主体，只有在创造文化的辛勤劳作中才成为真正意义上的人，也只有在文化活动中才能获得真正的自由。

虽然如今有关文化的定义和划分方式悄然发生了改变，但是仍然可以从中将

---

① 卡瓦拉罗. 文化理论关键词[M]. 张卫东，等译. 南京：江苏人民出版社，2013：17.

② 徐椿梁，郭广银. 文化哲学的价值向度[J]. 江苏社会科学，2018（2）：109.

③ 卡西尔. 人论[M]. 甘阳，译. 上海：上海译文出版社，2013：119 – 120.

④ 袁鑫，闫孟伟. 文化哲学的本体论诉求：卡西尔文化哲学思想探析[J]. 世界哲学，2020（1）：117 – 125.

文化的基本用法提取出来，主要包括：第一，文化是物质、技术、制度及社会结构等各种关系的复合体，是更为抽象的概念；第二，文化被视为观念的、精神的、非物质的范畴；第三，文化拥有很强的主体能动性和生成性；第四，文化既是一个中立的术语，又可以是一个带有价值判断的术语；第五，人（人类）在文化的产生、延续、传播、发展过程中占据主体核心地位。综合上述各种文化的定义以及关于文化的论述，可以将文化界定为是人类在生产、生活过程中为了更好地适应自然、推动社会不断向前进步和满足个体得以延续、进化和发展所创造出来的关于人与自然、人与社会、人与人之间各种关系的一切成果的总和。这样界定的意义在于：第一，明确了人是文化创造的主体，而不是其他生物，人类创造文化和传播文化旨在维护人类自身自然有序的生长和持续发展，获得精神的康健和实现个体的自由；第二，涵盖了与文化相关的所有领域，即自然、社会和人三者之间的关系；第三，文化包括了物质财富和精神财富、历史的和当今的一切有形和无形的成果，拥有丰富多样的文化形态。

二、文化的特征

明确文化的特征是认识文化的基本途径。关于文化的基本特征，因文化学界侧重的角度不同而表述各异。其中，威廉·哈维兰（William A Haviland）认为文化具有习得性、共享性、以符号为基础和整合性等特征[①]。我国文化学研究者从文化的生成机制、创造形式、传承模式、适应范围、存在方式等角度出发，认为文化有自然性与超自然性、个体性和超个体性、普遍性与民族性、阶级性与时代性、累积性与变异性等特点[②]。基于此，并结合其他文化学相关论述，我们从文化的产生、使用、继承与发展等视角阐述文化的基本特征。

（一）场域性

文化的场域性包括两个层面的含义：其一，文化的产生、发展和创造等都必须以一定的自然环境和社会环境为条件，自然环境包括地形、气候、水文、动植物等基本要素，社会环境包括政治、经济、制度和科技等要素。自然环境和社会

---

① 哈维兰. 文化人类学［M］. 瞿铁鹏，等译. 上海：上海社会科学院出版社，2006：36－45.

② 陈华文. 文化学概论新编［M］. 北京：首都经济贸易大学出版社，2019：67－78.

环境不仅给人类文化的生存与发展提供广阔的空间和必要条件，而且给人类文化的更新和创造提供了直接的对象，同时更将人类文化纳入一个自我良性循环与和谐统一的生态系统中，使之内部相互协调和适应，以至于保持着一个相对稳定的状态。其二，文化对于人类而言是无处不在、兼容并包的，人的生命的全部历程都是在文化的范围内生存和发展着的，人类通过对文化的习得实现让自身处于连续性的发展过程中，换言之，文化是人类基于自身多层次需要而独创的一种适应环境的方式，我们不可避免地习得与环境相适应的文化习惯、文化资本、文化心理和文化模式。因此，作为文化创造的主体和人类社会的一员，立身于这样的文化场域中，汲取它的养分，并得以成长，个人素质的一切发展都完全依赖于其文化环境，人类对文化的传承、发展与创造始终受到文化环境系统及其运行机制的规约，想要彻底隔绝文化的影响或离开自然环境和社会环境的文化创造只能是无源之水、无本之木。

（二）规范性

文化"是一个特定社会中代代相传的一种共享的生活方式，这种生活方式包括技术、价值观念、信仰以及规范"①。文化在给予人类认知需要和习得能力的同时，也规定了认知需要和习得能力的目标、内容、途径、方法和目的。从本质上说，文化的规范性就是文化为人类面临的客观世界和自身生活经验提供的一种内在的秩序和尺度，在给予我们答案的同时也解释了缘由，即能够使已有的客观文化体系深度介入人的心灵并发生作用，使之可理解、可描述、可接受、可实践，并最终实现从社会文化到个人、由客观到主观再到客观的转化。所以，文化的规范性不仅起到规训和约束的作用，还是一种衡量个体是否合理生长、完整成人的价值尺度，即把文化的客观价值体系及其相关规范移植于人类生命的内部，使其于主观的内部复苏过来，充实生命的内容，促进人类的不断进步与可持续发展。

（三）共享性

文化必须附着于或依赖于一定数量群体的人群中才会发生，并在群体中时刻联结着彼此的态度、观念、责任和权力，甚至思维方式才能成立。个体的行为、

---

① 庄孔韶. 人类学通论[M]. 太原：山西教育出版社，2002：21.

观念和习惯等并不能称为文化，至多可以称为个性或个体行为。因此，"文化是公众所有的，因为意义是公众所有的"①，文化是共享的，这是由文化的普遍性所决定的。文化的普遍性"特指文化为人类的基本生存、生产生活需要和社会组织服务的特性，这种特性不因种族、民族、地域、阶级、时代而有所区别"②。这意味着共享并非排斥差异，人类不同群体有权保持自身文化的特色和差异，任何文化群体不得强迫或要求其他文化与之完全一致，排挤或打压其他文化。事实上，文化的共享性与差异性是共生共长的。人是文化的动物，文化是人类的共同财富。

（四）差异性

文化具有差异性，这是无需争辩的事实。尤其当两种完全不同的文化发生碰撞时，这种特质就会很明显地体现出来。文化的差异性包括文化的内部和外部的差异。所谓文化的内部差异是指任何一个群体单元内部存在不同的文化元素和表现形式。例如，小到一个新婚的家庭，夫妻双方会因为原生家庭文化因素的影响而在新组成的家庭中产生很多矛盾和问题，需要相应的时间来磨合和内化，最后形成以这个家庭为中心的新的文化交流方式。大到一个国家，不同地域、不同民族都会带有本地区和本民族的文化特色，丰富多样的文化繁荣了国家的文化血脉、增强了民族的文化基因。文化的外部差异是基于一国文化的民族性，将范围扩大到国际的跨文化交流，如中西方文化的差异，随着全球一体化和全球人类命运共同体进程的加快，势必面临外来文化的冲击和挑战，而正是这样的机遇和挑战极大地促进了国与国之间的文化交往、互鉴与融合，积聚和增长了全球文化的共享财富，使本民族文化屹立于世界民族文化之林。

（五）建构性

费孝通先生在《反思·对话·文化自觉》一文中写道"文化是为人的，也是人为的"③，明确指出我们在高度认同和称赞自己文化的同时，也要理性审慎地看待文化，要正确看到文化是在不断变化和动态生成发展的，应该树立理性对

---

① 格尔茨. 文化的解释[M]. 韩莉，译. 南京：译林出版社，1999：15.

② 陈华文. 文化学概论新编[M]. 北京：首都经济贸易大学出版社，2019：72.

③ 费孝通. 反思·对话·文化自觉[J]. 北京大学学报（哲学社会科学版），1997（3）：19.

待文化、反思文化的文化自觉与意识。因此，文化应该且必须是建构性的，既要在已有文化的基础上，建构起自身自觉自信的精神生活方式和文化思维，也要与时俱进坚定推进特色文化建设，重塑文化的内涵与生命力，激活文化的内在活动机制，引领文化发展的方向，提高文化活动的境界。

（六）互鉴性

文化的互鉴性是指不同文化之间互为借鉴的关系。就本土文化与外域文化而言，互鉴性意味着本土文化的发展不能是简单的拿来主义，而是需要透过本土文化的"深层结构这个变压器去进行分析和判断"①，正确处理好文化"濡化"和"涵化"的关系。"濡化"是一个国家、一个民族、一个社会价值规范、思想观念等形成的基本内核，使后人对前人所创造的社会文化具有高度适应性的同时，也维持了文化系统，保证了文化的延续和相对稳定，促成了文化的积淀、增殖和繁衍，塑造了民族的性格。"涵化"一般用来指不同文化或不同成员间持续的和相当紧密的接触，它是在坚守本土优秀传统文化的前提下，积极吸收外来文化，兼收并蓄，使原有民族文化具有新的时代气息，并将外来文化有机地糅合进本民族文化之中，协调两种文化间的价值取向。可以看出，文化的"濡化"与"涵化"不是二元对立的关系，而是为文化互鉴提供了更多的可能性，是在对传统文化坚守和扬弃的基础上自觉吸取外域文化的精华部分，融合创生出符合一个国家特色的文化发展与文化研究之路。

三、文化的构成

虽然文化是复杂的系统，各种文化之间存在着各种各样的差异，但是各文化系统都由一些基本要素构成。有研究指出文化由六种要素构成，分别是信仰、价值观、规范和法令、符号、技术、语言。另一种观点则认为，文化主要是由象征符号、价值观念、规范体系和物质文明等四种要素构成，其中，象征符号是表现手段，价值观念是核心，规范体系和物质文明是具体化和外在化。在文化学看来，人类社会现象的复杂性导致了文化构成的复杂性，文化的构成包括文化构成的层次和文化构成的形态，文化构成的层次由个体、社会和国家三个部分组成，

---

① 孙隆基. 中国文化的深层结构[M]. 北京：中信出版社，2015：403.

文化构成的形态可以划分为物质文化、行为文化、制度文化和精神文化等四个方面的内容①。还有研究者采用生物组织的分析方法将文化的构成划分为"文化特质""文化丛""文化圈"与"文化层"四个组成部分②，其中，"文化特质"是文化的最小构成单元，若干的"文化特质"组合形成了"文化丛"，"文化圈"又是建立在前两者基础上的一个更大的文化分析单位，"文化层"则是无数"文化圈"相互重叠混合而成。日本筑波大学教育研究会的《现代教育学基础》把构成文化的要素归结为五个方面（见表1-2）③。

表1-2　文化的构成领域及其内容

构成领域	主要内容
行为—作用体系	伴随生活情境中的实际行为及社会地位所期待的作用
语言—符号体系	使成员间的思想沟通与状况了解得以实现的语言与符号
价值—规范体系	牵涉集合体、组织及其统合的行为容许范围与善恶判断标准
信仰—观念体系	拯救现世与祈求来世的展望与世界观
知识—技术体系	构成生活情境的诸物之认识及其应用知识

　　根据上述多种对文化构成要素的划分不难看出，文化构成包含了复杂多样的成分，不同的学科或不同的角度对文化构成要素持不同的看法。而对文化构成内容或要素的分析必须以文化的定义和相关特质为前提，主要包括价值取向、知识体系、语言符号、思维和行为方式等要素。

四、文化学的发展及其与教育研究的关系

（一）文化学的产生

　　文化学是以文化为研究对象的一门学科，文化学的产生、形成和发展均离不开人类学发展的影响，因此探寻文化学的产生需要厘清它与人类学的关系。从学科发展历程来看，文化学来源于文化人类学，文化人类学又萌蘖于人类学，就此而言，人类学是文化学的学科之母。人类学是一门既古老又年轻的学科，古老是

---

① 陈华文. 文化学概论新编[M]. 北京：首都经济贸易大学出版社，2019：19-21.
② 张岳，熊花，等. 文化学概论[M]. 北京：知识产权出版社，2018：15-16.
③ 励雪琴. 教育学是什么[M]. 北京：北京大学出版社，2006：305-306.

因为它以人类的整个发展历程为研究对象，年轻是因为现代学术意义上的人类学概念出现的时间并不长。从词源学上讲，人类学（anthropology）是由"anthropos"和"logos"组成，字面意思可以理解为是关于人类知识的学问，以人为直接研究对象，包括遗传、生理、体质、风俗、历史和语言等，旨在阐明人类发展和文化的关联。基于此，人类学又划分为体质人类学、史前学、文化人类学、民族志、应用人类学等。其中，文化人类学（cultural anthropology）主要是从文化的角度研究人类的种种行为的学科，它研究人类文化的起源、发展变迁的过程及世界上各民族、各地区文化的差异，试图探索人类文化的性质及其演变规律。广义的文化人类学包括考古学、语言学、民族学。狭义的文化人类学特指民族学，文化学的正式产生与民族学具有密不可分的联系。"文化学"一词的出现可以追溯到1838年，德国学者列维·皮格亨（M·de Lavergne - Peguihen）在《动力与生产法则》中以德文"Kultur Wissenschaft"为原型，主张"建立一种文化学，目的是确定或认识人类与民族的教化的改善上所依赖的法则"①。1871年，泰勒在其著作中使用了"文化科学（the science of culture）"一词，"勾勒出了文化科学的基本轮廓"②，泰勒虽被称为文化学之父，但是"文化学（culturology）"一词是在1939年由美国文化人类学家莱斯利·怀特（Leslie White）率先提出的，标志着"文化学"的正式产生。具体而言，文化学是从整体上研究一切文化现象、文化产生、文化发展过程、文化本质及其文化规律的一门综合性学科，包括广义上的文化学和狭义上的文化学。

（二）文化学的发展

如果说人类学孕育并"生产"了文化学，那么以"文化学"或文化学理论为核心内容便是文化社会学、教育文化学、文化生态学、文化心理学等跨学科、多视角的文化学理论学术研究共同体进一步发展的基础。在文化社会学中，其产生、发展过程中形成了有关文化的不同见解和认识。在进化论文化社会学看来，文化是由简单到复杂、由单质到异质逐渐进化的过程；传播文化社会学学派认为，文化是有意义的象征符号，文化传播是个体互动或交互作用的过程；功能论

① 陈序经. 文化学概观[M]. 长沙：岳麓书社，2010：60 - 65.
② 怀特. 文化的科学：人类与文明研究[M]. 沈原，等译. 济南：山东人民出版社，1988：3.

的文化社会学则将文化的生产看作是社会功能的需要，文化的本质在于维护社会规范，行使的是价值工具的职能。文化心理学源于民族心理学，无论是心理学还是民族学都与文化学有着莫大的联系。同时，文化心理学也被认为是中国传统哲学的重要组成内容之一，正如冯友兰先生所提到的那样，传统中国哲学的任务不在于增加实际的知识，而在于提高人的心灵境界，天人合一。我国的文化心理学流派可以划分为儒、道、佛三个派别，虽然各自有不同的思想源流和不同的侧重点，但都把心灵作为一个共同的主题来加以阐释。可以说，在文化学的发展过程中，不仅形成了与文化学相关的新兴研究领域和学科，丰富和完善了文化研究的相关理论和流派，如文化批判理论、文化冲突理论、文化结构理论等，而且形成了多种研究方法，如民族志研究、田野调查法、知识考古学、解释学等研究方法，拓宽了文化学研究领域。

（三）文化学与教育研究的关系

教育是广泛存在于人类生活中的社会现象，是有目的地培养社会人的活动。每个国家从自身的教育传统出发，实施的教育理念与制度、形成的教学风格、预设的教育价值、达到的教育目的都是文化观念、文化模式、文化特征等在教育上的折射，教育作为一种文化形态，是文化的一个重要组成部分。在文化人类学中，通常将文化看作一个整体的系统来加以把握，教育作为其中的一个子系统，必然受到文化整体的制约，教育与文化的关系是部分与整体的关系，从形式到内容，都深深打着文化的烙印。教育文化学则认为，教育不仅是文化的延续与传承，而且是文化的创新与发展，同时，教育更是"人类通过传递经验、知识、技能等人类文化，借以提高自身素质，从而增强主客观世界能力的活动过程"①，个体社会化的完成过程就是文化育人的过程。而以文化为研究对象的文化学及其学科原理有助于揭示教育与文化的深层关系，对于探寻教育的文化功能以及影响教育变革与发展的文化因素具有重要意义。

---

① 胡德海. 论教育的自在和自为[J]. 教育研究与实验，1988（3）：2.

第二节　教科书与文化的关系

教科书与文化有着天然联系。教科书又称为教材或课本，"它是依据课程标准编制的教学规范用书"①。从我国教科书发展的百年历史来看，"教科书既是导引科学文化的有力工具，也是传承传统文化的重要途径，教科书会通中西文化，融入现代精神，开辟了现代性与中国传统学术结合的新范式"②。那么，教科书究竟具有哪些文化属性和文化功能，而文化又会对教科书产生怎样的影响？厘清这些问题是明晰教科书与文化之间关系的基础。

一、教科书的文化属性

从文化学的视域探讨教科书的文化属性，可以从以下三个维度来展开，即作为载体工具的教科书、作为文化构成的教科书和作为特殊文化存在的教科书。换言之，教科书既有文化载体、文化传递的工具品格，又具有实体内容和对象化的文化结构。同时，教科书作为相对独立的文化形态，又具有选择、超越的文化特性和教育学品格。

（一）教科书作为人类文化的载体和传承工具

教科书作为人类文化的载体和传承工具是基于教育传承和发展文化的功能而言的，教科书作为教育教学活动的媒介正是基于这种文化的传承、传播与发展的需要而出现，并作为人类生产生活、思想情感、知识方法等一切文化现象的载体在教育中发挥作用。在文化符号学理论中，对文化的理解与认识离不开语言的作用，伽达默尔（Gadamer）认为，因为我们所认识的世界是语言的世界，世界在语言中呈现自己，人只有掌握语言才能认识世界，而文化通常又以书面文字的形式而存在，文化的继承与发扬必然离不开对文本的解释或解读，而这一切便发生

① 王道俊，郭文安. 教育学[M]. 北京：人民教育出版社，2016：123.
② 石鸥. 百年中国教科书的文化担当[J]. 教育科学研究，2017（11）：94.

于语言媒介之中。语言作为文化的符号，赋予了教科书文化载体的属性，"语言"或"言语"唤醒了沉积的历史经验和技能，将知识经验编织成一张有意义的文化之网，师生凭借语言的符号系统，孜孜不倦地寻求对文化的理解，自觉投入到历史文化的进程之中与之展开对话，以自身的理解重构了一种新的文化体验，重塑并再造了文化，同时保持个体生命的复杂意义和价值生成。语言由于内在的文化意蕴而彰显存在的意义，文化的世界因为语言的依托而得以言说。

（二）教科书作为一种对象化的文化存在

从文化学的角度来看，教科书是具有实体内容和独立结构的对象化的文化存在。首先，教科书是文化构成的有机组成部分。教科书作为一种文化构成与存在，与它作为文化载体的工具属性一样，同样源于语言的文化特性。例如，语文教科书作为一种语言的文本，其编选的作品或材料不仅仅是事实与经验的陈述文本，同时也浸透着深厚的文化底蕴，体现文化的本体性。在朱自清的散文《背影》中，通过对父亲背影的描写，彰显的是父亲质朴的人性之美和坚忍的生存精神，形成了特有的亲情文化，既熏染了儿子，也让读者为之动容。同样，在海明威的《老人与海》中，通过描述一位年老的古巴渔夫与一条巨大的马林鱼在离岸很远的湾流中搏斗的故事，表现了一种奋斗的人生观，塑造了"硬汉"的精神形象，颂扬了人的积极向上、不轻易言败的生活态度。与之相似的案例也大量存在于其他学科中，不胜枚举。因此，教科书从根本来说，不是仅仅让学生获得一种经验和思想，而是通过教科书深藏的文化底蕴和文化精神的耳濡目染，内化到学生的心灵中去，达成他们完满人格的建构与生长。其次，从教科书的内容来看，它是一种相对独立的文化存在形态，一个浑然一体的体现文化本质规定性的文化文本。此外，教科书的制度、选择、组织、编写、印刷、出版、发行等活动本身也是文化活动，体现了不同时期的社会主流文化形态、人们对教育的观念和要求、人们的审美倾向和艺术方式等①。总之，教科书作为一种对象化的文化存在，不仅是文化的重要组成部分，而且拥有自身的文化结构。教科书极大地丰富了文化的内涵，高扬了文化的价值。

---

① 吴小鸥. 教科书，本质特性何在?: 基于中国百年教科书的几点思考[J]. 课程·教材·教法，2012 (2)：62 - 68.

（三）教科书作为一种独立而特殊的文化现象

教科书不仅是文化学意义上的特殊文化现象，同时也是教育学意义上的文化存在形态，它作为教育教学的媒介而存在于教育系统中，构成了文化系统的一个重要子系统。文化学理论或文化研究取向下对教科书进行文化分析和研究，总体上是教育研究的一部分，形成的相关教科书文化理论也是教育学理论的一部分，教科书的文化特质和标准也只有建立在教育学的一般原理基础上才能获得充分的解释。教科书文化只有实现教育学化、具有教育性，才能具有充分的辩护性，这一本质属性使得教科书文化与其他文化现象从根本上区分开来，成为一个独立而又特殊的文化形态。这种特殊性可以从超越性和选择性两个方面进行考察。首先，就超越性而言，它"是一种着眼于人的生成、富有魅力的精神文化，是一种自在、自律与自为的超越性文化"①。超越性体现了人借助于文化的延伸机制实现高级的进化，使得"传统教育中的单一的'知的教育'变为知、情、意全部生命的活生生教育，从而把'总体的人'推到教育理论的前台"②，走向"新人的生成"和"整全的人"的发展。其次，选择性是指"人类创造和积淀的文化不可胜数，把它们尽数纳入学校教育的范畴内，是不可能也没有必要的，而只能按照一定的标准，选取特定的部分作为'教育材'"③。这种选择性更强调从教材内容体系的整体性出发，既要体现对知识的优化选择，又要选取能够对学生的心灵、人格精神等具有最大助益的文化，使学生在学习过程中得到情感的陶冶、心灵的浸润和内心的和谐，达到主客体同一的境界。

二、教科书的文化功能

根据对教科书文化属性的分析，教科书的文化功能主要是通过对文化的传承与交流、选择与创新得以体现。具体而言，教科书具有文化的唤醒功能、陶冶功能和创造功能。

（一）教科书的文化唤醒功能

人类社会文明发展到今天，都与文化教化密切关联。而文化教化的前提是人

---

① 郝德永. 课程与文化[M]. 北京：教育科学出版社，2002：392.
② 邹进. 现代德国文化教育学[M]. 太原：山西教育出版社，1992：46.
③ 叶澜. 中国基础教育改革的文化使命[M]. 北京：教育科学出版社，2001：93.

类对文化的传承与交流。教育无时无刻不在起着传递文化的作用，而教科书作为文化传递的中介和物质化的实体，加之自身的工具性，一直承担着传承文化的重任。文化的传承不是简单经验的传授和系统知识的传输，而是对人的文化意识的唤醒。如果师生没有相应的文化意识，就不会清醒地觉察到自身文化的特点，也就难以在组织和实施教学过程中挖掘文本背后的文化意味和文化价值，也就不会主动地追求最利于身心发展的优秀文化，并将个人纳入社会文化的相互关联与调适中。造成的最终结果必然是肤浅和片面的：或重视儿童的自然发展而忽视文化的积淀；或重视知识教学而忽视情意发展；或重视个性化而忽视社会化；或重视主观人格价值而忽视客观文化价值。教学领域充斥的是知识教学，教学论仍是关于知识教学的教学论，教学内容被简化为科学技术知识教育，教学过程成为固定、机械的程序，教学方法也只是围绕学科知识的教与学而采用的方法，教科书成了"许多年代的科学产物，而不是经验的产物"[1] 和文化的产物。因此，教科书的文化唤醒功能就不是一个单纯的主体向客体的单向涉入，而在于它能够唤起人的文化意识的全面觉醒，促使人的个体化与社会化的双向建构与发展，在学习学科知识的同时习得对文化的理解和体验，使教科书作为撬动文化的支点，触发整个教学活动走向深入，让师生能够自由地"行走"于知识与文化之间，做到清醒自知。

（二）教科书的文化陶冶功能

教科书作为一种摄入了丰富的文化营养的文本，具有文化的陶冶功能，使人在文化的涵养下，变得精神丰富与人格健全。教科书的文化陶冶功能以对学生的情感陶冶和人格塑造为首要任务，以追求生命个体的整体生成为旨归。就其首要任务而言，教科书不是传授抽离具体文化情境的知识，而是让学生在文化情境中通过不断探索，获得丰富的文化体验，也就是说，学生在与文化的接触过程中，自己体验到了文化的创造活动，从而激起文化创造的欲望，并由此达到了情感和人格的陶冶与塑造[2]。就其追求的旨归而言，它是建立在个体生命的情感陶冶和人格塑造的基础上，让学生自觉地从自己的人生观、价值观和心理发展水平出发

---

① 杜威. 杜威教育论著选［M］. 赵祥麟，王承绪，译. 上海：华东师范大学出版社，1981：75.

② 邹进. 现代德国文化教育学［M］. 太原：山西教育出版社，1992：100.

去接受文化陶冶，在理解文化的过程中渗入自己的气质、思维方式和生命意识，对原有文化加以开拓、补充和再创，调动所有生命力量参与其中的"高峰体验"，从而促成生命个体的文化生成。

（三）教科书的文化创造功能

教科书的文化功能不仅在于它对文化的保存和积累，更在于它的更新和创造。教科书的文化创造不是一般意义上的文化复制、文化调适、文化融合和文化再生产，而是通过把人类已有的精神财富内化为学生个体的精神财富，培养他们对文化的浓厚兴趣，使他们不仅能够适应和参与现实社会的文化活动，而且能够根据未来社会的需要创造更为美好的文化。因此，更新和创造文化最能体现出人在文化创造中的主体地位，学生知识的积累、文化意识的觉醒、文化品位和鉴赏能力的提高等都指向对文化进行创造的过程。从根本上说，教科书的文化创造，就是通过师生在教学活动中经由教科书而进行的深度交往、互动的文化创造过程，这一过程体现了师生的文化创造行为，培养了学生的文化创造能力，促进了文化的创新与可持续发展。

三、文化对教科书的影响

教科书具有文化的属性、特质、品格和功能，文化也会对教科书产生多方面的影响，这种影响集中表现在文化变迁对教科书的内容、评价标准和内在结构产生影响，进而带来价值取向、思维方式、行为规范等的改变。文化变迁又被称为文化进化，"包括无计划的变迁（也称无意识的变迁）和有计划的变迁（又称有意识的变迁）"[1]。而文化变迁又由文化冲突与文化融合构成。概而言之，在任何一场文化变迁或文化进化的演变中，势必夹杂着两种或两种以上文化之间的对立和冲突，在相互对抗和妥协中逐渐走向融合和统一，直至最终形成较为一致的文化范式认同，并在这种认同下继续繁衍文化、传播文化和再造文化。

我国历史上历经三次重大的文化变迁，分别是春秋战国时期的文化百家争鸣、西汉至清代鸦片战争期间的"罢黜百家，独尊儒术"的大一统文化、鸦片战争到中华人民共和国成立前的西方文化与中国传统文化之间的角力和抗争。在

---

① 郑金洲. 教育文化学[M]. 北京：人民教育出版社，2000：183.

春秋战国时期，由于周王朝整体实力的衰退，文化由一个中心变为多个中心，形成不同文化中心的学术流派，如鲁国的儒家、宋国的墨家、楚国的道家、秦国的法家等，其教学内容也各有不同，如以孔子为代表的儒家经典六经中的《礼》为例，"礼"是周朝礼乐制度的核心，孔子主张通过对周朝"礼"的相关内容的学习，以森严的礼数阶级差异来使宗法观念从文化领域深入人心，从而维护周朝的统治。而在以法家为代表的《商君书》中，强调的是对法律法规、条例规范等内容的学习，培养顺应君主的臣民。进入西汉时期，开始推行"罢黜百家，独尊儒术"的文化政策，至此，儒家文化开始走上政治舞台并确立了文化大一统的地位，是其他文化难以望其项背的。正是由于统一的国家文化政策，儒家学说及其相关教学内容成为国家文化的主流意识形态和学校教育的正式内容，塑造了与之相适应的文化风格、文化制度、文化思维和文化传统，并一直保留延续至今。当然，在这一过程中，必然招来其他不同文化流派的阻挠和不满，难免滋生矛盾和冲突，但在不断的文化对抗、对话、吸收和相互妥协退让中达成共识，因此，以儒家思想为正统的文化形态是在各家文化学说基础上的博采众长，外儒内法而寄之于道。

到了近现代时期，我国开始将目光转向对西方文化为主的大量教科书的引进，试图通过对西方教材的翻译和使用，寻求中国变法图强的救国道路。如1862年设立的京师同文馆，先后陆续增设了法文、俄文、德文等外国语言课程，使用外国编撰的教材，聘请外国教员，旨在培养一批精通外语的专门人才。西方教科书的"长驱直入"消解并弱化了以中国传统文化为主的教科书的地位和价值，在促进中西方文化相互学习、借鉴的同时，也改变了中国社会文化的结构，改变了人们看待文化的标准、态度和思维方式。这些都是文化对教科书影响的集中体现，文化及文化的变迁不仅影响了教科书的教学内容、评判标准和逻辑结构，还有在教科书内容的影响下，人们的文化价值观、思维方式、行为习惯等的深刻变化。

第三节　教科书研究的文化取向

　　文化是人类在生产生活过程中所创造出来的物质和精神财富的总和，教科书作为文化构成的一个重要组成部分，与文化有着天然密切的联系。从文化的视角对教科书研究的内涵、特征和意义进行分析和探讨，具有重要的理论价值和实践指导意义。

一、教科书研究文化取向的含义

　　教科书"是依据课程标准编制的教学规范用书"[①]。长期以来，囿于文化传承的工具性角色，局限于功利性的语言训练和知识预备的教学过程观，教科书主要被看作是文化传递的中介和事实性知识的载体，教科书内在的文化属性、功能及其影响被忽视。基于此，文化取向的教科书研究就是在教科书研究中以文化为基本视角，把教科书置于丰富、复杂的文化语境中，探寻教科书的文化属性、文化功能以及文化影响因素，从而揭示教科书发展的文化基础与脉络。必须指出的是，与抽象的文化概念不同，教科书不仅是文化学意义上的特殊文化现象，同时又是教育学意义上的文化存在形态，具有实体的内容和对象化的结构，教科书的文化特性、功能和作用只有建立在教育学的一般原理基础上才能获得充分的解释，也只有实现教育学化，具有教学性，才能充分凸显教科书在教育教学过程中的文化育人价值与效用。而教科书是否具有"教学性这一根本属性"[②] 的基础和前提受制于教科书内容的选择与组织是否符合教师的教和学生的学，是否符合教学的实际情况，而这一切得以实现的前提条件在于对文化要素的精选与淬炼、编码与重组，进而才能确立教科书在教学过程中的作用：通过师生在教学过程中的交往与互动，将教材作为"撬动"文化的支点，赋予教学场域里的各个事物以

[①]　王道俊，郭文安. 教育学[M]. 北京：人民教育出版社，2016：123.
[②]　李新，石鸥. 教学性作为教科书的根本属性及实践路径[J]. 课程·教材·教法，2016（8）：25 - 29.

特定的意义，使师生在文化的涵养下，习得对文化的理解和体验；明确教科书在教学过程中的功能：教科书不是仅仅传授学生抽离具体生活情境的知识，而是使人通过文化价值的摄入，在活动中不断地试错和摸索，将科学文化知识导向学生内心深处，从而激起文化创造的欲望，产生文化创造的行为和能力，并由此达到情感的陶冶和人格的塑造，从根本上再造全体公民的情感态度、思维方式、心态习惯与精神特质，并主动追求最利于自己发展的优秀文化，自觉将个人纳入社会文化的相互关联与调适中，产生符合国家主流文化形态的文化认同感与自豪感。因此，"在一定意义上，有什么样的教科书，就有什么样的年轻人，也就有什么样的国家未来"①。

二、教科书研究文化取向的基本特征

从文化的视角审视教科书研究的相关命题，必然受制于这种文化基础并反映这种文化基础的特质。在围绕文化的研究中，文化学历经了人类学、文化人类学、考古学、民族学等演化而来，形成了以文化为研究对象的一门综合性学科——文化学，体现出扩界与跨界的特征，在此基础上又进一步发展衍生出文化社会学、文化生态学等交融性学科，为理解和认识文化提供了跨学科的视角和系统的方法论指导。反映在教科书研究中，集中体现在两个方面：一是研究视域的拓展，文化取向的教科书研究是把教科书置于整个社会文化发展的大背景中加以考察，是多个学科共同参与完成的结果；二是研究方法的多样，文化取向的教科书研究提供了更多方法选择的可能性，有助于完善并形成新的教科书研究方法论。

（一）研究视域的拓展

近年来，随着教科书研究的不断深化，国内外研究者分别从社会学、心理学、教育学等视角对教科书进行了大量的研究，取得了十分丰硕的成果。在社会学看来，"课程内容总是反映某种意识形态，为它所控制，统治阶级通过意识形态化的课程内容，达到社会控制的目的"②。在教育学视域里，主要探讨了教科

---

① 石鸥，石玉. 论教科书的基本特征[J]. 教育研究，2012（4）：92.
② 吴永军. 课程社会学[M]. 南京：南京师范大学出版社，1999：145.

书内容的选择和设计、教科书知识的传授，发现教师教授教科书与学生学习教科书的规律，揭示教科书的基本特征和理论①。虽然也有部分研究者从文化学的视域探讨了教科书的文化特性，但多数研究只是关于教科书文本的文化性分析。而对教科书进行研究不能完全依赖某一学科作为参照系，或者说不论基于什么样的学科视角对教科书开展研究，都离不开文化的境遇与脉络，就其研究的现象与问题而言，一切皆是文化内在规定性的外在展现。然而，在当前的教科书研究中，研究的重点主要是教科书的文本分析、教科书的发展过程及其阶段特征、教科书的质量保障体系和教科书制度完善等内容，而这些研究通常又以教科书的文本为主要研究对象，集中分析了教科书的知识构成和内容选择问题，把教科书研究本身当作研究对象来开展研究的则寥寥无几，更谈不上对教科书研究的文化学建构。综上所述，现有教科书研究的基本范式还是以文本分析为主，对教科书文本作"书斋式"的探究，教科书文本既是研究的对象也是研究的内容，两者关系较为模糊，边界不明。对此，文化取向的教科书研究不仅是对教科书文本内容及其表征的分析与说明，而且将教科书研究整体纳入文化的传承与融合、创生与发展的进程中与之展开对话，赋予它一种文化主体地位，既丰富了教科书在多元文化语境下的理解，又进一步明确了教科书研究的对象和内容，促使教科书研究对象从单一地分析教科书文本向研究教科书现象和问题中的文化逻辑、探寻教科书在形成与发展过程中受到的文化影响以及师生在教学过程中使用教科书的文化发生机理等方面转变；研究的主要内容不再只是对教科书文本作简单的文化性分析，还把教科书作为文化媒介进行分析，并对以教科书为中介的文化活动进行分析，从而进一步丰富和深化教科书研究。

（二）研究方法的多样

众所周知，科学合理的研究方法是提高研究实效，进而完成研究任务的利器，教科书研究亦如此。根据教科书研究的现状，教科书研究一般可以分为过程取向研究、产品取向研究和接受取向研究三种类型②，在具体研究方法的运用

---

① 王攀峰. 教科书研究方法的现状、问题与建议[J]. 课程·教材·教法，2017（1）：34.

② 黄显华，霍秉坤. 寻找课程论和教科书设计的理论基础[M]. 北京：人民教育出版社，2001：179-180.

上，研究者综合运用了建模法、内容分析法、对比实验法和比较法等方法进行教科书研究①，其中，内容分析法成了备受推崇和常用的研究方法。虽然人们将各种研究方法广泛运用于教科书研究之中，但是大多数的研究遵循的还是理论到理论的应然演绎逻辑，缺乏对理论共性与个性的分析，尤其缺乏对教科书研究方法基本体系和分类标准的反思与重构，导致方法还是原有理论的方法，并不是教科书研究的方法。在文化取向的教科书研究中，文化学及其相关交叉学科组成的"众文化学"不仅为教科书研究提供了更多方法选择的可能性，在一定程度上，还有助于丰富和完善教科书研究的方法论。一方面，文化学研究本身带来了如民族志、生活史、口述史、课堂志、师生叙事等田野调查工作的研究方法，开辟了教科书研究新的生长点。例如，借鉴民族志的方法研究教科书的民族性特点，通过口述史和生活史的方法探究教科书的历史发展沿革等。另一方面，文化学不仅是一种关于文化研究的理论，而且蕴含着丰富的方法论的意义。研究者可以从文化哲学、文化教育学、文化传播学等跨学科视域推演出符合教科书研究的方法程序、运行原则和结构模式，形成"新的教科书研究方法论"；与此同时，文化学研究与生俱来的问题取向的方法论特征，使得教科书研究更具开放性和实践性，有助于在教科书研究过程中不断发现新的问题，并寻求解决问题的新方案和路径。换言之，从问题出发或者说问题取向的研究思路已经成为且必会成为教科书研究的一个显著特征，彰显教科书研究的现实关怀与实践品格，有利于提高教科书研究者的问题意识，"观照问题解决的科学性和合理性，不断提高研究的理性水平"②，推动教科书研究持续走向深入。总体来看，文化取向的教科书研究的综合特征反映了对既有学科体制划分的质疑以及超越学科界限的努力，重组与改造自身的研究传统，避免了学科分立造成的研究局限，这不仅生成了许多研究的新领域，而且呈现出一种多元融通的实践性姿态，能够更有效地应对日益复杂的教科书研究的现象与问题。在跨学科的争辩与讨论中，文化取向的教科书研究不断吸纳文化哲学、文化社会学等学科的研究成果与方法，而且与自身的研究深度结合，进一步明确教科书研究对象、内容、方法和视角的独特性，重构教科书研

---

① 孔凡哲，张恰. 教科书研究方法与质量保障研究 [M]. 长春：东北师范大学出版社，2007：16.

② 王因，罗生全. 论问题取向的课程论研究 [J]. 教育研究，2011（10）：77.

究的理论依据、构成要素、方法体系和标准框架。在学科交融中保持了教科书研究的内在秉性，赋予了教科书研究完整的文化表述，显示出教科书研究的文化气度。

三、教科书研究文化取向的意义

教育是广泛存在于人类活动中的社会现象，是有目的地培养人的活动。教科书作为达到这一目的的重要媒介和联通渠道，不仅规定着培养什么人、如何培养人的课程目标与教学内容，而且教科书的编写、评价、审定、发行等从形式到内容一系列过程都深深打上了文化的烙印。文化取向的教科书研究打破了从单一维度静态分析教科书文本内容或结构的研究现状，激活了教科书研究的多元文化视角，构筑了立体多维的"教科书研究网络"，形成适合于教科书文化自身属性的理论体系。

（一）促发了教科书研究的文化转向

教育科学研究发展到今天，"研究的基础已不再仅是狭义的科学，而应当是包含狭义科学在内的全体人生经验和全部民族文化"[1]，教科书研究作为教育科学研究的一个重要组成部分，也由"单一的研究"走向"复合的研究"。"单一的研究"特指从教育学的视角或者某一学科视角出发，采用系统的方法探究教科书的知识选择与内容组织的问题，研究的内容仍然局限在"什么样的知识最有价值、知识应该怎样排序才更有利于学生接受"的传统知识论范畴，研究的关注点聚焦在教师如何按照预成教材贯彻落实既成事实的知识，教科书成了人们借以观察、测量和评价教育活动在对象身上实体化结果的"绝对标准"，导致教科书研究失之偏颇。"复合的研究"是指在文化的境脉中，在文化理论的参照下，深度诠释教科书在形成和发展过程中所受到的文化影响，包括教科书内容、设计、编排、语言和意识形态方面所表现出来的文化元素，教科书本体中显性和隐性的文化价值与内容；研究的关注点从教师"教教材"的旧教材观向"用教材"的新教材观转变；研究的目的在于发挥教科书的文化功能，落脚点在于学生在使用教科书过程中所获得的文化滋养，学生在掌握知识的同时，也不断地通过文化感

---

① 刁培萼. 教育文化学[M]. 南京：江苏教育出版社，2000：13.

知、文化体验、文化熏陶来增强自身的综合文化素质与能力，真正实现教科书"以文化人"的效用。

（二）推动了教科书研究范式的转换

20世纪90年代以来，文化学研究范式开始在我国教育研究领域逐渐展开。有研究者提出，自新中国成立以来，我国的教育研究出现了三种研究范式和两次范式转换。"首先是政治教育范式向绩效主义范式的转换，其次是绩效主义范式向文化学范式的转换。文化学范式是以人为中心，从文化出发来研究人、从人出发来研究文化所形成的研究范式"①，开辟了教育研究的新领域，确立了教育属于文化领域，人是文化的主体性存在的基本前提假设。对此，文化取向的教科书研究中，"在研究范式上不仅采用文化哲学的研究范式，还可以借鉴文化社会学、文化政治学、文化生态学的研究范式，尤其是要形成多样化的教科书文化理论研究范式"②，奠定了"文化—教材—人"三位一体的研究框架，而不是照搬文化理论的研究范式，为教科书研究中出现的问题和现象提供理论支撑的张力和强有力的学理解释。质而言之，文化学范式的引入，不仅标志着教科书研究范式的转换，还触发了教科书研究思维的深刻变革，这种新思维表现在从文化出发对教科书研究中的问题进行考察，在实践探索中进行文化分析与解读，在评价或反思时彰显文化的价值和意义，对教科书研究具有十分明显的促进作用。

（三）构建独具特色的教科书文化

从研究的反思性和深刻性来看，由于文化研究本身具有强烈的现实关怀和批判意识，与之交融的文化取向的教科书研究从一开始就体现出深刻的反思性。从文化研究的视角省察教科书在学校教育中所扮演的角色和地位，就不再囿于将教科书理解为从知识论中延伸出来，介于知识与课程之间的产物，避免在知识论过度强化的语境下，将教科书看作是一个纯粹的知识系统，通过知识系统来看待一切并根据知识系统去生活、去发展。文化取向的教科书研究的根本目的不仅是让学生掌握基本知识、基本技能，而且要培养学生的文化素养，即不仅让学生学会

---

① 张应强. 中国教育研究的范式和范式转换：兼论教育研究的文化学范式[J]. 教育研究，2010（10）：7.

② 辛继湘. 课程研究的文化觉醒：21世纪以来我国课程文化研究[J]. 湖南师范大学教育科学学报，2019，18（4）：117.

知识的迁移、运用、表达与交流，而且"邀请"学生在"文化探险"的旅程中进行发挥和创造，发现学科内在的文化之美，构建与之相宜的教科书文化。就构建教科书文化理论而言，除了借鉴国外优秀的文化理论和研究方法，还要以本土文化为根基，使之与本土文化理论沟通、融合，并在此基础上创造出具有中国特色及原生性的教科书文化理论，建立起自己的话语体系和解释系统，从中寻求文化理论生成的逻辑起点与思想视野，在与外域理论的对话中深化和创新教科书文化研究理论。就教科书文化的实践探索来看，研究者既要理性审慎地看待他国文化，加大对外域文化的辨识力度，也要认识到在坚守优秀传统文化的基础上还需要赋予新时代的诠释，文化才能得以更新和发展，这不是中体西用或西体中用的简单拿来主义，而是必须透过本土文化的"深层结构"这个变压器进行分析和判断①，以更加切合本土研究场域的态势形成其自身学术传统与研究的自主性，创生出一条符合本国教科书文化研究实践的可行性之路，实现"为国家谋文化上之建设"② 的理想。

第四节　教科书研究的文化逻辑

　　教科书研究的文化逻辑是指在教科书研究的过程中所遵循的文化规律与秩序，是对影响教科书发展的文化因素及其内在机理的理性概括与表达。就教科书本体研究而言，需要厘清教科书文化的本质属性及其与学科文化、学习者文化以及社会文化的关系；从教科书历史研究来看，需要透过文字符号揭示隐含其中的历史文化，剖析影响教科书发展的历史文化因素，阐明教科书的文化传承和创新的机制与意义；对于教科书比较研究，则需要恰当运用文化主位和客位的立场与方法，理解中外教科书在内容选择、结构设计、编写体例等方面的文化差异，从而更清晰地把握教科书发展的文化脉络与内在逻辑。

---

① 孙隆基. 中国文化的深层结构[M]. 北京：中信出版社，2015：403.
② 吴小鸥，姚艳. "为国家谋文化上之建设"：杜亚泉编辑出版教科书研究[J]. 福建师范大学学报（哲学社会科学版），2016（3）：152.

一、教科书本体研究的文化逻辑

教科书本体研究的文化逻辑在于厘清教科书不仅承载着文化，具有文化传承与创新功能，而且在本体层面上拥有自己独特的文化，这种文化的本质属性是教育性，与学科文化、学习者文化以及社会文化存在区别和联系。

本体层面的教科书文化是指教科书在编写、审定、研究及其发展过程中所形成的价值取向、知识系统、思维方式、语言符号的总和，其本质属性是教育性。从教科书的价值取向来看，教科书的基本功能是用于教学，不论什么学科的教科书，它存在的根本意义都在于让学生通过教科书受到教育。"教科书通过对学生进行知识宣讲，从中产生善恶原则；教科书本身意味着应当如何看待不同的人、事和现象，应当获得或不获得哪些知识、学问和价值，应当用什么样的标准去评价思想、社会和人。"① 在知识系统方面，分门别类的教科书体现了相关学科的知识体系，包括学科的基本概念、原理、逻辑结构、学科态度与方法等，具有学科知识的基本特征。但教科书显然不是把学术领域的学科知识直接搬进来，而是根据一定的价值标准、道德观念、审美取向等加以剪裁、提炼和重组，并依照学生在不同年龄段的身心发展水平加以改编、改造，从而形成教科书独有的教育性知识系统。从思维方式上看，教科书兼有成人和儿童的思维方式：一方面，教科书是用于学生学以成人的文本材料，学生经由教科书"成人思维"的训练和引导，原本形象化、直觉性的思维逐渐具有了抽象性、逻辑性，原本比较表浅、简单的认知也一步步走向深刻、复杂，从而能够更好地认知周围的世界；另一方面，教科书还必须具备儿童的思维方式，让学生在学习过程中能够延续自己有价值的思维形态，并通过可接受的途径，进一步提高自己的思维品质。因此，教科书中的思维方式实则也是一种教育性思维方式。在语言符号方面，作为文本的教科书主要呈现的是书面语言，但这种书面语言和其他文本的不同之处在于其不仅要方便看，而且要有助于读，不只是默读，还要做到朗朗上口，使文字更有表现力；不只是读到文字，还要能看到图画，做到图文并茂，以增强教科书的教育效果。

---

① 石鸥，石玉. 论教科书的基本特征[J]. 教育研究，2012（4）：92.

　　教科书文化具有学科文化的一些特征，但不等同于学科文化。所谓学科文化是指学科在发展过程中所形成的学科价值取向、知识体系、研究方法以及学科意识与规范的总和。在价值取向上，学科文化注重学科知识在某一领域的理论建构或实践运用价值，不同学科的价值、功能各异；而教科书文化更注重学科知识的教育性价值，不论是什么学科，也不论其有哪些学科的独特功能，其教育性价值始终都是第一位的。就知识体系而言，学科文化十分看重知识体系的完整性、逻辑结构的严密性、概念原理的专业性、语言的学科规范性，而教科书文化更关注知识体系能否便于学生学习，体系的完整、逻辑的严密、概念术语的专业、语言的规范固然重要，但必须服从于教师的教和学生的学，必须根据学生的学习需要和认知规律来选择和编排。就研究方法来说，学科文化很重视学科领域的独特研究方法，教科书文化则不仅注重学科研究方法，而且看重学习者的学习方法，是要让学习者通过恰当的方式去学习、理解学科知识和研究方法。在学科意识方面，学科文化能够让研究者对学科产生认同并以此规范自己的行为，而教科书文化则可以使研究者拥有学科教学意识并对其研究产生深远影响。可见教科书文化内含学科文化，但不是简单引进学科文化，而是对其进行了教育性文化的改造。在教科书研究中，如果把教科书文化等同于学科文化，那么展开的研究很可能只是以教科书为载体的学科研究，而非教科书研究。

　　教科书文化与学习者文化内在关联。对于学校未成年的学习者来说，其文化的核心是儿童文化，即儿童所具有的独特认知方式、思维习惯、言语表达、价值观念。在儿童眼里，世界不是分门别类的学科领域，而是一个生动有趣的有机整体，儿童对世界的认知是一种全身心投入的认知，他们总是会调动各种感官去感知和体验周围的世界。在他们看来，所有的东西都是有生命的，都是富有情感和诗意的，他们在面对外物时不是遵循事物的客观逻辑、规范规则去思考，而是按照自己的情感体验、奇特想象来对待，这种情感、想象可以不受时空限制，在现实世界和想象世界可以自由转换。他们在各种活动中自由玩耍、自由表达，十分享受活动的过程而不受结果左右，可以任性地幻想和创造，很少受到物质需要或其他利益的支配，所作所为皆因发自内心的喜爱和生命冲动。儿童是教科书的主要使用者，因此无论是内容选择、体例编排还是版式设计，教科书都需要体现儿童文化，让儿童乐于接受和使用。但教科书也是教育儿童长大成人的文本材料，因此也具备成人文化的很多特性。相对于儿童文化的整体性、直觉诗性、非实利性，成人文化更多显现的是分割性、逻辑理性和实利性。尽管成人文化有其自身的局限和问题，成人需要向儿童学习，从儿童那里感悟天性，感受纯真、活泼与自然，但成人文化是"在儿童时期所建构的身心水平基础上持续进行的经验重构。这种精神结构的不断重构是成人的精神创造，而成人的精神创造有可能超越进化历史，从而为生命和精神文化的进化奠定新的生长点"①。一本优秀的教科书，其中的儿童文化与成人文化是交织在一起的，相互取长补短、相得益彰，共同满足学生学习和成长的需要。因此，在教科书研究中，既不能只从成人文化的视角去考察教科书的选材和编排，也不能单纯从儿童本位立场、儿童视角去探寻教科书的改革与发展，只有理解教科书文化是两种文化的兼容，才不会使研究片面和武断。

教科书文化与社会文化存在关联。教科书文化内含社会文化，但并非全盘吸收社会文化，而是对其进行选择、改造与超越。在价值取向上，社会文化丰富多元，不同行业、不同领域、不同类型的生活，其价值取向各不相同；而教科书文化体现的是学校教育的价值取向，尽管不同课程的目标并不一样，但在价值取向上具有一致性，那就是促进学生身心健康发展。在文化内容上，社会文化包罗万象，各行各业、各种日常生活中的文化，传统的和现代的文化，本土的和外来的文化，并存于整个文化大系统中；而教科书文化需要对各种各样的文化进行选择，去粗取精，择优排劣，以利于学生健全发展。就此而言，教科书文化与社会文化是一种选择和被选择的关系。亦即教科书文化并非简单吸收社会文化，不是复制式的照搬，而是根据教育规律、课程性质、学生特点，对文化内容进行调整和组织，对不适应人类社会发展的文化内容、不利于学生健康成长的文化影响，通过文化分析和批判加以澄清和淘汰，对各种类型的文化进行必要的改造，使其符合个人和社会发展的需要。随着社会发展越来越快，文化的内容、形式和传播媒介更新速度也在加快，教科书文化一方面需要去适应迅速发展的社会文化以跟上时代发展的步伐，另一方面还需要更主动地选择和改造社会文化，对文化的意

---

① 刘晓东. 论儿童文化——兼论儿童文化与成人文化的互补互哺关系[J]. 华东师范大学学报（教育科学版），2005（2）：30.

义给予新的阐释，并不断构建出新的、可持续发展的文化。因此，教科书文化研究不仅是基于当下时代背景、大事件或价值导向加以探讨，而且需要从引领时代发展的趋向出发探索文化的优化与创新。

二、教科书历史研究的文化逻辑

一定历史时期的教科书必定承载着那个时期的特定文化，经由教科书的符号系统揭示其中内含的历史文化，这对于剖析影响教科书发展的历史文化因素、阐明教科书的文化传承和创新的机制与意义十分重要。

教科书对历史文化的传承与创新主要涵盖价值体系、知识经验、思维方式、语言符号等内容，其中知识经验、语言符号比较外显，是一种显性文化，而价值体系、思维方式具有内隐性，属于隐性文化。显性文化处在文化结构的表层，有着明显的存在形式和目的明确的传递方式，直面历史文化中的各种文化类型和样态，直接体现文化主体的思想与行为，可以通过量化研究包括频次分析、篇章分析、重点分析、广度分析等，来确定教科书中某个历史阶段的文化主题出现的频率、不同历史阶段文化内容的发展变化，从而清晰呈现出教科书在文化传承与创新上的历程。而隐性文化处在文化的深层结构之中，没有明显的存储形式和表达方式，深藏于文化主体的内心深处，需要经由质性研究（如话语分析、解释学分析、价值取向深度分析等）来揭示出教科书文本中难以测量的内容，包括隐于文化事实、文化现象背后的基本观念和意识形态，教科书传递的价值规范和思维方式等。在教科书的历史研究中，需要关注到两种文化的存在，尤其是对于隐性文化，不能因为其难以觉察和把握就不予以重视。事实上，隐性文化恰恰是文化结构中最基本、最深刻、最真实也最牢固的文化，它在维系文化的合法传承过程中起着不可替代的作用。如果研究者只是通过量化统计、图表呈现的方式来得出结论，即使数据十分精确、图表细致周全，也不能充分揭示出文化的重要组成部分及其传承的全貌，使研究失之表浅，缺少说服力。因此，在教科书研究中需要把量化研究和质性研究结合起来，既从文化表层做数量统计，也从文化深处进行质性分析，从而全面、深度揭示出教科书所传承和创新的文化内容与特征。

对于文化传承与文化创新的关系，教科书历史研究需要厘清和把握两者的内在逻辑。文化传承主要是指不同时期或时代文化的纵向传播，是某一民族或地方文化在代与代之间的传递和继承。文化创新则是对文化的变革、改进、拓展和创造。文化传承与创新的辩证关系在于传承包含创新，创新基于传承，文化传承是文化创新的基础和源泉，文化创新渗透于文化传承之中，二者相互作用，具有内在的统一性。所有文化形态的更新和发展都不可能是在一个毫无文化传统的空地上出现，也不可能直接通过外来文化的移植或替代来实现，而是要在原有文化基础上进行文化重构。任何"对传统文化的鲁莽切割，对传统文化积极因素的轻率否定，将导致民族文化观念的虚无主义滋生以及对外来文化脱离现实的顶礼膜拜，甚至产生不切实际的文化重建的狂热。它使一个社会的文化出现历史延续的断层、世代延续的价值理性断裂，打断了文化发展所必需的经验性积淀"①。而每一种文化要持续性发展，也不可能只是对原有文化的吸收、复制和继承，而是在文化积淀的过程中加以重组、更新与再造。如果说"教育在传递文化传统的过程中，从来就不是简单地复制文化。它或因社会变革、受教育者不同的身心状况以及教育者自身价值观的差异，赋予文化传统以新的意义；或因各文化要素的重组、整理、融合，使文化传统发生性质、功能等方面的变化，衍生出新的文化要素，迸发出文化更新的火花。这些新的文化意义或要素，就形成了文化传统的扩展和延伸"②，那么教科书正是以其独有的优势在文化意义的开新、文化要素的再造中发挥着重要作用。教科书历史研究中需要把文化传承与文化创新的内在关系揭示出来，探讨教科书在保存、维系文化的同时也在选择、整理文化，在促成文化积淀的过程中也在促进文化的增值与创新。如果无视二者的联系，分别言说教科书的文化传承和文化创新，而不去深究其中的互成关系，就无法厘清教科书文化功能的内在机理，不能清晰呈现教科书发展的文化轨迹。

此外，教科书历史研究还需要澄清一个问题：教科书对于文化的传承与创新究竟是自觉、主动的，还是他律、受动的？教科书作为一种独特的文化载体有其自适应能力，"这是原初信息进入教科书的自在力量，它意味着教科书存在的基点。如语文教科书必然包含有字词句篇的原初信息、数学教科书中必然包含有数字与符号的原初信息、美术教科书中必然包含有色彩的原初信息……教科书的学

---

① 孙燕青. 文化自觉与文化自信视野下的传统文化定位[J]. 哲学动态，2012（8）：19.

② 郑金洲. 教育文化学[M]. 北京：人民教育出版社，2000：112.

科名称一旦确立，必须有相应的原初文化信息的进入，这是不以外界的意志为转移的"①。也就是说，教科书对于文化的传承与创新有其自觉性，不论外界因素发生怎样的变化，教科书自觉进入的文化信息并不受其影响。此外，教科书主要是用于教师教和学生学的，要使教学取得相应的成效，必然要主动根据学生的身心发展规律和教学过程的特点对文化内容进行选取或舍弃、强化或弱化，以使其适应教师教学的需要，有利于学生的学习和发展。就此而言，教科书对文化的传承与创新是自觉、主动的。对此，教科书研究不可忽视教科书的自组织力量在文化传承与创新过程中的作用，需要对教科书的自主性及其作用机制有足够的重视和认知。

不过，教科书作为重要的文化载体，不可避免地受到外力的作用，在传承与创新文化的进程中也可能是他律、受动的，这也是文化发展的内在逻辑使然。"整个人类精神文化的发展，是一个自组织与他组织系统相互作用、有机推进的过程。精神文化生活在社会发展中历史地演进，它既是在文化的新旧交替、上下传承中'历史'地演进，又是在社会结构变迁、物质生活革新的推动下、创造中'被历史'地演进。"② 也正如丹尼尔·贝尔（Daniel Bell）所言："文化观念方面的变迁有内在性和自觉性，因为它是依照文化传统内部的逻辑发展而来的。在这层意义上，新观念和新形式源自某种与旧观念、旧形式的对话和对抗。但文化实践和生活方式的变迁必然与社会结构互相影响……整个文化的变迁，特别是新生活方式的出现之所以成为可能，不但因为人的感觉方式发生了变化，而且因为社会结构本身有所改变。"③ 教科书在传承文化的过程中也深受社会政治、经济乃至整个社会结构的影响，哪些文化内容能够进入教科书，进入以后会发生怎样的改变，都与外部力量的准入、干预有关。这种外部力量的作用具有双重性，既可能推进也可能阻碍教科书对文化的传承与创新。因此，在教科书历史研究中，需要厘清各个历史阶段影响教科书文化传承与创新的外在因素，它们作用于教科书的方式和途径，从广阔的社会政治经济等背景的分析入手，梳理出教科书

---

① 吴小鸥. 教科书，本质特性何在[J]. 课程·教材·教法，2012（2）：66-67.
② 胡潇，曹维. 文化逻辑的研究策略[J]. 哲学动态，2014（4）：47-48.
③ 贝尔. 资本主义的文化矛盾[M]. 赵一凡，等译. 台北：台北久大文化股份有限公司，1991：56-57.

在不同历史时期对于文化传承与创新的特点与变化，从而揭示出教科书发展同时代变迁的相关性，从历史演变、社会变革与转型中寻绎文化传承与创新的条件、机制和动力。

三、教科书比较研究的文化逻辑

在进行教科书的比较研究时，如何揭示和看待教科书隐含着的文化差异十分重要。事实上，中外教科书在内容选择、结构设计、编写体例等方面的不同，其深层原因之一在于本土文化与外域文化的异质性。

本土文化是指扎根本土、世代传承，经过本民族的生活习惯、价值观念、思维方式和语言的积淀，具有相对稳定性、独特性和民族性的文化。外域文化相对于本土文化而言，在价值观念、伦理规范、语言思维、生活习俗等方面具有异质性。异质文化中的教科书，其内容与形式的诸多不同与文化上的差异存在深刻的关联。有研究者对中美语文教科书在选文主题上进行文本比较后发现，在选文主题上，美国语文教科书选文主题的特点体现了美国文化中注重批判精神，提倡通过对现行社会制度、社会现象中的问题进行揭露和批判，去追求并维护自由平等、建立良好社会秩序。

研究还发现，美国语文教科书的选文多是作者谈亲身体会，以第一人称来倾诉对美国核心价值观的追求、奋斗、体验、感悟，而这种第一人称、第二人称代词的所指对象是语言交往活动的直接参与者，阅读第一人称的课文可以实现作者与阅读者的直接对话，易于把阅读者带入作者所讲述的真实境域中，产生感情共鸣①。研究者从语言交往效果的角度进行比较分析是可取的，但深度研究则需要揭示不同人称表述中的文化差异。美国文化很重视个人感受，人与人之间的关系以"自我依赖"为主要特征，强调自我思考、自己做决定、自我评价，看重自己的兴趣、爱好、感受，认为个人价值应从内在途径获得，无须从别人的评价中来检验，不会特别关注别人的看法和评价。而中国文化则更注重社群和谐，珍视人际关系的深层联结，为人处事更加强调同理心和集体感，进行选择和决策

---

① 赵长林，杨振华. 中美语文教科书政治社会化功能的文本分析[J]. 湖南师范大学教育科学学报，2016（2）：42.

时，他人的意见和评价能够起到很大的作用。这些是形成人称表述不同的文化原因，是教科书比较研究中需要关注的文化逻辑。

透过教科书的内容设计、编写体例、习题系统、呈现方式的不同探究其中的文化差异并不容易，需要恰当运用文化主位与客位的立场和方法来看待本土文化和外域文化。文化主位研究是从事件参与者的角度去观察这一文化中人们的思想和行为，并把他们的描述和分析的恰当性作为最终判断的立场和方法。这种研究方法要求研究者"要努力去获得必要的有关类别和规律的知识，以便能像当地人那样去思考问题，去行动"①，包括学会当地人语言、生活方式，掌握当地人所具备的知识、规则和能力，理解当地人的价值观、世界观、思维习惯。文化客位研究则是从旁观者的角度去考察某一文化中人们的价值观念和行为方式，认为旁观者的观察和研究是有意义的、正确的。运用这种方法的研究者不使用从本地人看来必定是真实的、有意义的和恰当的概念，而是使用从科学数据中得来的范畴和规则进行判断、得出结论。在教科书比较研究中，对于本土文化的认知，不仅需要从文化主位的立场去体会本土文化的内在结构、运行规律以及独特价值与意义，而且需要从文化客位的立场去考察本土文化，从身处其中的文化中超拔出来，进行客位化、他者化的审视与比较，从而避免受主观成见、自我认同、定式心理所限，能够更清晰地把握文化的精神特质、意义系统与发展脉络，透彻理解深蕴在教科书符号系统、编写体例中的本土文化。对于外域文化的考察，则不只从客位文化的立场对他者文化进行比较和评价，还需要从主位立场介入，移情于异质文化之中去感悟文化差异，避免先入为主地依照自己的文化立场与态度去理解和评判异质文化，从而能够准确判断异质文化的不同之处，揭示其内在本质，使教科书比较研究能够透过符号、形式的表象进入文化的内核，从不同文化的比较中走向深化。

---

① 哈里斯. 文化人类学[M]. 李培茉，等译. 北京：东方出版社，1988：17.

第二章

教科书的文化传承与交流

教科书具备传承优秀文化和传播交流文化的功能，它对于优秀文化的传承、各种文化的交流来说，都是不可替代的载体和工具。人类文明精华是靠教育，进而靠教科书来确保其传承的，不同社会的主流价值观、特定的意识形态都需要教科书来传播①，不同国家、不同地域的价值观念、生活习俗等也通过在教科书中的展现获得相互交流、相互学习与借鉴的机会。离开教育，离开教科书，保存下来的只能是文化的碎片②。倘若教科书没有传承最重要的人类文明精华，没有很好地体现特定社会的主流意识形态，没有激发学习者思想情感、观念品质的获得与升华，在一定程度上都可以视其质量不高。因此，一本有价值的教科书，不仅仅在传承优秀文化，同时还促进不同文化之间的交流，并在交流中引进和传播新的文化。

第一节　教科书的文化传承与交流功能

一种文化从产生到成熟需要较长时间，而它的可持续发展需要代际之间的不间断。与此同时，本土文化的内在的传承如果不同时伴以外来文化成果的交流，就可能走向封闭和保守，失去创新的能力；从长远的角度看，要真正抵御各种强

---

① 石鸥. 教科书概论[M]. 广州：广东教育出版社，2019：149.
② 石鸥. 教科书概论[M]. 广州：广东教育出版社，2019：149.

势文化的霸权，也要依赖人类文化的进一步传播和交流①。由此可见，文化的传承和交流对于人类社会的发展具有非凡的积极意义。显然，传承与交流也是学校教育的重要文化功能，而课程和教科书作为教育的具体表现形式，自然也具有文化传承与交流的功能。

一、教科书的文化传承价值

（一）教育的文化传承功能

传承，即长期以来流传下来之意。中华上下五千年的灿烂文化，在文学、艺术、科技等领域，均在人类文明历史发展中留有浓墨重彩的一笔。同样地，世界上其他国家、民族也有着丰富多彩的文化。那么，我们如何将中华文化和世界上的其他文化世代相传呢？翻阅历史，对人类文化的传承方式最先是在物质或简单图画上的凝结、长辈对孩童的口耳相传或演示，后来文字的出现为人类文化的传递和保存提供了一条极为有效的途径。文字的出现也促使教育有了质的飞跃，从社会生产与生活中分离出来，形成独立的形态——学校教育。诚然，学校教育的本质是文化育人，教育通过培养人来传承文化。在漫长曲折的历史进程中，人类通过教育把积累的知识经验传递给后代，并在世代相传的过程中逐渐积淀下来，成为人类生存发展的必要手段，进而构成文化的主体②。因此，教育一经产生就是传承文化的重要方式，传承文化是其基本功能，也是一条重要的教育规律③。文化的传承是文化得以延续和发展的基本前提，具体来讲，教育的文化传承功能主要体现在传递、保存与活化三个方面。

1. 教育具有传递文化的作用。学校教育因其具有明确的目的性、计划性等特点，古往今来，一直承担着传承文化的重任④。就人类发展的历程来看，教育传递着文化，前人创造的文化成果世代流传、绵延不断。每一代人所接受的教育

---

① 衣俊卿. 文化哲学：理论理性和实践理性交汇处的文化批判[M]. 昆明：云南人民出版社，2005：91.
② 刘小红. 试论音乐教育的文化传承价值[J]. 音乐天地，2007（1）：11.
③ 栗洪武，陈磊. 中国古代学校教育传承与创新中华文化的历史规律[J]. 教育研究，2015，36（10）：119.
④ 王道俊，郭文安. 教育学：第七版[M]. 北京：人民教育出版社，2016：62.

都是在前人所积累起来的科学文化成就的基础上，汲取原有文化的积极成果，同时结合当前时代特征总结新的认识和新的实践经验，创造出新的文化成果，然后将这些文化成果传递下去。通过教育，可以将人类文明积累的文化，经过适当的方式方法传递给学生，使之能够迅速高效地掌握人类创造的文化财富，接受优秀传统文化的熏陶与洗礼。文化系统如果没有教育发挥传递文化的作用，就无法形成一个动态的、开放的、发展的系统，文化的生命就会枯竭[①]，相应地，教育也就失去了育人的文化土壤，成为一种没有"灵魂"的教育。

2. 教育具有保存文化的作用。学校教育的诞生，加快了人类文化积累的进程，因为它不仅通过语言传达清晰明白的意义，交流思想和感情，传授系统化了的知识和经验，使文化在一代代绵续中保存下来，而且可以借助于文字，将文字刻于书简，印于丝帛、纸张，使文化跨时代地积累和保存[②]。但是，文化的表现形式有多种，包括物质文化、制度文化和精神文化。前两种文化可以借助于上述语言文字符号等物质实体保存下来，而人类文化的核心——精神文化，尤其是民族的文化传统、思维方式等，是不能通过物化的形式体现出来的，它只能通过人的培养，体现在每个人的思想意识和认识中[③]。所以，无论哪一类文化的保存，都离不开教育对人的培养。

3. 教育具有活化文化的作用。文化按照存在的形式，可以分为两种类型：一种是存储形态的文化，一种是现实活跃形态的文化。从存储形态的文化转为现实活跃形态的文化，这一过程就是文化活化的过程。教育在传递继承文化时并非简单地复制文化，它会因社会时代的变化而发生一定的变化，需要顺应时代潮流，符合受教育者的身心发展状况和教育者的价值观念，需要对处于存储形态的文化作出适当的整理、改造与重组，进而生成现实活跃形态的新文化，使其具有新的生命和活力。这些新的文化便是原有文化的拓展与延伸。

(二) 课程的文化传承价值

课程来自文化，一经形成又会对文化产生一定的作用，从社会学角度来讲，就是对社会"制度文化"的保存与活化。所谓"制度文化"，是指与统治阶级价

---

① 孔云. 文化视野中的地理教科书研究[D]. 上海：华东师范大学，2008：27.

② 郑金洲. 教育文化学[M]. 北京：人民教育出版社，2000：15.

③ 全国十二所重点师范大学. 教育学基础[M]. 北京：教育科学出版社，2014：53.

值取向相符合的文化，它主要存在于各种公开发行的文化典籍中。大量的文化典籍对于有限的学校教育来说，有必要进行相应的转化，即条理化、系统化，这样才能转变为课程①。课程中的文化都是经过教育研究者和课程编制者精心整理与加工的，其结构、体系更加趋于合理与完善。文化正是通过被选入课程得以实质性保存，从"潜在状态"转化为"显在状态"，从而发挥实际的社会功能，得以传承与散播。

学校课程的文化传承具有社会历史性和增殖性。所谓社会历史性，是指文化传承是在特定的历史条件下进行的社会性传递方式，是通过多种社会文化形式进行的，不仅是指上一代传承给下一代，而且可能是下一代传给上一代或同一代人之间的相互传递②。所谓增殖性，是指文化传递过程中，人们总是根据自己的经验和价值观重新界定文化和认识文化，并增殖和繁衍出新的文化意义，甚至把自己的文化创造融入总体文化之中继续向后传承，这就是文化增殖现象。正是由于课程文化传承的这些特点，教育在人类社会发展过程中显示出越来越重要且不可替代的作用和地位③。文化也正是因课程这一重要载体而变得更有文化传承的魅力，其魅力在于更多青年学子成为文化了的社会人，学生通过课程中的文化逐渐塑造起具有民族精神的文化品格，我们的民族也因文化的世代相传变得更加具有凝聚力。

就历史发展而言，课程缘起于文化传承的需要，没有文化就没有课程。文化经过筛选、整理等多道程序才可以纳入有限的学校课程，学校课程赋予文化新的使命。从教育产生之时起，课程就承担起继承、传递文化遗产的任务，因此，课程是文化的一个组成部分，课程是教育得以开展的物质与精神载体。一方面，文化造就了课程，文化作为课程的母体制约并决定了课程内容的性质；另一方面，课程又创造和形成了文化，课程作为文化的一种重要手段和媒体，为文化的发展、创新及其育人意义的形成、育人标准的定位，提供核心与导向性的途径与机

---

① 吴永军. 课程社会学 [M]. 南京：南京师范大学出版社，1999：139.
② 米俊魁. 学校课程的文化功能及实现机制 [J]. 湖北师范学院学报（哲学社会科学版），2015，25（1）：133.
③ 米俊魁. 学校课程的文化功能及实现机制 [J]. 湖北师范学院学报（哲学社会科学版），2015，25（1）：133.

制①。课程作为教育的重要表现形式，是传递文化的工具，也是文化的载体之一，文化借助课程得以传承。在学校教育中，课程通常是以学科的形式来组织教学内容，以人类对知识经验的科学分类为基础，从不同的分支学科中选取一定内容来构成对应的学科，从而使教学内容规范化、系统化②。课程的主导价值在于纵向地传承人类文明，使学生系统掌握人类积累下来的文化遗产。具体的课程内容自然体现着文化传承的印记，世界上的各种优秀文化，包括本民族的文化价值观念，通过课程内容传递给一代代学生，学生通过课程的学习，了解和热爱本国家、本民族的文化，有助于培养学生的爱国主义情怀、集体主义精神和社会主义思想道德，将优秀传统文化延续发展下去；通过学习世界上其他国家和民族的文化，学生能够拓宽视野，认识世界各民族文化的丰富性与多样性，增进对不同文化的理解、尊重与喜爱。

（三）教科书的文化传承价值

教科书作为系统反映学科内容的教学用书、课程实施的最主要载体，是学生学习的典型输入性材料，也是文化传承的重要媒介。世界上有着丰富多样的文明，我国也有着悠久的历史和灿烂的文化，如何将这些历史和文化在有限的学习时间里快速有效地传递给青年一代，一直是教育界关注的问题。教科书在历史文化的传承中无疑发挥着重要的作用。教科书浓缩了整个世界文明史，汇聚了人类社会发展过程中所积累的科学文化知识和重要文化遗产，教科书能够在一代代年轻人那里复活古老的优秀文化，它力求把本民族认为最值得保存、最优秀的文化传承给年轻人③。可以说，教科书是思想文化的稳定传承者，我们的各种观念、宗教信仰、道德信条、情操和习俗等构成的社会文化是通过课本（教科书）传递和保存下来的。教科书对文化的传承主要包括三个方面：一是，对于具有普遍性价值的传统文化思想，教科书要做到延续性的传承；二是，对于具有时代性局限的传统文化思想，教科书要做到适应性调整的传承；三是，对于那些传统文化中被忽视但又具有现实意义的思想文化，教科书要对其进行补充甚至是超越④。

---

① 严华银. 课程：教育行塑学生跑道[M]. 北京：世界图书出版公司，2018：114-115.
② 张传燧. 课程与教学论[M]. 北京：人民教育出版社，2008：149.
③ 石鸥. 教科书概论[M]. 广州：广东教育出版社，2019：50.
④ 全晓洁. 中小学教科书优秀传统文化道德形象的价值传承研究[D]. 重庆：西南大学，2018：50.

　　教科书是一种文化的再生产，它利用自己独特的地位，选择、剪裁、重置浩大的文化之海中的部分文化，使之逐渐经典化、主流化，并尽可能按照学生的身心特点实施教育，塑造学生的社会主义核心价值观，从而实现传统主流文化的传承和新文化的引入①。在一定意义上，教科书影响着对年轻一代的培养，也影响着一个国家的未来。正是教科书，确定了什么才是值得传承下去的精华文化②。教科书的发展过程，是有目的地选择和传承优秀文化的过程，教科书通过确立文化标准，成为引领青少年儿童发展的重要导向。文化从时间上可以分为传统文化、现代文化乃至更为具体的不同时代文化。不同历史时期不同年代的教科书有着不同的文化使命，回顾百年中国教科书的发展历程，我们可知：晚清时期的教科书通过科学文化的建构，启蒙中国人用崭新的视角认识自然和社会，开启了国人通过编撰教科书建构科学文化、传承中华文化的新时代③；抗日战争时期的教科书挑起"为国难而牺牲，为文化而奋斗"的使命担当，宣传抗战思想，鼓舞民众斗志，增强中华民族抗战的凝聚力和文化认同感。中华人民共和国成立后，教科书先后经过学习"苏联文化"以及改造、探索与建设具有中国特色的社会主义文化之路。由此可见，不同时代、不同时期的教科书虽然在文本内容上存在差异，但其展示的文化内涵，即自己民族的优秀文化、伟大的民族精神、爱国精神等价值观念却是一致的，是世代相传、一脉相承的。因此，教科书具有一以贯之地传承优秀文化的价值，它利用自己独特的地位，筛选、调整、重组社会文化，遵循受教育者的身心发展规律开展教育教学，逐步塑造起学生的社会主流价值观和健全人格，使其符合个人和社会发展的需要，从而实现传统文化的传承和新文化的吸收。

　　当前，在世界经济全球化与文化多元化的国际大背景之下，如何传承本民族的优秀文化，维护民族团结和国家安全，成为国家发展中亟须解决的重要问题。就教科书而言，它在塑就国民精神、传承文化方面具有不可忽视的作用，因此，国家须发挥教科书（尤其是中小学教科书）在文化传承方面的引导作用，把握正确的文化发展方向，科学公正地继承世界和民族的各种优秀文化、先进文化，

---

① 石鸥. 弦诵之声：百年中国教科书的文化使命[M]. 长沙：湖南教育出版社，2019：30.
② 石鸥. 百年中国教科书的文化担当[J]. 教育科学研究，2017（11）：93.
③ 石鸥. 百年中国教科书的文化担当[J]. 教育科学研究，2017（11）：94.

树立好全面育人的价值导向。

二、教科书的文化交流功能

（一）教育的文化交流功能

文化的交流，是文化从一个社会文化共同体传输到另一个社会文化共同体，是文化在空间上的流动。各民族文化之间的相互交流，在古代社会就广泛存在，但因受当时的生产力发展水平、交通和语言等方面的限制，其交流的广度和深度都是极其有限的。到了近现代，各民族之间的相互开放已经变成了一种不可逆转的世界趋势，人们也逐渐认识到了教育在各民族文化相互交流、吸收和融合中的地位与作用①。例如，日本在明治维新之后，开始大量吸收西方先进国家的文化成就，再加上东西方两种文化所进行的广泛接触与交流，大大地促进了日本国家的现代化发展。

在当今信息交流日益频繁、密集和便利化的全球一体化时代，人口的流动与迁移，以及互联网通信技术、大众传播媒介的普及，使得教育的文化传播愈来愈频繁、方便、快捷。我国社会对外开放的日益扩大化，以及"一带一路"倡议的实施，大大促进了诸多国家在经济、政治、科技、文化等各领域的交流与合作。当然，教育在传播文化方面也发挥了不可磨灭的作用。通过传播文化，使不同国家、民族和地区的文化相互交流、相互交融，促进文化的优化和发展。教育通过广泛的文化交流，也在不断地吸收其他民族的文化精华，补充、更新和发展本民族的文化②。如今，学校教育在国际文化交流中的作用日益凸显，教育的交流活动也更加频繁与多样。国际性的文化交流使各个国家、民族的文化精华汇合、交融起来，逐渐形成全人类的共同文化财富，这是每一个国家和民族文化融入全球文明的进程。孔子学院在世界各地的设立，将儒家思想文化传到不同的国度，各国之间互派留学生相互交流学习异国文化以及教师的出国访问、学术交流等实践，都是教育发挥文化交流功能的印证。

不过，在世界各国不同文化的交流碰撞中，应避免文化交流中的一些问题。

---

① 傅维利，刘民. 文化变迁与教育发展[M]. 成都：四川教育出版社，1988：207.
② 王道俊，郭文安. 教育学：第七版[M]. 北京：人民教育出版社，2016：62.

例如，未经本土社会文化环境的考量，盲目地直接照搬、移植外来文化，这将导致民族文化虚无主义的滋生以及对外来文化脱离现实的盲目认同，甚至会产生不切实际的文化重建的狂热，成为异域文化的附庸。现实生活中，有的年轻人对"洋节"情有独钟，却漠视中华民族的传统节日，缺乏对当地风俗的认知等，在中国近现代史上也存在过如何对待西方外来文化的思潮，如"全盘西化"论、"中体西用"论和因噎废食等观念。显然，走极端之径的"全盘西化"和顽固派的冥顽不化已经失去了存在的市场①。因此，正确处理本土文化与外来文化的关系是在推进文化交流进程中的重点。在新时代，只有用好本土、本民族优秀文化的宝贵资源，在其基础上吸收、融合外来的优秀文化，把跨越时空、超越国度、富有永恒魅力、具有当代价值的文化精神弘扬起来，才能创造出新的、适合现代社会需要的文化，不断提升文化软实力，增进教育的文化交流，并为越来越多的人所接受。

（二）课程的文化交流功能

课程作为一种文化现象，必然扮演一定的文化角色，发挥一定的文化功能。吴也显先生认为："学校课程属于观念形态的文化。它的内涵概括了人类所积累的基本社会经验。因此，从某种程度上说，学校课程是人类文化史的缩影。社会所积累的文化是课程的主要源泉，而课程则是文化传播交流的一种有效手段。"②课程横向地传播各国、各地区和各类型的文化，并在传播文化过程中促进文化的融合、滋生、繁殖。文化的传播也促进着文化的交流，从学校诞生之时开始，推动社会文化的传播与交流便已是课程与教学的重要功能。课程的文化交流功能，即通过文化的教学组织间交流、个体与组织间交流和个体间交流来交流文化信息，达到理解多元文化、分享人类文化成果的目的③。

课程具有重要的文化价值，其中最重要的一个方面就是促成多种文化的交流。具体来讲，课程中所要利用的文化资源，包括本土文化、学校文化及来自异域的优秀文化等，聚集在一起经过整合便形成了适应学生发展的课程。经过课程的实施，学生在各科课程的学习中获得了不同的文化知识，了解了不同国家或地

---

① 刁培萼. 教育文化学[M]. 南京：江苏教育出版社，2000：266.
② 吴也显. 学校课程和文化传播[J]. 课程·教材·教法，1991（3）：10.
③ 张传燧. 课程与教学论[M]. 北京：人民教育出版社，2008：48.

区的文化风貌，形成了一定的道德情感。例如，学习英语课程，会了解西方的话语体系，也会学习和知晓西方文化；学习地理课程，会了解不同国家的地理风貌、生活习俗、服饰风格、建筑艺术；等等。再者，综合实践活动课程和跨学科课程的组织实施，会融入不同学科文化和不同地域文化，学生在综合实践活动课程与跨学科课程的学习中促成文化的交流。另外，在课程开发中，为了使课程开发更加合乎需要，实现文化育人的价值，必然需要大范围内多元文化之间的互动与交流。例如，在校本课程中开发的"饮食与健康"课程，地方饮食文化就可能会融入传统国学文化①。

课程的文化交流推动着课程的文化变革。各类课程中多种文化的碰撞，可能是社会主流文化与非主流文化、本土文化与外来文化、精英文化与市民文化、传统文化与现代文化的交汇与融合，也可能会出现文化冲突。在处理各种文化的冲突与矛盾中，所创造生发出的新文化会引起课程环境、课程制度、教学行为等方面的变化，最后引发整个课程观、知识观、教学观、师生观等深层次的变革，进而形成一种新的课程文化。

（三）教科书的文化交流功能

如今，世界文明的多样性和发展模式的多样化在全球化进程中更加凸显，文化内容、形式和传播媒介的更新速度也随之不断加快，人类社会的相互依存、交流与合作日趋密切，也推动着人类文化的传播与交流。而教科书是文化传播与交流最有效的工具，特定类型和价值的文化通过教科书文本得以重视和表征，一些文化内容凭借教科书而进入大众的视野，被无数学生熟知、铭记。所以，教科书作为文化传播交流的重要工具，促进着文化的交流，推动着文化影响力不断扩散，在本土文化对外推广或世界文化对内引入的双向交流方面发挥着积极作用。这样一本小小的教科书，却对广大学生影响深远。若不是教科书，许多人估计未读过闻一多的《最后一次演讲》、老舍的《济南的冬天》、高尔基的《海燕》等文章；若不是教科书，很多学生可能不知道狼牙山五壮士、黄继光、邱少云的故事；若不是教科书，估计一些人也不会知道其他民族、其他国家有什么样的生活

---

① 宋星，雷晓燕. 校本课程的文化价值与文化品牌建设研究[J]. 教学与管理，2019（24）：83.

方式、风土人情和地域文化……文化在交流中传播，在不断的交流中发展，不同地域文化之间、不同民族文化之间都需要交流、互动。教科书的文化交流，一方面将教科书内容蕴含的文化传播给学生，让学生了解本国、本民族的文化，培养学生的文化认同感和民族自信心，同时学生可以通过教科书较为系统地、快速地了解其他国家的文化，增进对世界文明的认知，对国外文化的理解。另一方面，让其他国家的学习者借助教科书真正了解我们的文化，增强文化互信，然后通过这些来自国外的学习者将我们的文化传播、介绍给更多的人，发挥其沟通、共享的强大交流功能。虽然教科书不可能将各个国家、各个民族的文化全部覆盖，但它作为一个文化交流的平台、途径，可以向学生呈现不同国家、民族的各种文化材料，为学生的多元文化交流提供条件与突破口，从而推进文化交流不断走向深入。

除了本国语言教科书，第二语言教科书也发挥着文化交流的重要功能。第二语言教科书，不管是自觉的还是不自觉的，无不通过语言要素（包括文字）和课文内容来反映目的语国家的社会历史和文化习俗。一定意义上说，教授一种语言就是在教授这种语言所依托的文化，学习一种语言就是在解读这种语言所依托的文化。这是因为，一方面，语言和文化是密不可分的，语言系统本身就是一种文化，语言要素（特别是语汇）在相当程度上反映着民族的历史和文化，而课文内容只要是关乎目的语国家的，便往往涉及该国的历史、文化和当代国情；另一方面，第二语言教学本身也要求揭示语言中所蕴含的文化因素，介绍目的语国家的历史、文化和现状。同时，根据需要，教材中也可以谈及人类共同面临的社会和自然问题、共通的情感和价值观念，还可以进行文化异同（而不是好坏）的比较。因此，第二语言教科书必然也应该承担文化传播和交流的功能。这既是一种客观事实，也是一种客观需求①。

教科书作为一种独特的文本，具有很强的时代性，其内容和蕴含的文化会因社会的变革与发展而作出适当的优化与改进。为此，教科书文化一方面需要跟上时代发展的步伐，适应社会发展，观照社会文化的动向；另一方面还需要发挥主观能动性，不断融入现代精神，多从社会文化中汲取精华且加以改造，赋予文化

---

① 李泉. 对外汉语教学理论思考[M]. 北京：教育科学出版社，2005：193.

新的阐释和意义，构建出既与时俱进又可持续发展的文化。可以说，这是不同时代文化在教科书中的交流与碰撞。教科书还具有强大的包容性，能够会通中西文化，促进中国文化与其他各国文化的互通，促进国际文化教育的交流与合作，推动现代文化与中国传统文化的结合，使得文化交流更富时代气息和国际视野。教科书文化的中西交流，早在鸦片战争后、洋务运动全面兴起之时便有所体现。19世纪末，西学教科书逐渐进入中国，在中国教育近代化进程中作出了一定贡献。在那个时期，教科书的文化意义主要体现在科学文化上，以《格致须知》为代表的西学教科书，促进了西方先进的科学知识在中国的推广和普及，这在推动近代新文化的形成方面产生了不可估量的影响[1]。

教科书作为实体文本，在学校教育中若想实现育人的目标，需要经过师生之间的互动交流。换言之，教科书是沟通教师与学生在课堂教学中进行有目的、有计划对话交流的桥梁。所以，教科书是推动师生文化交流的手段。学生以其独特的认知方式、思维习惯、价值观念、表达方式形成了学生文化，而教师是成人文化的代表，有着更为抽象、理性的逻辑思维，是经过社会化和专业教育洗礼的人。教师凭借自身的专业素养、遵照课程标准和教学目标的要求，将教科书所要表达的文化在课堂情境的对话交流中逐渐融入学生的意识，激发学生对文化的奇特想象和诗意的情感表达。

第二节　教科书的文化传承方式

在纵向或时间维度上，教科书的文化具有它自己的积累与传递机制。20世纪初，在面临民族存亡与文化存亡的危急时刻，广大爱国知识分子忧思国情现状、叩问中国文化将何去何从，当时的一个组织——国学保存会——把目光聚焦在了教科书上，力图将我国五千年之学术文化的精要重大者皆融汇于五种教科书

---

① 石鸥. 弦诵之声：百年中国教科书的文化使命[M]. 长沙：湖南教育出版社，2019：59，72.

（经学教科书、伦理教科书、中国文学教科书、中国地理教科书、中国历史教科书）中，希望借助教科书传承传统文化的精髓以振兴国力，救亡图存；民国时期的"中华教科书"破除原来旧教材的封建主义传统，兼取欧洲科学文化的同时注重提倡国粹，推崇发扬国家文化之经典，以启发国民之爱国心；抗战时期的烽火岁月中，中小学教科书在提升民族自信力、积极传承中华优秀传统文化方面发挥了重要作用①。通过教科书这一媒介，世界的先进文明、社会的主流文化得以系统规范化地呈现出来，让学习者习得，使之经典化、标准化，并不断传承下去。

一、教科书内容的文化传承

教科书是民族文化选择的重要结晶和载体，它一方面生动地呈现着本民族文化的发展变迁，另一方面又有其自身的更新与发展，从历史的高度与广阔的视野，诠释并重塑新时代文化选择的价值取向和基本形态②。教科书内容的文化传承是根据特定的教育价值观及相应的课程目标，让不同时期或不同时代的学科知识、社会生活经验或学习者选择课程要素的过程中所呈现的文化得到代际传递和继承。教科书内容的文化传承主要表现在如下几个方面。

（一）教科书通过选材实现文化传承

《国家中长期教育改革与发展规划纲要（2010—2020 年）》等重要文件里都非常重视传统经典文化的育人意义③。教科书尤其是中小学教科书是大力弘扬和传承中华优秀传统文化与努力使青少年具有深厚的文化底蕴的载体。要让中华优秀传统文化和社会的先进文化通过教科书得以传承，不光是设置课程与编写教科书，更主要的还是在教科书中通过文本内容更好地体现。我国教科书的选文以经典性为主，兼顾时代性。从选取的文本内容来看，教科书的选材以一定的经典性传统文化内容为主体，突出国家认可的主流文化价值。如清季国文教科书的选材

---

① 石鸥. 弦诵之声：百年中国教科书的文化使命[M]. 长沙：湖南教育出版社，2019：215.

② 吴婷婷，栗洪武. 中国近代百年教科书出版文化的变迁及启示[J]. 全球教育展望，2019，48（11）：97.

③ 郭戈. 改革开放 40 年之课程教材教学[M]. 北京：人民教育出版社，2019：137.

体现了传统文化是价值负载①，《最新国文教科书》恪守了"仁、义、礼、智、信"的传统价值观念和传统伦理道德，还介绍了中国的历史和文化。从教科书的内容来看，它通过文字、符号等呈现给人们的不仅仅是各种系统化的知识，也是人类的文化。中国教科书传递着古代"四书""五经"等儒家经典中的重要思想文化，传递着中华五千年的灿烂文明，也传递着西方文明中科学、民主、自由等文化思潮……在中华传统文化与西方文明相互融合中，形成具有现代气息的社会主义核心价值观，这是一种历史的积淀与传承，并汇聚了新时代的发展要求。在教科书中，依然有一些古诗词、古代寓言、神话传说、历史故事流传至今供我们学习，如20世纪初沈心工、李叔同等人编创的音乐教科书中的学堂乐歌至今仍在传唱，小学语文教科书还从《三字经》《百家姓》《千字文》《弟子规》等传统蒙学读物中选取符合当今时代特点、具有积极意义的内容。其中，对于忠孝节义、礼义廉耻、仁爱孝悌、忠诚爱国、克己奉公、修己慎独等基本传统精神与文化的传承十分明显，它们是近现代中国教科书传承的重心②。另有研究显示，不同时期的教科书在选文上体现出一定的文化传承性。吴婷婷基于对清末、民国时期和现代三套语文教科书的选文进行比较研究发现，人教版《语文》教科书对清末、民国时期教材均采取有限继承方式，即从中选择部分文章，而这种有限继承一方面体现了中华传统文化的前后相继，不可隔断，另一方面也提醒了思想层面对传统与现代的科学化态度：这种态度既不是全盘西化，也不是顽固守旧，其选文比例一定程度上反映了科学化的程度③。

从体裁来看，语文教科书中有诗词、谚语、对联、成语、儿歌、文言文等。像诗词、文言文、成语、谚语这些体裁，在古代中国就已形成，如今教科书中依然选取一些诗词、文言文作为文本内容，说明这些体裁具有民族文化印记，值得后辈一代代传承下去。拥有五千年文明历史的中国，古诗词、文言文文化也延续了三千多年，这是祖先留给后代子孙的重要文化宝库，具有深厚的文化底蕴，有

① 俞明雅. 清季国文教科书的传统文化传承逻辑：以《最新国文教科书》为中心的考察[J]. 出版科学，2019，27（3）：120.
② 石鸥. 教科书概论[M]. 广州：广东教育出版社，2019：51.
③ 吴婷婷. 百年语文教科书选文文化分析：基于清末、民国时期、现代三套语文教科书选文的比较[J]. 课程·教材·教法，2018，38（7）：123.

必要通过教科书传承下去。现代社会对文言文所代表的传统选文文化的态度与民国时期的选文文化态度更为接近：文言文所代表的是对本民族传统文化的传承，绝对优势的语体文则似乎成为了那个特定年代科学化与现代性的表征①。因此，教科书中对传统体裁内容的呈现，也是传承文化的一种方式。

（二）教科书通过选择、编写新内容实现文化传承

教科书的内容从来不是固步自封、一成不变的，教科书内容中的文化传承会在现有基础上进行再创造，它是新时代背景下的文化传承，而非固守传统的文化传承。我们会发现，同一出版社、同一学科、同一册的教科书，在不同年代或不同时期呈现在读者面前的内容会有差异，有些内容依然保留，有些内容在单元之间或年级之间进行了调整，还有些内容直接被替换掉，引进了新的文化内容。但是再仔细深究这些新内容，其蕴含的教育价值和所要传递的文化意涵却是与之前教科书中所传承的文化相呼应、相一致的。其实，影响教科书文化内容的选择及传承的因素纷繁复杂，既有教育目的和课程标准（或教学大纲）的因素，也有编撰者学术背景和文化背景的因素，也有主流文化和社会意识形态的因素，还有社会发展的时代因素……其中的一个方面是新的时代赋予教科书新的内容，需要吸取这个时代新的文化教育素材，将其组织编排出新的教科书内容，这些新内容也许是即时性的，但是放在整个时间发展的长河中，这个内容事件背后所传达的文化内涵或许就是"承上启下"，能够引起后世学生学习、铭记和弘扬的。例如部编本语文教科书七年级下册（2016年版），新增加了课文《太空一日》，该文章所属的单元主题是探险，展现了航天员杨利伟首次太空飞行的一些经历，激发了学习者探索自然世界和科学领域的欲望；部编本语文教科书八年级上册（2017年版）的第一单元中有新进的课文内容——《一着惊海天——目击我国航母舰载战斗机首架次成功着舰》，课文以新闻报道形式，通过正面和侧面描写的方式，讲述了2012年我国航母舰载战斗机首次成功着舰的盛况，以此激发学生强烈的爱国主义情感及民族自豪感。上述的新进选文都是21世纪近些年来国家发展中历经的重大事件，编者结合教科书的教育性价值，将原文进行再创造和适

---

① 吴婷婷. 百年语文教科书选文文化分析：基于清末、民国时期、现代三套语文教科书选文的比较[J]. 课程·教材·教法，2018，38（7）：123.

当的改编，形成便于学生学习的文本内容。教科书如此编写的目的，一是让广大学生知道最近的大事和新信息，了解事件背后所不为人知的具体情节，获取更多的知识；二是通过这样的教科书内容向学生传达一定的精神文化（如伟大的航天精神、爱国精神、创新精神等），以此引起受众的共鸣，激励新一代的青年勇往直前并为之而奋斗，使该精神文化得以继承发展。

二、教科书结构的文化传承

教科书结构是为了达到教科书的特定目的、实现教科书功能的教科书各要素的组成形式，是教科书各要素相互关联、空间排列形式的有机整体①。其基本要素包括封面、前言、目录、课题、课文、单元、练习和作业、插图等，这些要素间的相互组合就形成了教科书的结构，它既要符合学科本身的逻辑顺序，也要适合学生认知发展的需要。这些要素不管如何组合，大体可以概括为两部分：正文系统和辅助系统。正文系统主要是课题、课文、插图等，辅助系统主要包括目录、练习、作业等。

教科书结构的文化传承，传承的是凝聚在教科书各要素中需要被学生认知、理解、认同、内化，并继承发展下去的文化，主要涵盖知识经验、价值观念、道德情操、宗教感情、民族性格、语言符号等内容。其中知识经验、语言符号是一种公开的文化层，即能够直观看出、易被发掘的文化，亦可称之为显性文化，这类文化从课题、文本内容、插图中便能识别。价值观念、道德情操、宗教感情、民族性格等具有内隐性，是一种隐藏较深的文化，可称之为隐性文化，我们需要通过挖掘编者的意图、教科书的编制依据和编写思路方可知道教科书文化传递的本意。按照教科书结构正文系统和辅助系统的分类，我国教科书中文化传承更看重在正文系统的作用，在选文、主题、插图上下足了功夫，因为这样更能明显且不加掩饰地表达所要继承的文化，而且正文系统在表现文化传承时具有一定的优势。首先，正文系统的教科书要素在整本教科书中所占篇幅比例较大，是课堂教学中的主要学习材料，在课堂情境中"教师—学生—教科书"的相互作用能够激活文本背后隐藏的道德情操、思想价值等隐性文化对学生的影响；其次，正文

---

① 石鸥. 教科书概论[M]. 广州：广东教育出版社，2019：32.

系统中选取的文本材料是经典性的内容，在传承文化方面具有典型性，它可以发挥"举一反三"的作用，引发学生发散式的思考，由此内容传递出的文化扩展更多是文化层面的传承。当然，辅助系统也是文化传承的一种表达方式，只是就国内教科书而言其对文化传承的影响力与正文系统相比更弱一些，体现文化传承的文本比重较小，故不在此赘述。

教科书作为一种文本有它独特的结构和编写体例，表现出独特的逻辑特征。它以系列和群体的形式引领着读者往更深、更高、更广的境界一步步地前行①。任何一册教科书都不是孤立存的，它一定是团体的系列的力量，与其他各册教科书构成一个整体，一门课程的教科书与其他课程的教科书也同样构成一个整体，最终统一指向文化育人的教育目的。教科书是主要由文字（书面语言）、图像、符号等构成的一套表达系统，这一表达系统具有特定的结构和体系②。而教科书中的文字、图像、符号等总是以一定的逻辑结构、独特的表达方式来再现社会文化。如部编本语文教科书注重中华传统文化的教育与传承，在教科书中一则用各种语言文字对教科书的内容加以组织，围绕某一主题选取系列文章建构一个单元；一则用具有中华民族特点的图片、符号等加以表达。同时，该类主题的文化内涵也会在不同册、不同学科甚至不同版本的教科书中多次出现，因为它们代表着这个时代的主流文化思想，是对人才培养品格的反复回应。

在编写体例上，教科书传承了自新文化运动以来所追求的以白话文为主导的语体变化。教科书的行文为现代白话文，其具有平民性和大众性，符合广大读者的语言思维，更方便于传承和普及国民文化，塑造民众全新的世界观、价值观，也就是说教科书以白话文编写的方式已成为传承思想文化的有效载体。当然，为了传承古汉语文化，在语文教科书中也会有一定数量的文言文存在，因为文言文也是中华古代文化的重要表现之一，但这并不影响白话文作为教科书主要行文方式的现实状况。

教科书的编制承载着儿童文化。青少年儿童是教科书的主要使用者，儿童的身心发展特点具有特殊性，其精神生活、兴趣需要、话语、世界观念、价值观念

---

① 石鸥. 弦诵之声：百年中国教科书的文化使命［M］. 长沙：湖南教育出版社，2019：30.
② 刘景超. 清末民初女子教科书文化传承与创新之研究［D］. 长沙：湖南师范大学，2014：66.

等是活化的、富有情感诗意的。因此、教科书的架构与体例编排，不仅要观照成人文化视角，更需要符合儿童的认知特征，传递儿童文化，令学生乐于接受和使用教科书。按照美国教育专家布鲁纳的观点，教材（教科书）结构应是对各门学科最基本和最佳知识结构的反映，从而使教材不仅能清楚地反映学科中最基本的概念和原理，同时也能使教材中知识的组织和呈现与不同年龄水平的学生的接受能力相匹配①。所以，教科书的总体结构要遵循整体性、连续性的原则，教科书须根据学生的不同年龄把内容难度、深度、广度有层级、有坡度、有针对性地进行编排，并且就同一知识类目、同一系列的内容在不同学段多加涉猎，确保最大限度地促进学生的全面发展。这种循序渐进、由易到难、螺旋上升的编排方式，在教育领域已经达成共识，它符合学生的认知发展规律，有利于学生逐步发展对科学文化知识的掌握、对情感价值观念的理解认同，从而为更高层次的学习和文化思想的形成奠定坚实的基础。

三、教科书设计的文化传承

教科书及其蕴含的文化对学生意义重大，为了产生最佳影响，就需要花大量的时间和精力在设计上。日本学者强调教科书设计必须遵循三个基本原理：教科书的典型性、教科书的具体性和教科书的集体性②。其中的典型性，抑或是教育性、思想性，即具有明显的思想教育价值并伴有明显的文化标识，提及该事物就能够让人在意识头脑中想到某一东西，而别无其他。教科书尤其是义务教育范畴的教科书，完全由国家相关机构控制，体现出鲜明的政治性③。因此，在教科书编制的系统性上，会体现一个国家的文化基因，这个文化基因是需要世代传承的。浩如烟海的各种文化，若想在教科书十分有限的篇幅内一一呈现出来是无法完成的使命，因此，教科书必然是有选择地呈现文化，遵循一定的规律或准则进行编排，让学生识别和认知。

若要通过教科书的设计实现文化传承，需要将传统文化中的内在精髓通过特有形式呈现出来。在创造转化优秀传统文化时，从封面、文字、插图的设计上，

---

① 石鸥. 教科书概论[M]. 广州：广东教育出版社，2019：30.
② 钟启泉. 课程的逻辑[M]. 上海：华东师范大学出版社，2019：253.
③ 张传燧. 课程与教学论[M]. 北京：人民教育出版社，2008：146.

通过对传统图案及图形的应用重构、对传统文字及书法的融入构成、对传统色彩及绘画的吸纳再现等，展现对传统文化符号取"形"延"意"传"神"，体现出一种符号和意义之间直观可循的逻辑关系①。

（一）教科书版式设计的文化传承

新课程背景下的教科书具有"学习资源"或"学材"的性质②。教科书不是单纯地通过文字传递知识、信息的媒体，而是刊载插图、照片以引发儿童的兴趣爱好，提示问题以便儿童独立思考，加深理解。教科书若是想真正发挥其教育性价值，首先需要从版式上进行设计。所谓版式设计，顾名思义，就是在版面上将图片、文字、表格等进行科学的排列组合，以起到传递信息和满足审美要求的作用。教科书版式设计会按照课程标准的要求和本民族的审美文化进行编排，在封面、插图、选文、栏目设计等方面都会融入一些传统文化的元素。版式设计时，在排版中注入文化特性，让丰富的文化符号融会贯通在版式设计的架构中，让学生在潜移默化中养成健康的审美取向③。

1. 教科书通过封面的设计传承文化。教科书的封面就如同一个人的门面，根据某些特征便会让人识别。不同版本的教科书封面可能千差万别，但是读者看到封面时就会判断出是哪个学科的教科书（在不呈现学科名称的前提下），这种可识别性就是依靠学科特有文化元素的融入。例如，数学教科书的封面是带有阿拉伯数字、运算符号、公式、几何图形的设计，英语教科书会有外国人物、英文字母的设计，音乐教科书的封面会有音符、乐器元素的融入，等等。教科书封面向读者和学习者传递出一定的学科文化，有的甚至还传递出当今占据社会主导地位的城市校园文化。

2. 教科书通过插图的设计传承文化。插图是教科书版式设计中不可或缺的要素，它能直观形象地向读者或学习者传达一定的信息，帮助学生理解文本知识内容。某些学科的教科书必须配有插图才能实现教科书对学习者的教育意义。试想一下，地理教科书若没有插图，学生可能不知道各种方位方向，不知道中国版

① 吴小鸥，李想. 中小学教材建设对中华优秀传统文化的创造性转化[J]. 教育研究，2019（8）：54.

② 钟启泉. 课程的逻辑[M]. 上海：华东师范大学出版社，2019：251.

③ 孔云. 文化视野中的地理教科书研究[D]. 上海：华东师范大学，2008：141.

图、世界版图是什么样子；美术教科书若没有插图，学生就无法知道世界著名画作、雕塑、建筑的样貌结构，对其美育的培养也就失去了一大主要途径；历史教科书若没有插图，学生就无法直观地感受到古人给我们流传下来的重要文化遗产。教科书的插图设计，其中一个主要功能是对某种民族文化、教育理念和思想进行直观教诲、阐释。有时候，图画的作用不仅仅是补充语言，它甚至可以替代语言。教科书中的插图本身就是在说话，就是在诠释、理解和传递价值观，会有中国水彩画、山水花鸟的涉猎。无论人文学科还是自然学科，都会设计具有国家文化特色的内容，如语文教科书中课文里的中国画插图，古诗词里的山水画、水墨画配图。这说明，教科书凭借里面设计的插图向读者与学习者传递一定的社会主流文化和值得大众关注的重要文化思想观念。

3. 教科书通过选文的设计传承文化。选文的设计包括对文化主题的筛选，文化在教科书中出现的次数、所占比重。当某一素材被选入教科书中，其本身就带有了一定的教育文化价值意义，说明它适应该时期社会和学生发展的需要，有必要传承下去。另外，某种文化在教科书中出现的频次与所占比重，也反映了其自身的重要与否，该类选文在教科书中出现的次数越多，占据整套教科书的比重越大，说明其越被重视，亦反映了其文化传承的意义和重要性。

4. 教科书通过栏目的设计传承文化。以部编本小学语文教科书为例，该版教科书中"课后练习题"栏目里有中国传统建筑中瓦当①的图案设计、"日积月累"栏目里卷轴的设计、中国特有的扇面造型、惟妙惟肖的剪纸作品等都具有浓浓的中国风②。除此之外，整套教科书一至六年级的"语文园地"中都设有"日积月累"栏目，这一板块是全套教科书中最集中安排传统文化内容的部分。此栏目中，不仅有古诗，还有序地编进了成语、俗语、谜语、谚语、歇后语、名言警句、妙联趣对、蒙学读物、文化常识等方面的内容，它们与该单元的课文有一定联系，又自成体系。据统计，部编本语文教材一至六年级"日积月累"栏目里一共编入40首古诗，教科书通过这种方式的编排，让学生在积累语言材料的同

---

① 瓦当：我国传统建筑铺在房檐边上的滴水瓦的瓦头，呈圆形或半圆形，上有图案或文字。

② 徐雪飞. 部编版小学语文教科书中古诗文的内容编排及呈现方式［J］. 黑龙江教育（小学），2019（12）：35－36.

时，又受到中华优秀传统文化的熏陶①。数学教科书中也有专门设计的栏目板块传递文化，如人教版小学数学教科书（2012 年版）的"你知道吗?"栏目中有关于古代数学思想、历史文化的介绍（见表 2 - 1），"生活中的数学"栏目涉及一些民俗文化的内容。这些内容之所以要在教科书中加以涉猎，就是因其在学科发展史、文化发展进程中具有重要影响，而且蕴含着重要的文化思想，需要不断地传递给一代代学生。

表 2 - 1　人教版小学数学教科书（2012 年版）"你知道吗?"栏目设计概览表

年级册数	所在单元	文化传承的内容
一年级上册	认识钟表	我国古代的计时工具：日晷（利用太阳照射的影子计时）、铜漏壶（利用滴水计时）
一年级下册	认识图形（二）	"七巧板"是我国古代的一种拼板玩具，由 7 块板组成，拼出来的图案变化万千
	认识人民币	我国的货币历史悠久，种类丰富。（楚——蚁鼻钱、赵——布币、燕——刀币、秦——半两钱、唐代开元通宝、元代中统元宝交钞、清代光绪元宝铜币）
二年级上册	表内乘法（一）	乘号的由来：乘号"×"，是英国数学家奥特雷德（William Oughtred）在 1631 年最早使用的
	表内乘法（二）	我们学习的乘法口诀，在 2000 多年前就有了。那时把口诀刻在"竹木简"上
三年级上册	表内除法（一）	1659 年，瑞士数学家拉恩（J. H. Rahn）在他的《代数》一书中，第一次用"÷"表示除法。 　　"÷"用一条横线把两个圆点分开，恰好表示平均分的意思

---

① 徐雪飞. 部编版小学语文教科书中古诗文的内容编排及呈现方式[J]. 黑龙江教育（小学），2019（12）：35 - 36.

（续表）

年级册数	所在单元	文化传承的内容
三年级下册	位置与方向（一）	指南针是用来指示方向的。早在2000多年前，我们的祖先就用磁石制作了指示方向的仪器——司南，后来又发明了罗盘。指南针是我国古代四大发明之一
	小数的初步认识	我国古代用小棒表示数。为了表示小数，就把小数点后面的数放低一格。这是世界上最早的小数表示方法。 在西方，小数出现很晚。最早使用小圆点作为小数点的是法国数学家克拉维斯
四年级上册	大数的认识	生活中我们有时会看到三位一分节的大数。这与使用英语国家（如英国、美国等）以三位分级读数的方法有关
四年级下册	四则运算	小括号"（ ）"是公元17世纪由荷兰人吉拉特首先使用的。中括号"[ ]"是公元17世纪英国数学家瓦里士最先使用的
五年级上册	多边形的面积	大约在2000年前，我国数学名著《九章算术》中的"方田章"就论述了平面图形面积的算法。书中说："方田术曰，广从步数相承得积步。"其中"方田"是指长方形田地，"广"和"从"是指长和宽，也就是说：长方形面积＝长×宽。书中还说："圭田术曰，半广以承正从。"也就是说：三角形面积＝底×高÷2
		我国古代数学家刘徽利用出入相补原理来计算平面图形的面积。出入相补原理就是把一个图形经过分割、移补，而面积保持不变，利用此原理来计算出它的面积

（续表）

年级册数	所在单元	文化传承的内容
五年级下册	长方体和正方体	几何学和欧几里得：几何学是数学学科的一个重要分支，它源于土地测量等实际需要。古希腊数学家欧几里得被称为"几何之父"，他的著作《几何原本》在数学发展史上有着深远的影响，该书从 17 世纪初开始传入我国
六年级上册	圆	约 2000 年前，中国的古代数学著作《周髀算经》中就有"三周径一"的说法，意思是说圆的周长约是它的直径的 3 倍。 约 1500 年前，中国有一位伟大的数学家和天文学家祖冲之，他计算出圆周率应在 3.141 592 6 和 3.141 592 7 之间，成为世界上第一个把圆周率的值精确到第 7 位小数的人。祖冲之比国外数学家至少要早 1000 年得出这样精确度的近似数值

　　整体来看，教科书的版式在各个版本的不同学段不同册数中都会有一个统一的规划设计，其和谐有序、变化统一的设计规律和整体设计意识以及所呈现出来的典雅质朴、富有民族气息的文化艺术风格等诸多方面，依然是现代教科书设计必须遵循和坚持的文化传统。这种对教科书版式设计中文化传统的坚守与保留，本来就是传承文化的重要体现之一。现代教科书的设计与传统教科书（教材或课本）的设计并不矛盾，而是一脉相承、相生共存的关系，传统设计不仅为我们提供了基本的设计法则，而且提供了审美经验和文化设计理念①。

（二）教科书呈现方式的文化传承

　　1. 教科书以语言文字叙述和图像的方式呈现。从文化学的角度看，符号是文化的载体，文化以符号的形式存在。教科书呈现内容的符号有两类：文字符号

---

① 曾国兴. 中国古代印本书版式设计的研究 [D]. 杭州：中国美术学院，2008：30.

和视觉符号①。文字符号的主要表现形式就是一个国家或民族所使用的语言文字。视觉符号的主要表现形式是图画、表格、地图等，它们共同构成了图像系统。语言文字（文字符号）和图像（视觉符号）各具优势，文字的描写能较确切地阐明知识的内涵，但当传达较复杂的知识时，学习者往往无法由文字线性式的叙述来重新建构非线性式复杂的知识网。反之，图像的呈现较为直观形象，可表现出非线性式的知识架构，其缺点是在表达知识的内容上可能会指射不正确、不完全，或描绘出的抽象概念与应描绘的抽象概念并不吻合②。总之，文字和图像是实现教科书文化传承的最主要呈现方式。

民族先贤圣哲的思想无不借助文字积淀于经典著作之中，以便后人传承。我们的教科书亦是如此，无论哪种教科书，其内容的呈现方式历来都是以语言文字叙述为主的。语言文字是民族文化之根，教科书对文化的传承最主要的方式就是运用自己国家、民族的语言文字。教科书是书籍的一种，它像其他普通书籍一样，是手写或印刷而成的具有一定长度的人类知识信息、准备广泛发行并记载在轻便耐久的材料上③，通过文字的叙述向读者传达一定的信息，以供广大读者阅读学习。但是，教科书又是独特的，它是以严格的标准经过一定选择的，其内容具有鲜明的方向性，教科书的字里行间要反映特定的国家意志，突出主流文化和价值观。从来没有哪一本教科书不或明或暗地传承着本国的主流价值观念，弘扬着本民族的优秀文化。

在以语言文字叙述文化的同时，图像系统也担当着传承文化的重要角色。早在 17 世纪，捷克著名教育家夸美纽斯（John Amos Comenius）编写了世界上第一本儿童看图识字课本，这可以说是把文字与图画共同编入教科书的一次伟大实践。当代文化的"视觉转向"或"图像转向"正在成为一种不可逆转的趋势。如作为传统媒体的报纸的传播理念和审美风格，均呈现出了"图像转向"趋势，摄影版面的一再扩充、新闻图片的增加，包括对报纸版式、规格的追求，都全方位地凸显了"图像"的功能，以迎合读者的兴趣，吸引读者的视觉和眼球。传统的图书出版业也出现了图文比例倒置的局面。这种文化转向也影响了教科书内

---

① 钟圣校. 认知心理学[M]. 台北：心理出版社，1990：45.
② 孔云. 文化视野中的地理教科书研究[D]. 上海：华东师范大学，2008：134.
③ 曾天山. 教材论[M]. 南昌：江西教育出版社，1997：10.

容的呈现方式，最突出的变化是图像数量的激增、彩绘文本的增多，文字系统与图像系统共同承担着知识文化载体的功能，而不再是文字为主、图像为辅①。图像系统并不等同于插图，它还包括图示、表格、实物图、情景图、简笔画等。图像叙事被广泛应用于诸多领域来解释世界，传递知识信息，传承沟通文化，表达思想观点，因此，图像系统在教科书文化的传承方面未来可期。教科书中传达的某一文化性内容距离学习者的年代越久远，通过图像的呈现或许在对学习者传承文化方面越有奇效，它与文字叙述的结合，使得教科书图文并茂，便于学习者在头脑中形成文化的图式印记。

2. 教科书以文化作为单元主题的形式呈现。单元是构成教科书文本的基本单位，是教科书的有机组成部分，更是教科书设计的基本模式。通过单元，将性质接近或相似的教科书内容、文本素材组织排列，是教科书设计的重要环节，也是促进教科书文化传承的重要策略。将某种或某一类文化组合成一个单元主题进行文化的传承，这是将学习文化的知识、技能、特征、含义和价值等作为主要目的的单元课例。教科书的内部设计继承并沿袭了传统教科书的设计方式，均以单元或章节的形式呈现。在具体到单元的教科书内容时，又会呈现一定的文化主题、知识类目，然后以此确立课文、课例，将具有教育性的思想价值观念传递进学生的头脑中，进而实现文化传承的意义。如语文教科书中有以文化主题为线索的呈现（有赞颂祖国山河，弘扬中华优秀传统文化、革命文化，表达爱国之情，品读古典名著……）；英语教科书中呈现出具有国际视野的多元文化主题，涉及不同国家的文化遗产、节日、庆典等，当然还有中国文化的部分以及少数民族群体文化的内容［比如在人教版高中英语必修第三册（2019 年版）第一单元的 Reading for Writing 板块中首先介绍了蒙古族的那达慕大会，让学生通过阅读了解到那达慕大会的细节，与此同时学习作者是如何描述一种节日的，通过阅读范文学习描写一种传统节日的写作方法。同时在这一单元的 Project 板块通过图片和给出一些关键信息介绍了壮族的民歌节，让学生自己选择一个少数民族的传统节日在班级内进行展示②］；道德与法治教科书中单元主题涉及的"文化"有校园

---

① 孔云. 文化视野中的地理教科书研究［D］. 上海：华东师范大学，2008：131.
② 胡晓菲. 人教版高中英语教科书中的文化内容研究：基于文化意识的视角［D］. 上海：上海师范大学，2021：26.

文化、家乡文化、家庭文化、社会公众生活文化等。总之，教科书通过展示多姿多彩的中外文化来培养学生对中华文化的认同和传承，也加深了对其他优秀文化的学习。

第三节 教科书的文化交流路径

文化不仅能世代相传，而且能在不同的社会、不同的民族之间传播与渗透①。文化在交流中传播，文化交流的过程即是文化传播的过程，文化的交流也构成了文化发展的重要动力。在横向或空间维度上，文化具有自己的传播与渗透机制。自古代以来，人们通过商业贸易、人口迁徙、教育甚至是以军事征服为载体实现文化交流，有的还通过宗教传播、科学知识传播等较为直接的方式进行文化的传播与交流。像著名的"丝绸之路"不只是商品交换之路，更是著名的文化交流之路②。而单就教育领域而言，推动文化交流与传播的重要载体之一便是天天与学生打交道的教科书。与文化有着天然联系的教科书，其应有之义不仅仅是传承中华优秀传统文化，而且引进和传播着新文化、新思想，推进各种文化的交流。

一、教科书知识体系中的文化交流

儿童个体的发展与成长需要学习人类经验积累起来的、以文字图像符号形式呈现的科学文化知识，因为"知识不仅以语言文字、图像符号为载体积累着人类认识事物的经验，而且凝结着人类谋求合理生存的智慧，蕴含着科学精神和人文精神"③。就知识体系而言，教科书文化更关注知识体系能否便于学生学习，体

---

① 关真华. 社会学基础[M]. 北京：人民卫生出版社，2011：31.

② 衣俊卿. 文化哲学：理论理性和实践理性交汇处的文化批判[M]. 昆明：云南人民出版社，2005：90.

③ 王道俊. 知识的教育价值及其实现方式问题初探：兼谈对杜威教育思想的某些认识[J]. 课程·教材·教法，2011（1）：17.

系的完整、逻辑的严密、概念术语的专业、语言的规范固然重要，但必须服从教师的教和学生的学，必须根据学生的学习需要和认知规律来选择和安排①。

　　教科书面向的教育主体是处于一定年龄发展阶段的学生，是依据课程标准编制的，首先必须满足学生的基本学力，体现教育的基础性，因此它强调基础性知识，追求知识体系的完整性，尽力勾勒出一个学科的全貌，让广大学生普遍能习得和接受。诚然，最系统地窥见一门学科的基础知识与核心观点莫过于读这门学科的教科书②。教科书精选与确立本学科关键的、基础的概念和原理，希望以系统的基础知识为生长点，通过有效的教学促成知识与学生之间的对话交流，以便为学生的终身学习与健康成长提供帮助。在这之中，教科书是以知识体系为媒介进行文化的交流，教科书所传播的知识是具有学科性质的，体现的是一种学科文化。不过，教科书中的文化远非局限于学科的特征，它还有学科知识的教育性价值。无论什么样的学科知识，既然它能够被纳入教科书，那就说明它还有教育的文化价值等待师生在知识的传递交流中去挖掘、升华。从广义上来说，教科书的知识体系主要涉及知识、能力和观念等要素，涉及智慧、情感、审美等领域。除了上述阐释的知识之外，教科书在向学生传播基本文化知识的同时，还会引导学生形成具有学科特点的思维方式、学科思想并获得各种能力，如在学习数学中的对称、全等、变换思想时，以天安门、天坛、傣族的佛塔建筑、侗族的鼓楼、苗族的服饰图案等作为数学教学的背景知识，既有利于学生对基本知识的学习掌握，又有利于民族文化的传播与交流。在学校课堂情境中通过教师与学生、学生与学生之间对知识学习的交流，还能获得情感上的交流，进而实现情感、态度与价值观教育目标的达成。

　　值得注意的是，虽然当代社会大众传播媒介的高度发达使学生获得信息的渠道异常多样与复杂，但这都无法令人忽视教科书以知识体系进行文化交流为路径所发挥的影响力，教科书中的知识仍是学生获得身心健康发展和促进自身社会化最基本、最规范的资源。教科书中蕴含的权威的、合法化的知识信息，不仅能够通过家长与儿童的文化交流，巩固或纠正家长已经传授给儿童的文化知识信息，

---

①　辛继湘. 教科书研究的文化逻辑[J]. 教育科学，2020，36（4）：11.
②　石鸥. 弦诵之声：百年中国教科书的文化使命[M]. 长沙：湖南教育出版社，2019：39.

而且方便儿童学会更多、更新、更规范的知识，以及知识中的文化营养元素，激发儿童的文化自信，培养儿童做文化的传播者与交流者。

二、教科书价值观念中的文化交流

教科书中体现的价值观念与选择站位直接关系到"为谁培养人""培养什么人""怎么培养人"的问题。挖掘教科书中的价值观念，以此推动文化的传播与交流对教科书的文化研究具有重大意义。

教科书编制过程是价值观念的文化交流过程。一本教科书在正式呈现于广大读者和学习者面前之前，需要经过诸多程序。教科书不只是引导学生追求知识的积累和能力的掌握，教科书最本质的价值意义是培养人才，帮助他们逐渐形成正确的价值观、审美观、人生观、世界观等思想观念体系。从课程标准确立教科书的编写依据，到教科书编写团队的编制，再到教科书编写之后、出版之前的专家审定，到最终出版发行的整个过程，本身就是一个多方价值观念交流、碰撞和博弈的过程，而最后出版供学生学习使用的教科书就是这些因素共同制约下的文化产物①。

教科书注重国家主流价值观念的输出，是促进文化交流的有效途径。价值观念是文化交流的核心，具有相对稳定性和持久性，彰显着一个国家或民族的精神品格，寄托着各民族对美好生活的向往。教科书编撰者在选择或撰写这种文本时不能随心所欲，而必须遵循课程目标所规定的价值要求，选择那些能够体现国家主流价值观念的材料②。这样，教科书便成了国家主流价值观念的载体，履行着意识形态的守护职能③。当然，教科书并不是将主流价值观念直接呈现于书本供学生学习，而是将社会核心价值观、主流文化等同各学科的学习自然浸润，有机融合，全程渗透，力求"随风潜入夜，润物细无声"④。教科书注入本民族的文化和价值观，并对学习者进行潜移默化的影响，利用教科书带有的文化功能展

---

① 陶芳铭. 应然与实然：教科书价值理念探析[J]. 现代基础教育研究，2016，23（3）：138.

② 陶芳铭. 应然与实然：教科书价值理念探析[J]. 现代基础教育研究，2016，23（3）：134.

③ 吴康宁. "课程内容"的社会学释义[J]. 教育评论，2000（5）：20-22.

④ 顾之川. 小学语文统编教材的价值追求与编制意识[J]. 小学语文，2019（5）：4-9.

示、宣传本国本民族的文化，展示带有本土文化色彩的精神，从而扩大和提高文化的影响力。新时期我国教科书中则强调了富强、民主、文明、和谐、自由、平等、公正、法治、爱国、敬业、诚信和友善的社会主义核心价值观。爱国主义一向是中华民族的主流价值观。以"爱国"价值观念为例，语文教科书中关于"爱国"取向的课文随处可见，像《人民英雄永垂不朽》（周定舫）、《为中华之崛起而读书》（余心言）、《神州谣》（人民教育出版社小学语文室）、《梅兰芳蓄须》（李大同）、《难忘的一课》（田野）、《延安，我把你追寻》（祁念曾）、《黄河颂》（光未然）、《我爱这土地》（艾青）、《祖国啊，我亲爱的祖国》（舒婷）等，这些篇章或歌颂人民英雄为国捐躯的爱国精神，或热情讴歌祖国的大好河山，或论说为了祖国的振兴而发奋读书等①，都是传播、弘扬爱国主义价值观的名篇。为了培养学生的爱国精神，语文教科书还将国外有关爱国的文章引进来，像《最后一课》（法国，都德）已经成为爱国主义教育的经典佳作，一再被选入初中语文教科书。教科书正是通过这样一篇篇作品，把社会的主流价值观传播给学生，使之从小沐浴并自觉内化为自己的精神素养和行为规范，推动着文化的交流与渗透，并促进社会文化的不断发展。

　　教科书中呈现多元文化观推进文化交流。文化多样性是文化交流的前提。若文化天下大同，世界各民族便失去了其自身文化的丰富多样性，也就没有交流可言。在21世纪，全球一体化与民族文化多元化的冲突与和谐、国家一体化与民族文化多元化的冲突与和谐就成为全人类和多民族国家所面临的不可避免的两大挑战②。这种挑战对我们价值观念的形成也有着巨大的影响。探究其因，21世纪的国际冲突可能更多是文化上的差异造成的，考虑到教科书的文化属性及其所发挥的重要的文化功能，我们应当更加重视这一文本③。在这样一个多元文化社会，世界各国和各民族紧密地联系在一起，所有国家和民族在信息、交往、利益、文化方面体现出普遍的相关性，与世界各国的交往与合作已成为每个国家或民族自身发展的重要基础和前提。我们的教科书处在社会文化发展之中，自然不

---

① 吴永军. 课程社会学[M]. 南京：南京师范大学出版社，1999：192.

② 滕星. 多元文化教育：全球多元文化社会的政策与实践[M]. 北京：民族出版社，2010：序言.

③ 石鸥. 弦诵之声：百年中国教科书的文化使命[M]. 长沙：湖南教育出版社，2019：53.

会固步自封，在坚持国家主流价值观的基础上，还可以向学生展示出文化的丰富多样性，适当地兼顾多元价值观念，顾及不同地域和利益群体的价值诉求。在教科书中，既有汉族文化，也有少数民族文化；既有本土文化，也有外来文化；既有西方文化，也有东方文化。教科书因多种文化观的呈现而更具丰富性、充实性，展现并印证着费孝通先生的十六字箴言"各美其美，美人之美，美美与共，天下大同"，在多样化、多元化的环境中有效传播国家主流文化，推进不同文化的交流。

教科书超越知能中心，关注观念的形成和精神的培养。传统教育观"以知识为中心"，以获取知识和技能为目标，而忽视了学生在学习过程中情感、态度与价值观的养成。新基础教育课程改革试图打破传统教育的弊端，信守"以生为本"的理念，贯穿至课程目标、课程编制、教科书的编写、课程实施、课程评价等诸多环节。教科书为了增强其教育性，重视引发学生的学习兴趣，培养科学精神，提高品德和思想教育。到 21 世纪的今天，教科书除了系统传授科学知识的方法之外，最突出的是科学的文化成分——科学精神，包括科学态度、情感与价值观，以及科学的社会、伦理成分——科学、技术与社会的关系等科学文化。如数学教科书在新课程理念的指导下，强调在科学与人文相结合中注重多元文化思想的渗入，比如三角形面积公式的不同求法，无论是古希腊海伦利用三边的求法，还是我国秦九韶，抑或是日本村濑义益的算法，都表现出了数学思想表达的文化多元性[①]。学生沉浸于多元文化融入的教科书中，感受不同文化思想，从而获得更多的文化体验。

教科书中所呈现出的文化世界，必然会影响学生文化观念的形成。在当今世界，各国文化日益相互交流、相互影响，这就要求未来公民须多了解别国的文化特征，要具有多元文化的视野与胸襟。教科书虽然不是专门介绍国别文化的教材，但是因为它特殊的思想教育功能，它在这方面可以而且应该起到一定的作用[②]。教科书适当增加多样化的文化素材，包括文化内容的数量、范围及主题

---

① 张维忠，孙庆括. 多元文化视野下的数学教科书编制问题刍议[J]. 全球教育展望，2012，41（7）：86.

② 刘家访，刘勇. 多元文化视野下的初中语文教科书：以人教版教科书为例[J]. 语文建设，2006（10）：10.

等，尽可能将现实中的文化世界真实、客观与全面地呈现给学生，这对于不同文化的交流、借鉴和互促具有积极意义。

三、教科书生活习俗中的文化交流

"一方水土养一方人"，由于自然环境、社会条件、经济水平等的差异，各民族、各地区在饮食、服饰等方面形成了各自独特的生活文化。生活文化可以分为基本生活文化和非基本生活文化，其中基本生活文化又可以分为饮食文化、居住文化、服饰文化，非基本生活文化又可以分为婚嫁文化、丧葬文化、岁时文化等①。在具体的生活文化层面，不同地方、不同民族的文化有很多不同。饮食方面，汉族以米、面为主，喜食蔬菜、豆类、鱼、肉及蛋类，尤其注重烹调技术；维吾尔族、哈萨克族和乌孜别克族喜吃烤羊肉串、手抓饭和馕；蒙古族以牛羊肉及奶食为主，喜欢奶茶……服饰方面，满族妇女爱穿旗袍；藏族爱穿藏袍、系腰带；蒙古族习惯穿蒙古袍和马靴；朝鲜族爱穿素白衣服，有"白衣民族"之称……②这些带有各民族文化特征的不同生活习俗在教科书中都有生动的体现。

习俗（风俗）和人们最初的生活环境相关，人们在一定的地理、人文环境影响之下，形成最初的习俗萌芽，由小至大、由弱转强，最后成为难以觉察、难以变易的文化传统③。习俗与我们的生活紧密相连，它不仅包含着深厚的文化意蕴，也因为感情的注入与仪轨形式的丰富而富有审美意味④。因此，生活习俗是文化的重要组成部分，它带有较强的地域性，彰显着具有地方属性的文化特征，正所谓"离家三里远，别是一乡风"。部编本小学语文教科书六年级下册（2019年版）第一单元的首页中引用了中国流传已久的一句谚语——"百里不同风，千里不同俗"，来说明我们的祖国幅员辽阔，民族众多，每个地方都有自己的风俗习惯。从教科书的选材来看，该单元以"习俗"为主题，选取了老舍先生的

---

① 龚倩. 中学地理教科书中的文化结构研究[J]. 地理教学，2018（12）：6.
② 中国政府门户网站. 生活习俗[EB/OL].（2005 – 07 – 27）[2021 – 07 – 06] http://www.gov.cn/test/2005 – 07/27/content_17407. htm.
③ 萧放. 中国传统风俗观的历史研究与当代思考[J]. 北京师范大学学报（社会科学版），2004（6）：35.
④ 汪军. 统编义务教育小学语文教科书传统文化内容中的自然美与社会美[J]. 课程·教材·教法，2019，39（4）：23.

《北京的春节》、沈从文先生的《腊八粥》、古诗三首《寒食》《迢迢牵牛星》《十五夜望月》、马晨明先生的《藏戏》6 篇文章，向广大读者和学习者展现了具有中华民族特色的传统节日风俗，有春节、腊八节、寒食节、七夕节、中秋节，同时还传达了各有特色的艺术样式，如藏族地区的藏戏文化。除此之外，本单元的习作部分让学生介绍家乡的风俗，或写一写参加一次风俗活动的经历。这本就是一次个人对生活习俗的认知与表达，通过同学之间、师生之间，乃至家庭之间的分享，便实现了教科书生活习俗的交流。这些课文、诗词或描写节日期间人们的庆祝获得，或追述与节日相关的优美传说，或抒发因节日而起的人生感慨，或寄托对生活的美好愿望，不仅可以帮助学习者深入了解传统风俗的意涵，还可以使其领略传统文化中包含的人情之美、为人处世之道。

教科书常常以学科内容的科学系统性为纵轴，以教科书的生活性为横轴。也就是说，必须在这纵轴（现代科学的体系）与横轴（科学史、人类史）的交叉点，以儿童各自的生活逻辑的特点为背景，折射出科学法则和艺术主题所拥有的一般的、普适的生活性①。由此可知，教科书的内容在按照学科逻辑发展的同时，还须观照学习者的生活经验及其所处的文化情境。文化在人类的生产生活中产生，生活习俗就是基于人们的生产生活经验而积累、凝练而成的文化，当它进入教科书形成一定的文本内容时，就成为一个民族、一个地域较为普遍认同的文化。教科书文化能够与学生的生活经验相联系，自然有利于学生与教科书之间的"对话交流"。同时，这也符合新课程改革所倡导的—— 一种回归生活世界的教育，要求重视学生的生活经验，密切与生活实际的联系，让学生在熟悉的生活文化情境中学习，从而对文化有更深刻的理解。教科书，尤其人文学科的教科书，通过谚语、歇后语等形式将人们在日常生活中总结的习俗经验传播给学生，让学生通过生活实践去体验感悟古人留给我们的经验是否正确，是否与当今的科学相互印证，这也是一种古与今的文化交流。在部编本小学语文教科书四年级上册（2019 年版）第三单元中的"日积月累"栏目，里面的素材是劳动人民在生产实践活动中对季节、天气与穿着等的经验积累，并将其记录归纳出一句通俗易懂的谚语。人教版数学教科书二年级下册（2022 年版）第三单元《图形的运动

---

① 钟启泉. 课程的逻辑［M］. 上海：华东师范大学出版社，2019：251.

（一）》的"生活中的数学"栏目，展现了我国的一种历史悠久的民间艺术——剪纸，借助具有中华民俗特色的剪纸艺术增进学生对数学中"对称"的理解。还有的教科书通过习作、课后习题、交际活动的方式引发学生对生活习俗文化的相互分享与交流。

我国新一轮课程改革推出的三级课程管理和教科书的"一纲多本"，就是因我国地域广阔和地区差异过大，在遵循课程标准的前提下，地方和学校可以根据当地实际选定不同版本的教科书。这就为开发地域性的教材，建设适合地方文化的校本课程提供了条件。如此一来，可以避免教科书中涉及的文化与某个地域学生的生活文化不相适应的状况，从而使得教科书中呈现的文化特征体现出地域性特色，彰显本民族、本地区的文化生活习俗。与此同时，通过学习者对这些教科书的使用，教科书中丰富的文化内容经过传播与互鉴，也会使得其他地方的学习者从中获悉不同特色的文化，进而达到文化交流与传播的目的。

第三章

教科书的文化选择与创新

人类文化的发展、国家意志的实现、个体生命的成长都内在需要教科书对人类文化进行选择与创新。选择作为一种价值术语，它表征着特定的主体行为。教科书对文化进行选择，是一定标准、原则与方法下的文化取舍、文化改造与文化提升。当然，在文化选择的过程中，教科书通过对"什么知识最有价值"以及"谁的知识最有价值"等问题的审视，也在积极主动地确立着教科书的文化标准，引领着人类文化发展的新路向，以此而对文化"母体"进行着扬弃式与组合式的创新，从而超越教科书对文化的单向选择，实现教科书对文化内容的创新。同时，教科书对文化的创新还体现在教科书呈现形式的创新，包括教科书的装帧设计、教科书的编写体例、教科书的图文搭配等维度的创新性发展。

第一节　教科书的文化选择与创新价值

文化的选择与创新是教科书实现其本体价值与工具价值的关键。从文化的选择来看，教科书进行文化选择一方面有利于实现国家意志与文化发展，另一方面则有助于契合文化育人的内在要求。从文化的创新来看，教科书作为文化主体的创新活动，它是教科书实现从工具到文化、从符号到意义的重要途径。

一、教科书进行文化选择的作用

"教科书作为国家意志、民族文化、社会进步和科学发展的集中体现，是实现培养目标的最直接的载体。"① 这意味着教科书至少承担着两方面的重要职能：一是体现为教科书的社会功能，即教科书是国家意志、社会文化发展的中介或载体；二是体现为教科书的育人功能，即教科书旨在培育人。显然，无论是社会功能的实现，还是育人功能的施展，都具有明显的价值指向性，是国家基于民族文化传承与育人需要的价值辩护与确证，而这种辩护与确证的途径之一即在于教科书对文化的选择。在这个意义上，当审视教科书为什么要进行文化选择以及探讨文化选择的作用何在时，就理应回到教科书建设的原点，即一方面教科书通过文化选择来实现国家意志与民族文化的延续，另一方面则是通过教科书的文化选择来回答"培养什么人"以及"如何培养人"的根本性问题。

（一）工具性：服务于国家意志与文化发展

"教科书是读者最多、最特殊，又最被读者信赖甚至依赖，最耗费读者精力和时间，对读者影响最深远的文本……在一定意义上，有什么样的教科书，就有什么样的年轻人，也就有什么样的国家未来。"② 教科书作为一种特殊的文本，总会承担着普通文本（如小说、诗歌等）无须承担或难以承担的社会功能。教科书特别是现代意义上的教科书，"它是根据特定学制，依学年、学期、学科而分级、分册、分科编写的"③。这样一种系统的、经过严格筛选与编制的文本，因其多方的特殊性，可以影响甚至决定着一个国家的未来形象，特别是某一国家所独有的文化形象。正因为如此，教科书建设可归为一种国家事权，它是国家进行意识形态传播、主流文化宣传的主渠道。在这个过程当中，教科书之所以进行文化选择，是因为其承担着一种工具的角色，它指向国家意志的形成与民族文化的发展。

有研究者认为，课程在人类文化传播的过程中，主要具有两种功能：一是纵向的传播功能，即课程需要传递人类积累的文化遗产，它构成了人类文化世代交替的中介；二是横向的传播功能，即课程需要传递先进的人类文化，它构成了人类文化相互交流的中介④。作为课程的主要载体与表现形式，教科书工具价值的

① 石鸥，石玉. 论教科书的基本特征[J]. 教育研究，2012，33（4）：92.
② 石鸥. 百年中国教科书的文化担当[J]. 教育科学研究，2017（11）：93.
③ 石鸥，吴小鸥. 简明中国教科书史[M]. 北京：知识产权出版社，2015：序言.
④ 刁培萼. 教育文化学[M]. 南京：江苏教育出版社，2000：384.

实现也可以从纵向与横向两个维度来予以确证。从纵向的文化传递来看，教科书的文化选择主要表现在两个方面：一是对中华优秀传统文化的选择；二是对民族文化的选择，在我国特指少数民族文化的保护与传承。就优秀传统文化而言，近年来，国家多部门印发了诸多指导性文件，进而发挥出教科书在传承传统文化中的独特价值。如2021年教育部就印发了《革命传统进中小学课程教材指南》与《中华优秀传统文化进中小学课程教材指南》两个重要文件，里面重点指出："中小学课程教材主要围绕核心思想理念、中华人文精神、中华传统美德三大主题，遴选中华优秀传统文化教育内容。"换而言之，这三大主题也就构成了教科书进行优秀传统文化选择的具体原则，这意味着与核心思想理念、中华人文精神、中华传统美德越是相关的传统文化越有可能成为教科书进行选择与编制的重点。同样，在少数民族文化的选择与发展中，这不仅体现在地方与学校所开设的地方课程、校本课程之中，而且同样渗透在国家课程之中，且随着教科书理论与实践研究的大力推进，教科书如何选择民族文化、如何编制民族文化等相关问题将越发受到重视。有研究者以基础教育阶段部编本小学语文教科书作为文本分析的对象，对涉及民族文化的课文进行了统计和分析，发现其中涉及了诸多与民族文化相关的教学内容。如《难忘的泼水节》《把铁路修到拉萨》《去拉萨古城（选读）》《和田的维吾尔人》《藏戏》《草原》《文成公主进藏》《各具特色的民居》等选文，它集中体现了我国少数民族的多种文化，如历史文化、自然文化、戏曲文化、建筑文化、节日文化等①。

　　从横向的文化选择来看，教科书所进行的文化选择主要指对同一时期各国文化进行选择与编排。当然，区别于纵向文化的选择，教科书对"他者"文化的横向选择，其主要目的并非像纵向文化选择一样是为了民族文化的传承、激活与创新，抑或为了民族文化血脉的延续，而更多是通过文化的互鉴来完善与发展本民族文化。在这个意义上，教科书之所以要进行横向文化选择，同样是出于服务国家意志与民族文化这一直接目的。换而言之，文化选择无论是哪种类型，都是价值负载下的主体意向性行为。哪些"他者"文化能直接进入教科书，哪些

---

　　① 李洪修，葛圣心. 统编版小学语文教材中民族文化的构建与实现[J]. 民族教育研究，2019，30（4）：125.

"他者"文化要进行适当改造后进入教科书,哪些"他者"文化不能进入教科书,不仅关乎文化的内容,而且更多关乎"为谁培养人""培养什么人"的价值问题。通过对百年中国教科书发展历程的研究,可以发现在不同时期,基于不同育人目标与社会背景,教科书在横向文化的选择上具有明显的波动,这集中体现在对"东洋文化"(主要指日本文化)与"西洋文化"的选择之中。如张之洞看到日本明治维新后的国富民强,就明确提出教科书在编撰过程中学习"西洋"不如学习"东洋"的主张①。然而,从当前教科书的文化内容分析来看,"西洋"文化似乎大有超越"东洋"文化的趋势。有研究者从多元文化的视角对我国义务教育阶段的语文教材内容进行了分析,发现虽然各国文化在教科书中都有不同程度的体现,但还是涉及欧美国家文化的作品居多,共计105篇,其中美、俄两国作品又较为突出,共47篇,分别占所有国外文学作品的86%和近39%②。如此看来,教科书选择何种文化并没有一个固守的标准程度,而是一个变动不居的根据需要所进行的创新过程。

当然,教科书的文化选择不仅代表着一种"坚持",同时也意味着一种"放弃",且就是在特定原则指导下的"坚持"与"放弃"中,教科书通过扮演工具的角色而实现了特定文化的传递与发展。然而,无论教科书在纵向、横向上选择何种文化,其所预设的目标都是明确的,即教科书之所以进行文化选择,就在于要实现国家的意志与民族文化的发展。这大概就构成了教科书的一种特殊性,即教诲性。所谓教诲性,它的根源就是意识形态性。教科书不可避免地总是在维护和张扬某些意识形态话语,同时也在反对和抑制另一些意识形态话语③。也正是因为这种强烈的价值负载性,知识社会学家、课程社会学家、教育社会学家等总是将教科书与权力、资本等概念相互关联,进而将课程(具体表现为教科书)视作社会文化再生产的工具。如迈克·扬(Michael Young)所讨论的知识与控制,阿普尔(Michael Apple)提出的"什么知识最有价值"的主张,布迪厄(Pierre Boudieu)提出的文化资本理论等,其实质都指向教科书在文化选择过程

---

① 石鸥. 百年中国教科书记忆[M]. 北京:知识产权出版社,2015:4.

② 井祥贵,林见松. 多元文化视野下义务教育语文教材之国外文化要素透视:以人教版课程标准实验教材为例[J]. 教育与教学研究,2011,25(4):2.

③ 石鸥,石玉. 论教科书的基本特征[J]. 教育研究,2012,33(4):93.

中的价值性。当然，这些研究可进一步助力教科书在文化选择中的优化，如性别文化在教科书中的平衡、多元文化在教科书中的协同等。但无论如何，选择文化都是教科书存在的大前提，且从工具层面来讲，文化选择的价值取向也总是服务于国家的意识形态以及实现民族文化发展的需要。

（二）本体性：实现文化育人的内在要求

文化作为教科书的母体，它既奠定了教科书文化传承的工具品性，即教科书的存在需要促进民族文化的延续，也赋予了教科书进行育人的文化本体性，即教科书是通过选择某些特定的文化来实现人的社会化与自由发展，并且文化延续的工具性同样需要以人的发展为前提。相较于文化传承的工具性，文化育人是教科书的本体性。然而，文化育人的实现同样是一个文化选择的过程，这不仅是因为文化的多样性与学生学习时间有限性之间所存在的客观冲突，而且是回答"培养什么人""如何培养人"的必然要求。换言之，教科书要实现文化育人的内在要求，同样需要进行一种文化的选择。

"培养什么人"关乎国家总的教育目标，是一个价值论层面的根本性问题。就教科书的建设而言，对这个问题的回答实质就是一个文化选择的过程，选择何种文化进入教科书也就意味着培养什么样的个体。有研究者梳理了新中国成立70年来对"培养什么人"的主要认识，其中包括了"从中华人民共和国成立初期的'建设人才'到1957年的'劳动者'再到20世纪90年代后的'建设者和接班人'；从1957年的'有社会主义觉悟的有文化的劳动者'到20世纪80年代的'四有'新人再到90年代以来特别是党的十八大以来的'社会主义建设者和接班人'"①。而对"培养什么人"的阶段性认识，在具体的学校教育中则表现为课程的不断改革。当然，课程改革与"培养什么人"并不能机械地呈现出一一对应关系，因为这里面还涉及我们如何看待"改革"的问题。但有一点是毋庸置疑的，即对"培养什么人"的新的认识总会伴随着教科书的一些变化，而在这些变化中，不同文化内容的入选是教科书实现"培养什么人"的关键，这应该也是教科书呈现出历史性变化的重要原因之一。具体而言，因对"培养什么人"问题的认识而引发的教科书变化，主要包含两个方面：一方面表现为教科书

---

① 石中英. "培养什么人"问题的70年探索[J]. 中国教育学刊，2019（1）：54.

科目类别的增加、删减或融合。如 20 世纪中期所撰写的《工农兵知识》《生产斗争》《公民》等教科书①，无论教科书的标题，还是文化内容，都体现出鲜明的时代特色，是为回应当时"培养什么人"的教科书画像。另外，随着素质教育的开展以及对核心素养的认识，教科书建设不约而同地指向学生素养的养成，在科目的设置上表现为学科的综合，如综合实践活动课程，这种科目的融合同样是在"培养什么人"导向下的文化选择。另一方面表现为某一学科文化内容的增加或删减。如在技术时代所带来的精神危机与文化缺失的背景下，教育部通过颁布新的课程标准而大量增加了优秀传统文化在教科书中的比重。而在学生负担过重的现实危机下，教科书对某些内容又作出精减或调整，其实这都体现出了文化选择与"培养什么人"之间的内在关联性。

教科书选择什么样的文化，直接影响着"培养什么人"的根本方向，而对"培养什么人"的不同认识，也客观上要求教科书进行不同的文化选择。然而，对于文化育人而言，它不仅是一个关于"培养什么人"的方向性问题，而且是一个"如何培养人"的操作性问题。这意味着，教科书进行文化选择不仅是回应形而上的方向性问题，而且是实现如何培养人的现实需要，即当我们讨论"什么知识最有价值"或"什么文化最有价值"时，一方面它涉及价值论问题，即以什么文化育什么人，另一方面也是一个方法论问题，即什么样的文化才能顺利实现育人的目标，如何转识成智、以智育人。具体而言，作为育人的特殊文本，教科书进行文化选择遵循以下三个基本的原则。

1. 所选文化要符合可教性。什么样的文化能进入教科书，这需要立足于育人的理论逻辑与教学的实践逻辑，这种双重逻辑的考量构成了文化是否具有可教性的衡量标准。这就是为什么在教科书中，我们经常可以看到这样的表述，"本文节选自×××，在编入课文时有适当修改"，这便是其中的原因之一。

2. 所选文化要符合可学性。从理论来讲，如果说"可教"指向教师能否展开教学，那么"可学"则更多意味着学生能否展开学习。当然，在实际的教学活动中，"可教"与"可学"是一体两面、相互影响的统一活动。在此分开单独讨论，旨在阐述教科书进行文化选择的不同维度。教科书所选文化是否"可学"

①　石鸥，吴小鸥. 简明中国教科书史[M]. 北京：知识产权出版社，2015.

主要根据两个方面的标准：其一，所选文化要符合学生的认知逻辑。如皮亚杰（Jean Piaget）在《发生认识论原理》中所阐述的，学生的认知规律会经历感知运动阶段、前运算阶段、具体运算阶段与行为运算阶段四个阶段①。而加涅（Robert Gagne）则从有机体进行信息加工的角度，提出了人类进行信息加工的三个阶段：注意刺激、刺激编码、贮存与提取信息②。在课程与教学论史上，诸多学习论研究者、心理学研究者通过实验、田野、思辨等方式，从多个维度揭示了学生认知的特征与机制。这些研究不仅意味着教科书在知识组织中要进行必要的调整，而且意味着在文化选择的数量、类型上要作出考虑，如此教科书才能回应"如何培养人"的内在需要。其二，所选文化要符合学生的实践逻辑。所谓实践逻辑指教科书所选文化需要助益学生实践的展开，这在客观上要求教科书所选择的文化能符合学生的生活场域与文化场域，如此才能使教科书所选择的文化与学生原有文化发生勾连，实现教科书知识的创生与意义的建构。如对于乡村儿童而言，本土的乡村文化作为他们的"原文化"，也许更利于他们建构理解与生发意义，反之，生活在城市中的儿童更容易理解城市文化。这也就是一些研究者专注于教科书的城市化倾向问题研究的原因之一。当然，从学生的实践逻辑出发，并不是否定或排斥学生接触异质文化，只是说教科书作为育人的文本，要实现育人的本体功能，不可忽视学生所在的"原文化"对"新文化"的影响，这种"原文化"类似于伽达默尔所言的"前见"，它构成学生思考问题的起点与视角。基于此，在地方课程与校本课程的开发中，地域文化的选择应该构成教科书进行文化选择的重要标准。

3. 所选文化要符合系统性。所谓系统性是指教科书在进行文化选择的过程中，不仅要遵循"可教"与"可学"原则，而且要尊重文化本身的系统性，如历史教科书中的时间序列或事件序列、语文教科书中的选文类型编排顺序、数学教科书中的数理概念逻辑等。

整体而言，作为特殊的育人文本，教科书在文化育人的过程中，无论是在"培养什么人"的宏观层面，还是在"如何培养人"的微观层面，它都内在需要

---

① 施良方. 学习论[M]. 北京：人民教育出版社，2001：177－178.
② 施良方. 学习论[M]. 北京：人民教育出版社，2001：268－271.

教科书进行文化选择，从而使教科书所选择的文化能有效地回应育人的价值需求与方法需求。

二、教科书进行文化创新的意义

文化选择是教科书承担文化发展与文化育人功能的重要步骤，可以说，选择什么样的文化在一定程度上就决定了我们传承什么样的记忆，培养何种文化品格的个体。然而，文化选择还不能完全揭示出教科书与文化之间的内在关联。或者说，选择本身只意味着一种静态的转移过程，即将文化作为一种实体从一个地方转移至另一个地方，它类似于某一存在物体的时空转移。转移过来的文化能否成功延续？文化转移是否就等于文化育人？显然，仅仅是一个空间或时间的转移，教科书的文化使命还是难以实现的。这样，教科书的文化选择就涉及另一个问题，即对教科书所选文化进行创造性转化的问题，或称之为教科书的文化创新。在这个意义上，教科书文化创新中所言的"创新"，并不意味着一种从无到有的文化"发明"，而更多表现为一种新的组合、新的理解阐述，从而生发出新的意义。教科书文化创新的意义主要涵盖两个方面：一是教科书文化创新有助于重新认识教科书与文化的关系，进一步彰显出教科书自身的文化主体性；二是教科书文化创新有助于活化优秀传统文化，实现教科书从文化符号走向文化意义的创生，最终达成教化人的根本目的。

（一）从工具到文化：彰显教科书的文化主体性

有研究者在检视课程与文化的关系时，曾指出："千百年来，课程完全是遵循着社会文化的嬗变，追随着社会文化的潮起潮落。于是课程便逐渐地被赋予了社会文化工具性存在的逻辑、角色与品质；于是课程只能按照已在的、被制度化的、已定论了的文化模具训练人、加工人。"[①] 并基于此提出，课程要彰显自身的文化底蕴与品性及其自主性的文化地位、旨趣、逻辑、机制，这构成了当代课程探究领域的核心问题。换言之，课程作为文化传承的工具，不仅遮蔽了课程自身的文化主体性，而且与培养自主个体的育人初衷相抵牾。显然，在这里文化的主体性与工具性构成了一对二元对立的矛盾。然而，也有研究者认为："文化是

---

① 郝德永. 课程与文化：一个后现代的检视[M]. 北京：教育科学出版社，2002：序言.

人所创造的特质，学校与课程是为传承文化而创造的，所以课程是传承文化特质的，是文化的文化。课程作为一种文化，传承是它的原始意义，因此，课程确实充当着文化传承的工具角色，工具性是课程文化的重要特性。"① 事实上，无论是课程还是教科书，传承文化进而实现国家意志、延续民族文脉，这是不可否认的重要功能，且作为工具的传承并不一定意味着对主体思想的钳制，其中还涉及如何进行文化传承、如何进行文化传承的评价等一系列问题。就教科书而言，通过文化选择而实现文化的发展，这同样是教科书的一个重要功能，只是说教科书区别于地方志、文件汇编等文本，对文化的记载、传递、传播，其根本旨趣在于文化育人。在这个意义上，仅从文化的工具性来理解教科书就存在明显的局限性。基于此，我们才需要进一步讨论教科书与文化之间的关系。事实上，"教科书作为文化的文化"，比较恰切地揭示了教科书的文化属性，即教科书作为文化的存在恰恰就蕴含在其传承文化的活动中，是文化活动彰显了教科书的文化性。换而言之，教科书对文化如何创造性地选择、组织、传播，本身就意味着一种文化的创新，这种创新即是一种文化选择与整合的创新。

教科书从机械的工具定位走向文化主体，这就构成了一个新的命题，即教科书就是一种文化。作为文化的教科书，需要遵循文化的一些基本特性，顺应文化发展的基本逻辑。有研究者认为文化虽然概念繁杂，但大多共同显示出以下特征：一是文化为人类所特有；二是文化是人后天习得和创造的；三是文化为一定社会群体所共有；四是文化是复杂的整合体②。但就这些特征而言，文化依然表现出一种很明显的静态性，它类似于一种业已成型的文明。事实上，正如荷兰文化学家皮尔森（Van Pearsen）所言，与其说文化是一个名词，不如说文化是一个动词。他认为："文化主要不是意指诸如工具、图画、艺术作品等客体或产物，而是首先意指人制造工具和武器的活动；舞蹈或念咒的礼仪；以及与性爱、打猎、准备食物相关联的各种行为模式。"③ 英国人类学家马林诺夫斯基也有类似的观点，他认为一切文化要素"一定都是在活动着，发生作用，而且是有效的"④。

---

① 范兆雄. 课程文化发展研究[D]. 兰州：西北师范大学，2004：28.
② 郑金洲. 教育文化学[M]. 北京：人民教育出版社，2000：2-3.
③ 皮尔森. 文化战略[M]. 刘利圭，等译. 北京：中国社会科学出版社，1992：2.
④ 范兆雄. 课程文化发展研究[D]. 兰州：西北师范大学，2004：30.

在我国，梁漱溟、胡适等人也倾向于将文化看成某一民族生活的样法，文化构成了人类生存的一种方式。这意味着文化不仅表现为外在可见的实体，而且是一种内隐的生存观念与存在方式，它是动态的、持续变化与生成的过程。这样教科书作为一种文化就等同于教科书作为一种存在的方式，传承过往而又面向未来不断选择新的存在方式，实现着教科书的文化创新，这是教科书作为文化主体的基本特征。

从教科书发展史来看，作为一种存在方式的教科书，一直在讲述着自身的过去，但与此同时也通过当下而创造着未来。这种创造体现在多个方面，如教科书的封面、字体、形状的全新设计，教科书文化内容的重新筛选与组织，教科书科目数量的不断增加或删减等。总而言之，教科书总是通过或隐或显的方式创新着自身的存在方式，进而宣告着自身作为文化主体的存在。可以说，教科书的定位从工具超越至文化，并不意味着教科书工具价值的不合理，而是说教科书在文化传承的具体活动中本身也需要一种主体行为，即一种文化的创新。因此，当我们讨论教科书的文化创新时，其实这种创新就构成了教科书彰显文化主体地位的具体活动。反之，仅从工具的价值去诠释教科书就意味着教科书作为文化主体的遮蔽。或者我们可以说，教科书之所以要进行文化创新，是因为教科书作为文化主体的内在属性，以及彰显性文化主体性的必然使命。

（二）从符号到意义：建构教科书的个体理解

通过阐述教科书与文化的关系，进而揭示出教科书的文化属性，并进一步阐明创新是教科书作为文化主体的内在属性。亦即作为文化主体的教科书，当其以主体的自觉来筛选文化、组织文化、传播文化时，这种主体性活动就确证了教科书的文化属性。然而，基于教科书的根本属性，即育人的角度来审视时，仅仅为教科书的文化属性进行辩护，只是为如何更好地培养全面发展的自由个体提供了前提，但还没有具体涉及教科书如何通过文化创新来实现育人的目标。因此，讨论教科书的文化创新价值，还不能就此止步于文化创新之于教科书自身的价值，还需要进一步挖掘文化创新之于个体生命成长的价值。

有研究者认为："文化不是完全存在于人的头脑之中的，它有物质载体，这种物质载体，不仅是语言、文字符号系统，而且表现为实物，但实物之所以表现文化并不在于实物自身，而在于它所表现的文化观念……离开了作为观念形式的文化，所有实物都无非是僵死的材料，并不具有文化价值。"① 由此可见，符号或实物还不是直接的文化，它只是构成了文化的载体。教科书通过文化选择而分年级、分册、分科地进行文化符号的筛选、组织与编写，它虽然构成了一个完整的符号系统，但并没有构成一个真正意义上的文化系统。在这个意义上，教科书进行文化创新，并不完全等同于创新性地给教科书增加新的文化元素。因为这种添加始终停留在文化的符号层，它只能构成生发个体意义的前提，但前提必定不等于结果。因此，从教科书文化属性的确定到教科书文化价值的实现，我们讨论对教科书进行文化创新，其基本逻辑在于对文化符号的意义创新。换而言之，教科书的文化创新实质代表着一种新的个体理解，旨在经由文化符号而达到个体理解，是符号代表的视域与个体所理解的视域之间的视域融合。人民教育出版社首任社长叶圣陶曾强调："课本编写意义重大，马虎不得，一本教材的质量关乎几百万学生的成长。"② 从当前的社会语境来看，教材建设还远不止关乎几百万学生的成长，它意味着更加庞大的群体。这动辄成百万上千万的学生群体，他们如何从文化的符号层建构个体的理解，而不是千篇一律的符号记忆、信息储藏，其中就需要教科书不断地进行文化创新。在这里，教科书的文化创新，就是通过个体基于自我文化背景而建构一种新的理解，它实则是教科书从公共符号走向个体意义的过程。

教科书通过文化创新而实现个体对符号的理解，生发出个体独特的意义。具体而言，这在客观上包括了两个层面的价值：一是教科书的文化创新起到文化"活化"的作用。所谓文化"活化"，其实质就是要焕发出文化的时代价值，是历史、当下与未来的一种统一。如当前教科书都在不同程度地加强优秀传统文化的渗透，为此国家相关部门颁发了诸多文件。但就传统文化而言，其在教科书中的渗透并不仅仅是为了传统而传统，而应该进一步探讨传统如何释放出当代的价值，使传统与当下甚至是未来发生勾连。有研究者认为"传统不是静止的过去，

---

① 万资姿. 论文化哲学视域中的符号[J]. 天津社会科学，2020（6）：64.
② 吴小鸥. 新课程改革教科书之文化标准研究[J]. 课程·教材·教法，2016，36（2）：35.

而是绵延在今天，建构着今天，对传统的创造性解释就是在建构当下"①，这意味着教科书对传统的传承关键就在于通过创新性的解释，从而使传统可以在当下敞开，并照亮未来，这样就起到了"活化"文化的价值。二是教科书的文化创新是实现个体生活与教科书文化相互融合的通道。有研究者认为就知识而言，它包含三重结构：符号表征、逻辑形式和意义②。其中，符号表征是知识的外部形式，逻辑形式是方法论系统，而意义才是构成知识的内核所在。事实上，教科书作为一种文化，它往往也是通过具体的知识所体现。因此，在这个意义上，知识的三重结构也恰好可以反映出文化的基本结构。即教科书之所以进行文化创新，或者说教科书进行文化创新的真正价值，也正是在于实现文化中的意义部分。而意义作为个体与文化之间的一种价值关系，教科书文本能否有意义、具有何种意义，不仅取决于文化所外显的符号形式，而且更多依赖于学生个体所经历的文化背景，是个体对文化的一种理解与表达。在这个意义上，教科书的文化创新就是建构一种新的文化理解与一种个性化的文化表达。

第二节　教科书的文化选择方式

教科书对文化的选择，是基于国家意志的实现、民族文化的延续以及育人目标的达成三个维度的需要。因此，教科书既是一种经过选择的文化，同时也是文化选择的结果。当然，在文化选择的过程中，教科书作为文化主体，历经了一系列主体性的意向活动。具体而言，它包括三种方式：一是教科书对文化进行直接吸收；二是教科书在选择过程中对文化进行适当的改造；三是教科书在文化选择过程中对文化进行提升。吸收、改造与提升三种方式的文化选择，意味着教科书与文化之间是一种互构的关系。文化虽然构成了教科书进行选择的资源库，但教

① 刘铁芳. 敞开起源于当下：我们为何要重温古典教育传统[J]. 教师教育研究，2019，31（5）：12.
② 郭元祥. 知识的性质、结构与深度教学[J]. 课程·教材·教法，2009，29（11）：17.

科书并不是原封不动地直接"拿来",而是在量的增减或质的提升上,对文化进行着选择性的改造与提升,在这个意义上,经由教科书所选的文化已经是负载着国家或育人需要的新的文化,我们可以称之为"教科书文化"。

一、教科书对文化的选择性吸收

对文化的选择性吸收是教科书得以存在的前提,因为从文化的概念来看,广义上的文化是指人类后天获得的并为一定社会群体所共有的一切事物,是人类对生活环境进行加工改造的结果,是人与动物相区别的关键。一般来说,它包含三个紧密相连的层面:物质文化、精神文化与制度层面的文化①。教科书作为一种文化的存在,将社会中的物质文化、精神文化与制度文化进行符号化处理,从而以知识的形式表征着人类世界的文化。在这个意义上,教科书实质就是文化的"浓缩"。正因为如此,有研究者才将学校课程定义为"一种观念形态的文化"②。然而,"人类积累的文化浩繁庞杂,而学生在校学习的时间是有限的。要解决这个矛盾,课程就必须是从人类文化提炼出来的精华,是人们生产、生活中必须具备的最基本的文化"③。另外,教育是一种目的性的人类活动,也是在一定价值规范要求下的社会活动。因此,即便在文化内容相对匮乏的古代社会,为实现某一特定的目标而对文化进行选择吸收也是十分必要的。如此看来,无论是从文化的数量上思考,还是从文化本身所具有的不同价值上考虑,教科书都需要对文化进行有选择性的吸收,这种选择性诠释出了教科书存在的独特价值。

当然,文化吸收作为一种价值负载的活动,必定会涉及一个原则问题,即以什么标准来选择。在课程发展史上有一个经典的问题,即斯宾塞(Herbert Spencer)19 世纪中叶提出的"什么知识最有价值"的问题。面对当时英国重虚饰而轻实用的知识价值观,斯宾塞提出在区分各种知识的相对价值和比较价值的基础上,确定一个衡量知识价值的尺度,即是否有利于人完美的生活。他根据重要程度确定了人类五方面的活动,并依据这五方面的活动设置了与其相对应的五类课程知识:第一,直接保全自己的活动;第二,间接保全自己的活动;第三,准备

---

① 郑金洲. 教育文化学[M]. 北京:人民教育出版社,2000:4.
② 刁培萼. 教育文化学[M]. 南京:江苏教育出版社,2000:387.
③ 刁培萼. 教育文化学[M]. 南京:江苏教育出版社,2000:384.

做父母的活动；第四，准备做公民的活动；第五，准备生活中各项文化的活动①。在斯宾塞看来，要实现人完美生活的这五个部分，一致的答案就应该是科学。从历史来看，这种对科学文化的重视，不仅影响了当时的英国课程改革，而且影响了世界各国。科学文化被大量地吸收到了学校课程之中，自然也就直接反映在了教科书之中。有研究者考证发现，19世纪中后期的晚清政府，在来华传教士的影响下，科学文化在教科书中的吸纳也较为明显。如1897年，南洋公学开启中国师范教育的历史帷幕，首次以"德智体"的科学体系编排教科书。1903年，文明书局高举"科学"大旗，开始推出"蒙学科学全书"28种，这是中国历史上唯一用"科学"之名统领的教科书②。可见，教科书在选择性吸纳文化时，不仅表现在同一学科内容的编排上，而且意味着一些全新科目的开设。当然，除了斯宾塞的"什么知识最有价值"问题影响着学校教科书进行文化吸纳之外，还有诸如泰勒以哲学与心理学作为"过滤器"来筛选课程目标，从而影响课程内容的选择，也同样构成了一种选择性文化吸收的标准。另外，早期课程论者博比特的活动分析法、查特斯的工作分析法以及后来布鲁纳的结构分析、阿普尔的社会学分析等，其实都在一定程度上扮演着教科书进行文化吸收的标准。

这里需要说明的是，教科书对文化进行选择性吸收，主要还是指将特定的文化直接编写进教科书，但并没有对文化进行相应的改造或提升。这种选择性主要体现为对某一特定文化类型的选择、文化数量的增减等。以百年语文教科书中对鲁迅作品的选择为例，有研究者对百年来鲁迅作品在教材选择中的变迁做了研究，并梳理了各个版本的教材以及各个时期鲁迅作品在教材中的收录情况。具体情形如下：民国时期，进入中学教材的鲁迅作品，几乎是诸体兼备，小说、散文、杂感、日记、序跋、学术文章等皆有收录，其中以白话文为主，也兼收文言的作品；而在20世纪40年代解放区的中学语文教材中，杂文的数量明显增加，如在周静、张山等编写的《高中国文》6册中，选入鲁迅文章7篇，全部是杂文；中华人民共和国成立后的一段时期内，依然延续了解放区的传统，如出版于1952年的统编初高中语文教材，收录鲁迅杂文4篇、小说4篇、散文1篇，人民

① 陈铁成，熊梅. 什么知识最有价值：基于斯宾塞课程思想的思考[J]. 外国教育研究，2013，40（5）：74.

② 石鸥. 百年中国教科书的文化担当[J]. 教育科学研究，2017（11）：93.

教育出版社在 1960 年推出的中学语文初高中教材，共收录鲁迅作品 21 篇，其中杂文 12 篇，超过了鲁迅选文的一半①。改革开放以后，新编全日制学校中学语文课本和全日制重点中学阅读课本、写作课本和试教本由人民教育出版社出版，这套语文教材起到了拨乱反正的作用，同时这套语文教材中鲁迅作品的篇目也有所变动。例如这套课本首先删掉了鲁迅作品政治性过强的杂文②。21 世纪以来，第八次课程改革颁布了新的课程标准，而在新课程标准版本的语文教材中鲁迅作品数量有所减少，选编作品也呈现出新的特点③。

当然，教科书选择性吸收何种文化，与当时的社会大背景、教育观念等息息相关。20 世纪 20 年代新学制的颁布，白话文作为主要的文体进入教科书，在这样的时代背景下，鲁迅作为现代白话文学的重要倡导者和实践者，成为率先进入现代中小学国文课本的作家。1923 年叶圣陶等编辑、胡适等校订的《新学制国语教科书》（初级中学用）由上海商务印书馆出版，其中选录鲁迅的《故乡》和《鸭的喜剧》；民智书局在 1922—1924 年出版的《初级中学国文读本》中，收录了鲁迅的《孔乙己》《风波》《我们现在怎样做父亲》等文章。可以看出，教科书所要吸收的文化总是带有相应的价值取向。但是作为文化的吸收，其主要还是在于数量或类型上的选择与增删，如某一时期鲁迅的杂文类作品居多，而某一时期散文类作品又占主要地位等。

教科书对文化的选择性吸收还受学科性质的影响。一般认为，教科书更容易吸收理科内容或科学技术性知识，这是因为"属于科学技术知识方面内容的数、理、化、生等学科，由于这些学科中所概括的基本概念、定义或定理等有很多是各国课程中所共同具备的文化成分，具有相互移植及仿做的极大可能性"④。我们对不同国家的数学学科、物理学科、生物学科等科目中的文化内容进行分析，可以证明理科或技术类文化知识更容易作出吸收性处理。而对于社会科学或人文科学来说，教科书在文化选择的过程中，往往更容易对其进行选择性改造与选择

① 宋浩成. 百年语文教材中的鲁迅作品研究[J]. 鲁迅研究月刊，2020（4）：40.

② 和学新，刘瑞婷. 鲁迅作品进出中学语文教材的课程论审视[J]. 全球教育展望，2016，45（10）：52.

③ 贺卫东. 新课程·新教材·新鲁迅：新世纪中学语文教学中的鲁迅问题探析[J]. 上海教育科研，2012（7）：66.

④ 刁培萼. 教育文化学[M]. 南京：江苏教育出版社，2000：386.

性提升。

二、教科书对文化的选择性改造

文化吸收更多体现为教科书从量上对文化进行选择，如教科书对传统文化、西方文化、民族文化等进行的选择性吸收。应该说，吸收构成了教科书进行文化选择的一个重要方式。但与此同时，单向的吸收也存在明显的局限。一方面，教科书文化主体性彰显不够。教科书对文化进行选择不仅是实现国家意志的需要，而且代表着教科书编撰的育人立场，即通常所说的教育的独立性，这种独立性反映在教科书中，就构成了教科书体系建设的独立性问题。而教科书文化主体性的缺失或弱化，也正是当前一些学者对教科书建设进行反思的焦点之一。另一方面，简单的文化吸收也难以适应教科书的体系建设与育人要求。教科书进行文化选择是社会、学生、学科等多种利益主体平衡的结果，是合目的与合逻辑的双重统一。如就语文教科书的选文来说，特定文章在教科书中的呈现，需要从社会、学生与学科三个角度对其进行改编，而这种改编不仅体现于文章的形式，而且会涉及文章的内容。再如历史教科书对一些历史事件的编写，它既是历史事实，但同时也是教学内容，或者说作为教学内容的历史事实与历史事实本身还是会存在一定的出入。换言之，历史事实虽构成了历史教科书的原料，但历史教科书也在重新述说着历史事实。因此，教科书对文化的选择就不仅仅是一个吸收的过程，这里面还涉及对所选择的文化进行适当改造的问题。

就教科书对文化的改造而言，所谓的改造主要是指对入选教科书的文化进行内容或形式上的编撰。其改造的原则一般而言涉及国家需要、教学需要、学科文化建设需要三个大的方面。首先，为实现国家意志、构建国家主流意识形态而进行教科书内容的改造，这是教科书对文化进行改造的一个重要出发点。"教材建设是育人育才的重要依托。建设什么样的教材体系，核心教材传授什么内容、倡导什么价值，体现国家意志，是国家事权。"① 就此而言，教科书在选题、编写、排版、出版、应用等过程中，会经历各种严格的审查制度。各个国家也会设立专门的部门指导与审查教科书的建设工作。我国于 2017 年还专门成立了国家教材

① 我国大中小学教材建设步入新的历史阶段［N］. 中国教育报，2017－07－14.

委员会，专门负责"指导和统筹全国教材工作，贯彻党和国家关于教材工作的重大方针政策，研究审议教材建设规划和年度工作计划，研究解决教材建设中的重大问题，指导、组织、协调各地区各部门有关教材工作，审查国家课程设置和课程标准制定，审查意识形态属性较强的国家规划教材"①。当然，教科书对所选文化进行改造的过程中，也会出现两种截然不同的取向，可称之为"扭曲型改造"与"忠实型改造"。所谓"扭曲型改造"是为了达到自我目的而对文化史实进行篡改。如日本文部科学省通过歪曲史实改造中学历史教科书事件，引发了多个国家的抗议。另外，有研究者专门对日本教科书中的中国形象进行了系统的研究，发现这种"扭曲型改造"时有发生。以日本《初等科修身》第2册第20课为例，主题是《大陆与我们》，主要阐述的是日本建立"大东亚新秩序"的"愿景"：

> 满洲国生活着各种各样的民族。他们虽然长得不同，习俗也不同，但是都为了学习日本，把满洲国建设成为一个好国家而齐心协力努力工作着。满人的孩子身材高大，力气也大；蒙古人的孩子感恩之心深重。另外，俄罗斯的孩子在生活中非常讲究规矩。日本的孩子必须和这些孩子一起，肩并肩共同前进……日本与支那，从以往就是携手共进的。今天，日本正在从大陆向南方发展，为了建设新的东亚，勇敢地战斗，也温和地指导。日本人都衷心地期待着大家共同快乐工作的那一天能够早日到来。②

显然，日本修身科教科书对基本的历史事实进行了扭曲。如认为中国是日本自古便"携手共进"的伙伴；用"东亚和平"来掩饰对中国的侵略，甚至还把侵略行为说成是"勇敢地战斗""温和地指导"等。教科书对史实所进行的扭曲型改造，往往容易使教育问题上升为一场较大的政治风波，这反过来不仅会影响相关国家的教科书建设，如真相公布之后所带来的教科书权威受损问题，而且会影响一个国家的文化形象。因此，无论是从教科书建设的角度，还是国家形象的

---

① 中华人民共和国中央人民政府[EB/OL].［2017-07-03］. http：//www.gov.cn/gongbao/content/2017/content_5210500.htm.

② 谭建川. 日本教科书的中国形象研究[M]. 北京：北京大学出版社，2014：247.

角度，对教科书所选文化进行扭曲都是我们需要严厉抵制的。相对于"扭曲型改造"，另一种则是为了国家建设、时代需要、主流价值建构等而进行的"忠实型改造"，这是教科书对所选文化进行的必要性修饰。这种"忠实型改造"具体也可以分为两种类型：一是强化型；二是弱化型。强化型是教科书为凸显某一特定的价值而增加相应文化的数量、加入多维度的解释等。而弱化型则正好相反，是减少或削弱相应文化在教科书的占比与分量。如在部编本语文教科书中，为实现"立德树人"的教育目标，重点将"社会主义核心价值观"内容、两个"传统"（中华优秀传统文化和革命传统教育）融入教材的文章选篇、内容安排、导语和习题的设计等诸多方面①，这体现的就是一种"强化型"文化改造。而有所强化就意味着有所弱化，因为教科书对文化选择的总量总是在一定的限度之中。总之，"教材编写实质上就是国家行为"②，作为国家行为的教科书，出于为某些特定文化进行辩护与国家发展的需要等考虑，必定会对文化进行某种改造，但改造并不意味着文化的扭曲。依据事实对文化进行编排，这是教科书对所选文化进行改造的基本原则。

相对于国家从宏观层面对教科书所选文化进行改造，基于教学需要与学科文化发展而进行的文化改造，则往往显得更加微观。有研究者认为教科书具有可教性，这集中表现为教科书的可听性与集体性阅读。所谓的可听性指教科书区别于其他的文本，它的意义不仅仅是"看"和"读"出来的，同时，它往往也是"听"出来的，我们常说的"听课"就是这个意思。而集体性阅读指教科书往往是一种教学性阅读，是全体同学在某一具体时空下的共读与精读③。教科书对可教性的内在诉求，也决定教科书在文化选择的过程中需要进行适当的改造。其中涉及不同学段的学情与不同科目的性质，如小学低学段所选文化内容需要尽可能直观呈现；而在语文学科上，其所选文章要容易朗朗上口，且符合小学生的认知规律等。当然，可教性对教科书所选文化的改造，还不仅体现在教学内容的编撰

① 温儒敏. "部编本"语文教材的编写理念、特色与使用建议[J]. 课程·教材·教法，2016，36（11）：4.

② 温儒敏. "部编本"语文教材的编写理念、特色与使用建议[J]. 课程·教材·教法，2016，36（11）：4.

③ 石鸥，石玉. 论教科书的基本特征[J]. 教育研究，2012，33（4）：94.

上，更是体现在教科书在课堂教学的实施过程之中。正如课程专家施瓦布所言，教育是由教师、学生、教材与环境四个因素所构成。这意味着任何静态的教科书文化都不可能在具体的课堂教学中被忠实地呈现，它总会涉及文化的改造，而这种改造的标准则更多是基于教学实践的语境性。无论如何，教学性的内在要求会使得教科书在编制与实施过程中都作出相应的改造。另外，学科文化自身的系统性也会对教科书所选文化提出相应的要求。泰勒曾在《课程与教学基本原理》一书中指出：课程目标来源于社会、学生与学科专家三个维度，这意味着教科书在担负育人职责的过程中，也关切着学科自身建设的需要。学科文化如何在不同学段、不同单元、不同课中历经拆解而又最终整体呈现，这是教科书进行文化改造的又一出发点。整体而言，文化改造是教科书在文化选择过程中进行的一种必要性修饰，它主要基于国家需要、教学需要与学科发展需要。这种文化改造主要体现在对文化内容进行适当的改编，但并没有涉及文化本身的深化。在这个意义上，教科书对文化的选择还需要另一种方式，即教科书对文化的选择性提升。

三、教科书对文化的选择性提升

选择何种文化进入教科书，不仅涉及某一文化的成熟与否，如某一特定文化形态是否为大家所公认，而且涉及文化自身的价值问题，即某一文化虽然不够成熟，但其在促进学生全面发展、提升教育的公平性、促成文化保护的必要性等方面具有突出的价值。基于此，教科书会对所选文化进行相应的提升，从而使其适合于教科书自身的逻辑。这种提升主要来自三个方面：一是地域文化的普遍化；二是传统文化的现代化；三是外来文化的本土化。

地域文化的普遍化是教科书对文化进行选择性提升的一个重要维度。地域文化到底是什么？其定义有多种解释。有人将地域文化视为一种区域文化，它是一门研究人类文化空间组合的地理人文学科，与文化地理学大同小异①；也有人从文化传统出发，认为地域文化专指中华大地特定区域源远流长、独具特色，传承

---

① 路柳. 关于地域文化研究的几个问题：第一次十四省市区地域文化与经济社会发展研讨会综述[J]. 山东社会科学，2004（12）：89.

至今仍发挥作用的文化传统①。事实上，无论是区域文化还是传统文化，都只能是构成地域文化的一些外显方式。从文化哲学来讲，文化作为人的一种存在方式，更多是一种观念、信仰或者行为方式。基于此，"地域文化是指在一定空间范围内特定人群的行为模式和思维模式；而不同地域内人们的行为模式和思维模式的不同，便导致了地域文化的差异性"②。通常而言，生活在不同空间或时间中的群体，往往会形成特定的行为模式。在这个意义上，区域文化或传统文化就构成一种明显的地域文化。如我们所讲的少数民族文化，就是某一民族在特定时空下所形成的独特的文化形式，它既有别于汉民族的文化，也区别于其他少数民族的文化。另外，还有社区文化、学校文化、家庭文化等，其实都是一定程度上的地域文化。教科书，特别是国家层面统一颁布的教科书，如何将这种具有地域性质的文化上升为一种具有普遍性的文化，其中就涉及文化的提升问题。

需要说明的是，文化的普遍性是相对而言的。诚如梁漱溟先生所言，文化作为那一民族生活的样法，具有明显的地域性。也正如劳斯（Joseph Rouse）对地方性知识的论述所言，知识的迁移并不代表知识的普遍化或特殊性，而是"从一种地方性知识走向另一种地方性知识"③。在这个意义上，教科书对文化的普遍化提升，并不是将某种地域文化合法化为一种普遍文化，而是说对地域文化在形式与内容上进行相应的提升，使其能让更多的人识别、理解、接受，从而促进不同文化之间的融通与发展。如将特定少数民族的语言翻译成普通话（或增加普通话注释，类似于文言文的现代文解释）；对某种地域文化作出相应的历史注解、意义阐释；形成相应的文化主题进行集中论述；呈现特定文化的相关背景资料；提供了解某一特定文化更多信息的资源链接等。当然，地域文化的提升不仅表现在国家课程上，即便是地方课程或校本课程，也需要进行相应的提升，因为这里面涉及一个育人的逻辑问题。正如有研究者在讨论地方性知识与校本课程开发的关系时所言，"地方性知识是社会地方性知识的有机组成部分，地方性知识是学

---

① 唐永进. 繁荣地域文化，促进经济社会发展："地域文化与经济社会发展研讨会"述要[J]. 天府新论，2004（5）：144.

② 张凤琦. "地域文化"概念及其研究路径探析[J]. 浙江社会科学，2008（4）：63.

③ 劳斯. 知识与权力：走向科学的政治哲学[M]. 盛晓明，等译. 北京：北京大学出版社，2004：77.

生认知社会的窗口，通过地方性知识的学习，并不是为了使学生局限于地方性知识的狭隘视野中，而是为了使学生借助地方性知识认知社会，认知世界"①。换言之，地域文化一方面要能联结"地方人"的生活，另一方面又要能超越"地方人"的空间与文化束缚，即传承中的创新问题。体现在教科书的文化选择中，就意味着一种地域文化的提升，意味着地域文化如何与更大的地域文化（普遍文化）进行视域融合的问题，从而实现地域文化自身的发展。

　　中华文化源远流长，积淀着中华民族最深层的精神追求，代表着中华民族独特的精神标识，为中华民族生生不息、发展壮大提供了丰厚滋养。这种深层的精神追求要焕化出时代的光彩，一方面，需要教科书加强中华优秀传统文化的选编，这其中涉及教科书对文化进行选择性吸收的问题；另一方面，更为重要的是，如何释放出传统文化的时代意义，即传统文化如何与时代相结合的问题。当前，随着《完善中华优秀传统文化教育指导纲要》《关于实施中华优秀传统文化传承发展工程的意见》等一系列文件的颁布，传统文化在教科书中的比例不断增加，这是有目共睹的。然而，正如一些研究者所发现的，在传统文化热的背后也存在着诸多的不足，而其中之一就是传统文化如何体现出时代价值的问题。有人通过分析不同版本的语文教材发现，语文教材在传统文化的选择上，呈现出"课程主题多样性不足"的问题，这种不足既表现在选文类型的单一，如多侧重于古代传统思想、经典文学艺术等，也表现在编写结构的单一。即在传统文化的编排上，表现为一种简单的摘录，没有考虑如何对其进行现代化的提升，而"对整个文本与其摘录《论语》《孟子》等经典原著，还不如直接诵读经典原著"②。因此，就教科书对传统文化的选择过程而言，如何通过形式改编、内容优化、时代注解、技术中介等方式进一步促进传统文化的现代化，这是教科书对文化选择的又一重要步骤。当然，这里所言的传统文化现代化，并不是对传统文化进行任意的裁剪，甚至是为了加入时代元素而扭曲传统文化所内含的精神追求；恰恰相反，对传统文化进行时代性的提升，正是在于如何更好地发挥出传统文化所应有

---

　　① 杨洋. 地方性知识视野中的少数民族乡土教材开发［J］. 贵州民族研究，2016，37（12）：226.

　　② 张茂聪，仲米领. 小学中华优秀传统文化教材内容构建研究［J］. 课程·教材·教法，2018，38（5）：87.

的价值。

如何处理外来文化与本土文化的关系，历来是课程和教学改革与研究的重点问题。特别是近年来，随着文化自信导向下教育学体系的建设与发展，外来文化的本土化提升，构建具有中国气派的课程教学体系，成为研究者关注的重要内容。从教科书对文化的选择来看，外来文化尤其是欧美文化一直是教科书进行文化选择的重要范畴。如有研究者对新文化运动时期初中国文教科书中外国翻译作品进行了研究，发现从 1902 年《钦定中学堂章程》颁布到 1920 年，中学国文教科书共入选了 2229 篇选文，基本上都是古代作品，以文言为语体，外国翻译作品也仅仅是知识类选文，文体以论说为主，所占比重为 2.2%，而在 1920 年之后，6 套教科书共入选选文 1077 篇，其中外国翻译作品 153 篇，所占比重为 14.2%①。然而，外来文化在教科书中的直接呈现也带来了诸多问题，这一方面是来自意识形态方面，即外来文化如何服务于我国政治、经济与文化建设的主流需要，这是一个方向性与"培养什么人"的根本问题；另一方面，外来文化作为"他者"的生活方式，虽然包含某些优秀的文化内容，但如何与我国文化进行对接融合，从而使学生在外来文化的学习中既开阔眼界，但又不至于出现文化的撕裂，这同样是一个必须关注的问题。基于此，教科书在对外来文化进行选择的过程中，不可避免地需要对其进行本土化的提升。

总之，文化提升是教科书作为文化主体的内在使命。事实上，教科书对文化进行选择性的提升，还不仅仅包括上述三个部分，还有诸如乡村文化与城市文化、男性文化与女性文化、精英文化与大众文化等二者之间的改造与提升。但无论如何，这种提升同样都是为了更好实现社会发展、学生发展以及学科文化的发展，这成了教科书对文化进行吸收、改造与提升的基本出发点与落脚点。

---

① 管贤强，郑国民. 新文化运动时期初中国文教科书中外国翻译作品研究 [J]. 基础教育，2015，12（5）：60.

第三节　教科书的文化创新途径

作为育人文本的教科书，一方面需要通过文化创新来实现"教书"与"育人"的内在使命，这构成了教科书进行文化创新的内在动力；另一方面，教科书的研制内隐着一种主体性的创造，而这种主体性的缺失或弱化导致了教科书的创新能力与空间被极大地低估①。应该说，教科书研制所特有的主体性实则构成了教科书进行文化创新的可能空间。而教科书进行文化创新的内在动力与可能空间，进一步促使我们讨论其创新的可能途径，即教科书如何进行文化创新才能回应"育人"的内在需求，才能有效地利用其特有的主体性空间。具体而言，教科书进行文化创新主要包括以下三种途径：一是通过确立文化标准引领文化创新；二是通过创新内容实现文化创新；三是通过优化形式彰显文化创新。

一、通过确立文化标准引领文化创新

教科书作为课程教学内容的主要载体，"在全世界许多国家的学校课堂上，正是教科书为教学提供了大量的物质条件，也正是教科书确定了什么才是值得传承下去的精华和合法的文化"②。这意味着有什么样的教科书就有什么样的文化，也就会形塑什么样的文化个体，这构成了人们对教科书功能的基本理解。然而，这种理解只是一种单向的线性思维，即教科书与其文化母体之间是一种包含与被包含、选择与被选择的对象性关系。显然，这种思维方式遮蔽了教科书在文化选择过程中更多的复杂性活动，其中就包括对于教科书作为文化主体地位的忽视。事实上，当我们讨论教科书对文化进行选择时，其中就预设了一个关键的前提，即教科书对文化进行选择的标准问题。有无选择的具体标准，以及标准建构的独

---

① 石鸥，张美静. 被低估的创新：试论教科书研制的主体性特征[J]. 课程·教材·教法，2019，39（11）：59.

② 吴小鸥. 新课程改革教科书之文化标准研究[J]. 课程·教材·教法，2016，36（2）：31.

立性与否，构成了衡量教科书主体地位的重要尺度。而当教科书依据某一特定的标准对文化进行选择时，就意味着教科书并不是机械地传承已有文化，而是作为主体在创新着文化。这种创新主要表现在两个方面：一是通过特定标准而对已有文化进行裁剪、加工、组织，从而使原有文化呈现出一种形式上的创新；二是通过特定标准的确立，对某些文化进行新的理解、诠释，从而在确立文化标准的过程中，引领一种新的文化形态。换言之，教科书通过确立文化标准引领文化创新的具体表现，要么是通过改变原有文化的形式而实现文化创新，要么是通过改变原有文化的实质内容而实现文化创新。而文化形式，往往表现为一种文化符号的创新；文化实质则表现为文化理解的创新。当然，将文化分为文化形式与文化实质，是为了更加直观地理解教科书在文化创新中的价值。实际上，形式承载实质，而实质需要形式，二者构成文化的一体两面，是难以在实践中进行分割的整体。

对文化标准与文化创新二者之间关系的揭示，一方面给人们提供了理解教科书功能的新的视角，另一方面也意味着确立标准、检视标准成为研究教科书文化特征的切入口之一。从课程发展的历程来看，不同的课程标准实则反映着不同的课程哲学乃至教育哲学，从而也就形塑着完全不同的教育流派。在一定程度上，我们可以认为标准的分立构成了教育流派区分的内在依据。如进步主义对"经验"的重视，认为"传统的以成人为中心，以学科为中心的课程是不可取的，而应代之以儿童为中心的课程"①。在这里，对儿童"经验"的重视构成了传统课程与现代课程分立的标准。正因如此，儿童的主动作业、自主体验、生活经验等则构成了学校课程与教学的核心。而要素主义认为教育目的在宏观方面是传递人类文化遗产的要素或核心，在微观方面是帮助个人实现理智与道德的训练。因此，他们认为课程设置要坚持以下几个标准：一是有利于国家和民族；二是具有长期目标；三是包含价值标准。基于此，教科书所包含的应该是共同的、不变的文化要素②。可以看出，"经验"或"文化要素"的不同标准不仅影响着教科书文化内容的选择与创新，而且形构着两种不同的教育哲学或教育流派。

---

① 陆有铨. 现代西方教育哲学[M]. 北京：北京大学出版社，2015：29.
② 陆有铨. 现代西方教育哲学[M]. 北京：北京大学出版社，2015：66.

有研究者对教科书的文化标准如何影响文化创新进行了专门的研究，指出其有三种不同的方式①。

一是在过程演变中，教科书常常选择以主导文化及突生文化为标准，认为在相对闭塞的社会中，主导文化通常成为教科书确立的文化标准；而在相对开放的社会中，突生文化通常成为确立的文化标准。教科书在主导文化抑或突生文化的选择中，其实质是教科书基于相应标准的文化选择而进行着的文化创新。如在20世纪50年代全面"学苏"的背景下，教科书在文化选择的过程中，主要以"苏联"为参照，表现为语文教科书的外国文学作品中，首选苏联作品，音乐教科书大量选择苏联歌曲等。因此，在这里，"苏联"标准对文化创新的影响最直接体现在学校科目的变化、学科内容的选择以及教育研究话语体系的变化等方面。

二是在主动介入中，教科书利用技术手段处理原初文化信息。所谓技术手段是指教科书利用自身特有的话语与表述来细化、虚化、强化原初的文化信息，从而使教科书不仅传递特定的文化，而且改写着特定文化，这里的"改写"实则意味着一种创新。应该说，教科书通过技术的主动介入来进行文化创新，它既有形式的创新，又包含着实质的创新。文化的形式与实质通过教科书技术的主动介入，二者都发生着较大改变。可以说，教科书在确立自己的文化标准、实现文化目标的过程中，对文化进行着主体性的"裁剪"与"构造"，而"裁剪"更多表现为一种形式的创新，"构造"则表现为一种实质的创新。

三是在现实情境中，教科书为个体的思想、行为以及社会生活提供参考架构。所谓教科书的"参考架构"是指人们不知不觉地依据教科书逐步提供的文化标准"参考架构"来规范自己的思想和行为，来解释社会现象与事实。在这个意义上，教科书通过特定的文化标准为人们的活动形塑了特定的行为范式，这类似于一种"教科书思维"。从这个角度看，教科书通过文化标准的确立，不仅表现出一种文化形式创新，而且是一种影响思维方式的深层创新，通过思维的创新而创新着人类自身。由此，文化标准的确立对教科书文化创新的影响，从形式

---

① 吴小鸥. 教科书，本质特性何在？：基于中国百年教科书的几点思考[J]. 课程·教材·教法，2012，32（2）：66.

创新到形式与实质并存的创新到最后实现了文化实质的创新，即创造了教科书文化标准下的"新人"。在这里，教科书所给出的"范式"与个体成长的关系，恰如曼海姆（Karl Mannheim）在论述人类思想与社会实在的关系时所言，社会实在"不只是与思想的产生有关系，而且渗入思想的形式与内容之中，此外，它们还不容置疑地决定着我们的经验与观察的范围与强度，亦即决定我们先前所说的主体的'视角'"①。

从我国教科书的编写来看，教科书的编写受某一特定学科课程标准的直接影响，这意味着课程标准中的原则、标准直接构成了教科书进行文化选择与创新的标准。如语文课程标准中对教科书编写的要求是思想性原则、科学性原则、趣味性原则与灵活性原则②。而物理课程标准对教科书的编写要求：一是全面落实课程目标；二是倡导科学探究；三是为学生的自主学习创造条件③。数学课程标准对教科书的编写要求：一是教材编写要体现科学性；二是教材编写要体现整体性；三是教材编写要体现过程性；四是呈现内容的素材应贴近学生现实；五是教材内容设计要具有一定的弹性；六是教材编写要有可读性等④。当然，为了考察教科书如何通过确立标准引领文化的创新，需要将教科书的文化标准放入历时与共时两个维度来考察，通过纵向的历史梳理与横向的比较研究进一步澄清教科书文化标准的确立与文化创新的关系。

有研究者对我国当代语文教科书的选文标准进行了历史研究，发现各个时期语文教科书在选文上的标准不尽相同。如新中国成立初期的"典范性"标准，倾向于"名家名篇"的选择；改革开放后的"应用性"标准，突出能力训练的实用性；而新时期的"个性化"标准，强调自我个性的张扬，反映在选文上就

---

① 曼海姆. 意识形态与乌托邦[M]. 李步楼，等译. 北京：商务印书馆，2014：313.

② 中华人民共和国教育部. 义务教育语文课程标准：2011 年版[S]. 北京：北京师范大学出版社，2012：39 – 41.

③ 中华人民共和国教育部. 义务教育物理课程标准：2011 年版[S]. 北京：北京师范大学出版社，2012：41 – 42.

④ 中华人民共和国教育部. 义务教育数学课程标准：2011 年版[S]. 北京：北京师范大学出版社，2012：59 – 67.

是注重依据个性发展的需要来编选课文①。可以发现，在不同语境下语文教科书呈现出不同的文化标准，而这一标准也引领着教科书或倾向于"典范"，或青睐于"实用"，或观照着"个性"，从而使教科书呈现出不一样的文化样态。从共时性来看，不同国度或地区在不同标准下的教科书建设同样体现出不同的文化路向。有研究者指出语文教科书在选文标准中有三种不同的类型，它们分别是文化本位选文标准、社会本位选文标准、个人本位选文标准。其中文化本位选文标准指语文教育旨在传承经典文化，主要有法国的"经典化"标准、我国台湾地区的"传统化"标准；所谓社会本位选文标准主要秉持语文教育旨在促进社会发展，主要有美国的"生活化"标准、我国香港特区的"实用化"标准；个体本位选文标准强调语文教育对塑造人的作用，其代表有英国的"本土化"标准、日本的"人格化"标准②。不同的"文化本位"标准形塑着不同的国家或地区的文化形态，也影响着该国家或该地区人们的思维与活动模式。

　　整体来看，无论是溯源不同教育流派间文化标准的差异，还是考察具体学科的选文标准，都可以发现，教科书作为文化主体，其权力的行使主要表现为对文化标准的确立。而这种特定文化标准的确立，或创新着文化的形式，或创新着文化的实质，即文化标准总是以一定的方式引领着教科书进行文化创新。

二、通过创新内容实现文化创新

　　教科书通过文化标准的确立，内在确立了教科书进行文化创新的方向。在这个意义上，文化标准的确立是教科书进行文化创新的宏观路向，对教科书的创新发展具有统摄与指导价值。而教科书内容的创新应该构成教科书进行文化创新的具体路径与方式。所谓教科书的内容是指教科书作为育人文本所包含的符号系统以及符号系统在师生教学活动中所产生的意义，即静态的文本内容以及生成的文本理解。从教科书的组织、编写与设计来看，这里的教科书内容主要指静态的文本内容。不可否认，任何一个国家的教科书或者不同时期的教科书都必然包含着

---

　　① 王晓霞. 试论当代我国大陆初中语文教材选文标准的历史演变［J］. 学科教育，2003（12）：12 - 15.

　　② 王晓霞. 国外及港台地区初中语文教材选文标准观比较研究［J］. 学科教育，2004（3）：18 - 24.

诸多的符号内容，如数学教科书中包含了数字、图形、运算法则等，英语教科书中包含了音标、字母、课文等，语文教科书中包含了诗歌、文言文、现代文等，音乐教科书中的歌曲、美术教科书中的画作、历史教科书中的史实资料、物理教科书中的公式定理、化学教科书中的元素方程、地理教科书中的山川河流名称等，这些都构成了教科书所要承载的具体符号，或者可以说，这些符号系统就构成了教科书的实质性存在。教科书进行文化创新的过程，其实质就是教科书内容的创新过程。它通过内容的创新即符号系统的创新，实现着特定的文化目标，也同时培育着不同的文化个体，创新着不同的文化形态。如语文教科书是选择文言文还是白话文、是选择传统文化还是现代文化，数学教科书是选择几何还是代数，历史教科书是选择世界历史还是中国历史等，不仅意味着教科书内容的创新，而且实现着一种文化的创新。这种文化创新主要来源于两个方面：一是新的教科书内容本身就构成了一种新的文化，即教科书作为文化系统中的重要部分，它本身就彰显着一种文化；二是通过对教科书内容的生成性理解而培育出"新人"，从而通过人的创新而创新着文化。在这里，教科书内容是通过人这一中介而影响着文化的创新。但无论如何，可以达成共识的是，教科书内容的创新是实现文化创新的重要途径之一。

具体而言，教科书进行内容创新的形式可以分为两种：一是内容的系统更新；二是内容的突变更新。所谓教科书内容的系统更新，指教科书内容依从知识体系变化而作出更新。事实上，当前最新的人类认识成果总是会以一定的方式被组织进教科书中，即教科书知识的自我更新。如果取一个相对跨度较大的历史分期进行比较，这种知识的更新则表现得更为明显。特别是技术类知识在教科书中的呈现，即便教科书具有一定程度的滞后性，但从一个较长的历史时间来看，这种知识更新的内在逻辑也是不可否认的。如物理教科书中关于蒸汽机的知识被内燃机知识取代，化学教科书中的燃素说被氧化说替代，地理教科书中的地心说被日心说替代等，这些内容都构成了新的符号系统，其必定会以一定形式体现在教科书当中。而原有的内容则更多作为一种背景、历史资料而存在。应该说，这种内容的创新，不仅仅受社会、政治、经济等外在因素的影响，更为重要的是教科书作为育人文本，这种更新来自自身的文化自觉，即通过最先进的文化培育来实现人的生命成长。其实这也能解释为什么我们要实行终身学习。随着技术的更新、社会的发展，教科书总是在不断进步与更新。这意味着个体在特定时间所学的教科书知识并不能保证恒常有效，甚至有些在后来会被证明是错误的。唯一的办法就是通过终身学习，坚持以最新的知识内容为学习资源，从而更新自己的知识结构。

教科书内容的突变更新是指教科书内容受特定事件的影响而呈现出突发性的变化，从而使教科书创新着自己的文化。这种突发性主要指战争、自然灾害以及重大的政治变革等。在我国的发展进程中，这种突发性的文化影响曾多次出现，如 20 世纪 20 年代的新文化运动及新学制的出现、20 世纪 70 年代末期的改革开放及教育转型等。有研究者对我国 20 世纪 50 年代的教科书进行了相关研究，发现在"以苏为师"的大背景下，教科书受苏联的影响很大，这主要表现在以下几个方面：一是直接翻译苏联的教科书。如据 1954 年新华社北京讯报道："人民教育出版社翻译出版苏联小学各科课本和各科教学法。已出版的有苏联小学四年级地理课本、小学阅读教学法、小学算术教学法、小学历史教学法、小学地理教学法、小学语文课中的自然常识教学、小学自然教学经验等。将出版的有小学一年级阅读课本、四年级历史课本、四年级自然课本、小学图画教学、小学自然教学法等。"二是部分借用，并加以适当的改编。如 1953 年人民教育出版社出版的高级小学《自然》（上、下册），课本内容采取模块式设计，分成水、空气、电、矿物、土壤、生理卫生等模块。这些内容除生理卫生这一部分是我国自编外，其余部分都来自苏联小学四年级《无生物自然》一书。三是整体改造，理念引领。如我国参照苏联模式，于 1956 年开始了语文分科教学改革实验，自编了中小学语文教科书。中学语文就按照苏联的语言教科书编写模式，编写了共 6 册《初级中学课本汉语》。这套教材的内容主要按照苏联语言教科书的内容整体改造而成，也包括"语音、文字、词汇、修辞"等内容的分别编写①。当然，无论是直接的翻译还是改编或者是理念的引领，特定时期的形势都会对教科书内容产生影响，

---

① 刘丽群，刘景超. 20 世纪 50 年代苏联对我国中小学教科书内容的影响：基于教科书文本的分析[J]. 课程·教材·教法，2014，34（3）：116.

而这种影响并不是系统性的知识更新，而是更多地源于社会情境的变化。这种突生的影响同样会促进教科书内容的更新，进而带动教科书的文化创新。只是这种创新，其最初的动力可能源自外在因素。

随着课程改革的推进与深化，从"双基""三维目标"到"核心素养"的提出，不仅指导着师生如何去教与学，而且影响着用什么知识来促成教与学。事实上，课程改革的推进、课程标准的不断更新，尤其是 21 世纪的新课程改革对教科书内容提出了更多具体的要求。如《基础教育课程改革纲要》中就明确地提出要"改变课程内容'繁、难、偏、旧'和过于注重书本知识的现状，加强课程内容与学生生活以及现代社会科技发展的联系，关注学生的学习兴趣和经验，精选终身学习必备的基础知识和技能"①。这种改变也意味着教科书内容的创新，从当前学校教育实践来看，注重学生的生活经验、突出学科知识的情境性等成为教科书内容进行创新的一个重要原则。这也表明，每一次课程目标的变革，都内在地要求着教科书内容的更新。正如有研究者在讨论核心素养目标与教科书的关系时所言，"学生核心素养培养呼唤基于核心素养的教科书"②。在这个意义上，随着教育研究的推进以及人类对教育认识的深化，"培养什么人""用什么来培养人"等问题只会存在终极性的拷问，但并不会迎来终极性的答案。而对人才培养目标的不断思考，即意味着教科书内容会呈现出持续更新的状态。

随着知识社会学、后现代主义、文化人类学等理论与视角的引入，教科书内容的客观性、普遍性与中立性，正在为价值性、境域性与开放性所挑战，这意味着教科书内容的创新不仅仅是一个认识论的问题，而且是一个价值论的问题，即知识不可能具有绝对意义上的普遍性，而对其进行不断的创新才是知识的应有之义。正如劳斯所言，"我们从一种地方性知识走向另一种地方性知识，而不是从普遍理论走向其特定例证"③。换言之，知识只能是一定语境中的知识，而脱离

---

① 中华人民共和国教育部［EB/OL］.［2001－06－08］. http://moe. gov. cn/srcsite/A26/jcj－kcjcgh/200106/t20010608_167343. html.

② 石鸥，张文. 学生核心素养培养呼唤基于核心素养的教科书［J］. 课程·教材·教法，2016，36（9）：14.

③ 劳斯. 知识与权力：走向科学的政治哲学［M］. 盛晓明，等译. 北京：北京大学出版社，2004：77.

语境的知识既不存在也难以理解。因此，知识的学习与应用，实质都在改变着原有语境，而这种改变则意味着一种创新。在这个意义上，教科书时刻在进行着内容的创新。

总体而言，内容创新是教科书进行文化创新的主要途径。而这种内容创新一方面源自知识系统更新的需要，即教科书作为育人文本的内在使命；另一方面也源自外在突生性因素的影响，即教科书作为社会文化中的一部分，它不可避免地受外来因素的影响，这种影响促使教科书内容呈现出某一特征的变化。当然，除此之外，随着哲学认识论的发展，人们对知识的性质有了更多本体论的思考。如知识语境性的提出等，这种语境性的知识观将知识与语境紧密结合在一起。在这个意义上，知识语境的改变意味着知识本身的再语境，即知识在新的语境下的新的解释与应用。这些都说明，无论是从教科书内容本身来看，还是从内容所依托的知识符号来讲，创新、发展都构成了教科书内容的一个显著特征，而这一特征使教科书不断彰显出创新的特质。

三、通过优化形式彰显文化创新

如果说教科书内容的创新是教科书进行文化创新的质料因，那么优化教科书的形式则应归结于亚里士多德（Aristotle）所言的形式因。在亚里士多德看来，事物的形式构成事物存在的本质，如雕像之为雕像，不在青铜，而在雕像的本质，这种本质就是柏拉图（Plato）意义上的"理念"，就是一种形式①。当然，在这里并不是要对实质与形式的重要性作出一番比较，只是想说明形式创新存在不可估量的价值。正如有研究者所言，"书籍设计早已不是简单的美化工作，它不仅直接影响着读者的阅读体验，更是书本内容与文化内涵直观而浓缩的展现"②。对于教科书的形式优化与创新，大体存在两个维度：一方面是教科书装帧设计的形式创新；另一方面是教科书内容的排版、组织与设计的形式创新。而所有的这些创新，不仅仅是一种技术的改变，它同样也体现出时代的需求、编者

---

① 张志伟. 西方哲学十五讲［M］. 北京：北京大学出版社，2004：99.
② 闵洁. 当代书籍设计中活化传统文化元素的路径分析［J］. 编辑学刊，2020（3）：81.

的价值观以及对教科书乃至对教育教学的认识等，这实则是一种价值负载下的技术行为与思想表达。

首先，对于教科书的装帧设计而言，它包括：教科书依赖的物质载体的创新，无论是纸质教科书还是电子教科书；教科书装帧技术的创新，如是油印还是打印；教科书型号大小的变化，如是 16 开本还是 32 开本；教科书字号的大小等。教科书物质载体的创新是信息技术推进下教科书所面临的时代挑战及其应答，而教科书的数字化或者可以称为数字化的教科书则是信息技术催生下的未来走向。所谓数字化，是指"以计算机为工具，并以二进制代码 0 和 1 为载体的知识表达与传播方式"①。从最初的使用计算机处理数字与符号到多媒体再到现在的虚拟化阶段，数字化本身也在不断地创新，而基于此的数字化教科书也自然就处于不断的迭代与创新的过程之中。有研究者认为数字化的教科书，会表现出诸多区别于传统纸质教科书的特征：一是教科书的终端化，即任何手机、电脑等都可以成为教科书的终端。二是教科书的多媒体化，即教科书在功能上，不仅可以处理数字、字符和方案，同时也能处理声音、颜色、图形图像、动画视频等，且各要素之间还可以实现互动。三是教科书的网络化，即教科书的内容可以表现为开放性与关联性。四是教科书的智能化，即教科书能懂得用户的需求、了解用户的言辞、表情和肢体语言②。可以发现，数字化教科书所具备的这些特征与传统的纸质教科书已经大相径庭了。当然，至于这种教科书的出现是否会取代纸质教科书，又会不会使教科书过于技术化等问题，不是此处讨论的重点，但至少可以肯定教科书就其载体而言，变是其唯一的不变，而这种变化着的载体终究会形成一种新的教科书物质文化。

教科书尺寸大小、字号、字体等，也处在不断的创新之中。从教科书百年来的发展中可以发现，教科书并不一直是同样的大小、同样的厚度、同样的装帧，至少可以表明随着技术的进步，教科书的清晰度、纸张技术、色彩调节等已越来

---

① 张增田，陈国秀. 论数字教科书开发的未来走向[J]. 课程·教材·教法，2021，41（2）：38.

② 张增田，陈国秀. 论数字教科书开发的未来走向[J]. 课程·教材·教法，2021，41（2）：38.

越适宜教与学的需要。此外，教科书的字号、字体也不断发生着变化，这里的字号不仅包括教科书应以多少号字体打印成稿最为经济、最为有利于教学，而且包括教科书在设计中对某些字体的加粗、倾斜等，从而以着重号的形式突出编者的主观意图。当前，随着教科书研究日益专业化与细致化，也有不少的研究者针对教科书的字号大小进行了专门研究。他们将教科书的字体称为"教科书的专用字体"，认为"一款优秀的'教科书专用字体'不仅能够极大地提升少儿教育的整体水平与质量，成为教育发展的有力保障，也是民族书写传统在现代化进程中得以延续的重要载体"①。并进而认为，教科书的专用字体包含着三种不同的功能：一是教育功能；二是专用特点；三是中国身份②。如此看来，教科书的形式创新，大到书的尺寸，小到字体的大小格式都处于创新的过程之中。教科书形式的创新不仅仅表现为各部分的创新，其实还表现为一种整体的创新。如有研究者建议在书籍的装帧设计中充分考虑中国文化元素的整体性融入③。在这个意义上，教科书装帧形式的创新已然超越了技术的需要，变成了一种文化的创新以及一种教育理念的彰显。

其次，教科书内容的排版、组织与设计形式的创新。它包括教科书内容的结构创新、图文呈现形式的创新等维度。教科书的内容结构多体现为一种单元结构。教科书在选择内容时，并不会一视同仁地自然排列，而往往以单元组合的形式出现，单元构成了教科书的基本单位，是教科书的基本组成元素。当然，有些科目会直接体现为"单元"，如语文教科书往往直接以第一单元、第二单元等要素构成，而有些科目则以章节、模块等形式构成，但其实质同样是一种单元结构。如外研版的英语教科书内容以模块加以编排，诸如第一模块（Module 1）、第二模块（Module 2）等。"单元化的过程其实质是教科书研制的结构化过程，也是一个创新的过程。"④ 这意味着同样的原始素材如何编入教科书中以及和哪

---

① 李少波，周晓蓉. 教科书专用字体设计研究的几个向度[J]. 装饰，2013（5）：31.
② 李少波，周晓蓉. 教科书专用字体设计研究的几个向度[J]. 装饰，2013（5）：31.
③ 闵洁. 当代书籍设计中活化传统文化元素的路径分析[J]. 编辑学刊，2020（3）：82.
④ 石鸥，张美静. 被低估的创新：试论教科书研制的主体性特征[J]. 课程·教材·教法，2019，39（11）：62.

些素材编织在一起，都彰显着教科书的文化创新。如语文教科书中的诗词等是放入传统文化介绍的单元中，还是放入诗歌学习的单元中，其所产生的意义以及教学的重难点都会有所不同。有研究者认为 20 世纪 50 年代批判《背影》一文，也是因其单元的结构化问题，他们认为：

> 《背影》的前一课是《母亲的回忆》，后一课是《辽尼亚和他的祖母》。前一课朱德总司令母子间有伟大而健康的爱；后一课马列亚·铁木菲也芙娜祖孙之间也是伟大而健康的爱；只是这一课《背影》表现朱自清父子之间狭隘而不健康的爱。这好像把一个盆栽放在大森林去对比。那该显得多么贫弱而不健康啊！在这样一个鲜明的对照下，学生就能分辨哪一方面是伟大而健康的，值得学习的；哪一方面是狭隘而不健康的，需要抛弃的。①

如此看来，单元组合与创新一定不是机械的技术性重复，而是教科书的编者、管理者等按照一定的标准进行意向性活动的过程，其实质是一个主动的创造过程，而这种单元的创新构成了教科书进行文化创新的重要窗口与途径。此外，教科书图文的搭配也是教科书进行文化创新的一个重要方式。近年来，随着教科书研究的日益推进，关于教科书插图的研究也日益增多，如教科书的插图是否符合学生的认知习惯、是否顾及了性别平等、是否公平地反映出农村与城市生活等。如有研究者对新中国成立初期（1949—1976 年）教科书插图特色进行了研究，发现教科书的插图风格是多元的，其中包括有苏联绘画影响下的写实风格、民族化风格、政治化风格②。也有研究者在研究高中物理教科书的插图时指出，插图作为文字内容的形象化呈现方式，是物理教科书的重要组成部分，插图的有效运用对理解物理概念与规律、培养实验观察能力、渗透情感价值观念具有重要

---

① 张海帆. 问题在于教者的思想政治水平［J］. 人民教育，1951（10）：48.

② 乔思瑾. 新中国成立初期（1949—1976 年）教科书插图特色研究［J］. 教育理论与实践，2020，40（26）：45 - 48.

作用，从而提出一种基于层次分析法的插图修订策略①。这些研究一方面促进了教科书插图的进一步优化，另一方面也在客观上反映了教科书插图进行持续创新的过程。应该说，这些插图的创新其实也从一定层面上述说着教科书文化创新的历史。

　　总之，教科书的文化创新不仅表现在标准确立、内容更新的过程之中，而且体现为一种教科书形式的优化。这种形式既有装帧设计的创新，又有内容设计、组织与编排的创新。教科书进行文化创新的维度是多方面的，且各维度之间并不孤立地存在，内容的更新、形式的优化以及内容与形式之间的互动，它们作为一个整体共同彰显着教科书的文化创新。

---

　　① 邹丽晖. 高中物理教科书插图修订策略研究［J］. 课程·教材·教法，2019，39（9）：94－99.

第四章

文化冲突与教科书的变革

　　文化冲突通常发生在不同文化相遇、接触之后，由于文化观念、内容、形式等的异质性而会出现各种类型的冲突。文化与教育唇齿相依，一方面是各种不同文化渗透到教育过程中，另一方面是教育无时无刻不在反映着这些文化，并伴随着文化冲突而呈现出种种矛盾和对立。教科书作为文化传承与发展的重要载体，文化的变革与创新对教科书影响深远。当不同文化发生冲突之时，教科书也会随之发生变化，人们需要在既有文本的基础上消化和吸收异质文化，推动教科书变革以重新适应时代的发展需求。这种文化的变革可能是局部的修正，也可能是某方面根本性的颠覆，并因此成为教科书变革的动力，推动教科书在诸多方面的变化与发展，如教科书编写宗旨的变革、内容选择的多元化和现代化、编写体例的科学化、教科书装帧设计与排版的艺术化以及编写制度的逐步完善。

第一节　文化冲突理论概述

　　不同民族、阶层、地区有着不同的价值取向、思维方式、生活习俗、行为规范，具有不同的文化特点，这些异质文化在传播、接触的时候，会产生竞争和对抗，于是导致了文化冲突。探讨文化冲突的内涵与基本特征、阐明文化冲突的类型与具体表现，对于揭示文化冲突与教科书变革的关系具有重要意义。

一、文化冲突的内涵与基本特征

　　文化冲突在文化的发展与社会的变革过程中具有重要地位，分析和把握文化冲突的基本内涵与特征，首先需要对"文化冲突"之"冲突"概念予以考释。
"冲突"一词在《辞海》中明确地解释为以下三项：其一为急奔猛闯；其二为抵
触、争执、争斗；其三是作为一种文艺理论性术语，指在现实生活中因为人们的
立场观点、思想感情、要求意志和利益等不同而相互产生的矛盾与冲突在我国现
代文艺作品中的体现，既包含了人物和其周围环境之间的冲突，又包括特定环境
下人物自身的矛盾①。《现代汉语词典》中关于"冲突"的具体含义解释主要有
两种基本意思：其一为因矛盾表面化，发生激烈争斗；其二为彼此矛盾，不利于
协调②。基于这个词义来进行考释，"冲突"的基本含义是用来指发生在两个或
两个以上不同事物之间的相互矛盾对抗状态及其之间可能由此产生的各种矛盾性
冲突行为。在现代哲学的意义上，"冲突"也主要指的是矛盾斗争的状态，例如
冯契先生主编的《哲学大辞典》就把"冲突"解释为："其一是矛盾或矛盾斗争
的一种重要表现形式之一。其二是对原本和谐状态进行的一种破坏与否定。"③
《社会冲突的功能》一书将"社会冲突"的基本概念明确界定为："有关价值、
对稀有地位的要求、权力和资源的斗争，在这种斗争中，对立双方的目的是要破
坏以至伤害对方。"④《社会学大辞典》中也对"冲突"一词进行了解释："一种
相互对立的交互性行为模式。指两个或两个以上的个人或团体以压倒对方为目的
的行为活动。虽然冲突与竞争二者的含义接近，但二者的方式并非一样。'冲
突'的基本特征主要在于：双方必须直接接触，带有情绪上的敌对；双方之间的
力量作用往往是彼此反对的，彼此发生攻击；它们产生的基础就是个人与群体之
间的利益、观点或者态度等各个方面存在的根本性对立。"⑤由于社会主体身处的
环境、扮演的社会角色、具备的思想认识水平以及各自的生活目的与动机都存在
差异，并且生活在社会中的人们必然进行交往与接触，所以，社会冲突具有必然
性，社会冲突构成了人类社会发展的历史事实。

综合以上对"冲突"的词义考释，我们可从以下几个方面概括"冲突"的

① 辞海编辑委员会. 辞海[M]. 上海：上海辞书出版社，2000：990.
② 中国社会科学院语言研究所词典编辑室. 现代汉语词典[M]. 5版. 北京：商务印书馆，2005：173.
③ 冯契. 哲学大辞典[M]. 上海：上海辞书出版社，1992：679.
④ 科塞. 社会冲突的功能[M]. 孙立平，等译. 北京：华夏出版社，1989：前言.
⑤ 程继隆. 社会学大辞典[M]. 北京：中国人事出版社，1995：571.

意涵：冲突是矛盾着的不同事物相互对立、相互斗争的体现；冲突通常产生于两方或两方以上的关系之间，并且是因相互接触而产生的矛盾激化；冲突的产生关联着众多因素，如与行为、价值观、权力、规则以及利益等差异有着密切的关系；事物之间普遍存在的矛盾使冲突也存在普遍性；冲突是差异的产物，也产生于相似性之间。

文化冲突是社会性冲突的根本表现形式之一。世界上人类文明冲突与共存是相互辩证的，也就是说冲突是共存的必要条件，同样，如若不以共存为前提，冲突也会因缺乏弹性而失去存在的价值。从文化本身以及各个文化之间的固有矛盾这一角度来看，文化冲突是各个不同文化在其属性、特征、功能和力量释放过程中因差异而引起的一种互相冲突和对立的状态①。从文化作为社会发展与历史演进过程中的一个重要制约性因素这一角度来看，文化冲突主要是指不同时代或不同民族的文化模式或文化精神之间的碰撞与冲击。从我国文化作为一个民族与各个社会阶层的核心价值观念、行为准则与利益关系的一个整体角度来看，文化冲突主要包括不同的文化类型在相互依存、彼此碰撞的过程中，或者某一种类型的文化由一个社会阶段演变到另一个社会阶段时，因价值观念、思维方式、行为准则以及利益关系等之间存在差异而直接产生的相互对立与彼此排斥，甚至出现对抗的现象和过程②。出现这种现象的实质就是文化与社会主体之间的价值观相互冲突，通常因社会地位和经济利益存在必然的差异，人们会持有不同的价值判断与立场去对待同一问题等，所以群体间往往在采取各种措施去改变某一社会现象的同时出现冲突。从文化的形成过程来看，文化冲突主要表现为不同的文化主体之间存在着政治、法治思想、道德宗教、哲学、价值观，以及社会心理、传统习俗等诸多方面的相互对立和否定的关系，即社会主体存在精神、气质和观念上的冲突③。

文化冲突主要是作为一种客观必然的社会现象，具有其自身的特征与属性，

---

① 陈平. 多元文化的冲突与融合[J]. 东北师大学报（哲学社会科学版），2004（1）：35－40.

② 肖正德. 农村中小学教学改革中的文化冲突问题研究[D]. 兰州：西北师范大学，2008：41.

③ 周悦娜. 文化的冲突与弥合：跨文化交际中的文化冲突研究[D]. 杭州：浙江大学，2007：13.

具体表现如下:

1. 文化冲突的客观性。各种文化必然都具有自己的重要特征与内核,它们在彼此接触和相互碰撞中必然地就会出现矛盾与对立;各国文化发展的不平衡性与日益多元化的全球文化语境中所产生的各种文化差异的客观性,决定了各种文化在相遇与碰撞过程中可能发生冲突的客观必然性;在社会发展进程中,难免会遇到一些老旧文化难以解决的问题,要实现社会的进一步发展,就需要通过去探索一种新的文化形式来解决这个社会的具体现实问题,而老旧文化由于它们自身发展的固有品性,不会自然而然地隐没,那么新旧文化之间必然会产生矛盾和冲突。

2. 文化冲突的对抗性。冲突主要是不同矛盾力量之间的一种比较、竞争、碰撞与对抗,它直接决定了文化冲突就是差异性文化内在矛盾的一种碰撞与对抗;再者,两种文化之间的冲突,实质上就是不同的文化观念之间的交流与相遇,导致相互之间排斥。之所以这两种文化会出现相互抵触的情况,主要原因之一就是一种文化尝试在另一种文化的环境中传播自己所坚持的价值观和追求,而这些内容并没有被原有的文化环境接纳,两者之间就出现了抵触和对抗,从而直接导致了彼此的价值冲突。

3. 文化冲突的过渡性。文化冲突往往发生在两种或两种以上主导类型文化的交替时期,可能产生于差异性文化之间的对抗,抑或产生于相似性文化之间的竞争,呈现出新旧文化的过渡与交替,因此具有过渡性特征。同时,两种文化的冲突通常是由内隐的矛盾过渡到外显的激烈对抗,并经历一个循序渐进的过程。

二、文化冲突产生的根源

产生文化冲突的原因多种多样,究其根本,即是由于不同文化之间彼此依存,但又有着不同的历史背景,带来人们在思想观念、语言表达、行为方式等诸多方面的不同,所以引起了文化上的巨大冲突。分析文化冲突产生的根源,能够探明与文化冲突形成有关的诸多基本要素。我们可以把文化冲突产生的原因概括如下。

(一)文化差异的客观性导致冲突的现实存在

从文化的渊源及演变过程来看,现存的全部文化均具有某些同一属性与其演变历程的相似性。每种文化的形成均建立在必要的物质资料、谋求物质要素的生产方式以及特有的社会形态基础上。物质的、社会的载体使得文化可以随着社会和历史的发展具有某种同一性，而整个人类社会中，人们之间的关系本质又使文化具有很多相近的精神内涵。每一种文化均具有各自独特的属性和精神内核，这就是不同时代文明的根本区别，形成了文化的丰富多样。这种文化的多样性记录着各民族历史进步的轨迹和特殊属性，并且，这种多样性不仅体现在不同文化之间，还体现在同一种文化的内部①。从文化发生学的视角来看，文化的发展具有相对独立性与封闭性，这使其具有异于其他文化的内在本质和外在象征。随着文化之间出现频繁的交互活动，冲突也就必然会在差异性的文化之间产生②。从文化的组织构成要素来看，各种文化的构成要素并不总是相互配合和协调的，它们之间的区别和差异将会带来一些文化的冲突。一是价值取向的差异。文化的判断标准是不同的，这种文化认为是好的，另一种文化可能认为不好，因此，基于不同价值取向的文化要素导致了文化冲突的产生。二是观念与思维模式之间存在的区别。文化的发展会直接影响人们看待外界事物的视角，并决定对待这一事物的基本认识和态度，每个国家都有特殊的文化背景，因此身处其中的人在思维模式方面也必然存在差异。三是行为准则和规范之间的差异。不同文化背景的人们进行交际时，经常习惯性地用自身所在社会环境的行为规范作为判断和界定对方行为合理性的标尺，但由于双方的行为准则和规范存在很大差异，往往彼此之间会产生误解、不快甚至更为恶劣的结果，从而导致文化冲突③。

（二）文化的内在矛盾性是文化冲突的直接原因

文化冲突的发生离不开外部环境的变化，离不开人自身的超越，但这些并非产生文化冲突的内在根据，只有文化的内在矛盾性才能使文化冲突的发生变成现实。换言之，文化冲突从根本上源于文化的自在性与超越性的矛盾④。文化一旦

---

① 陈平. 多元文化的冲突与融合[J]. 东北师大学报（哲学社会科学版），2004（1）：35 - 40.
② 周忠华，向大军. 文化差异·文化冲突·文化调适[J]. 吉首大学学报（社会科学版），2011（3）：152 - 154.
③ 肖正德. 农村中小学教学改革中的文化冲突问题研究[D]. 兰州：西北师范大学，2008：42.
④ 李庆霞. 社会转型中的文化冲突[M]. 哈尔滨：黑龙江人民出版社，2004：85.

产生，就必然地具有稳定性与超越性、新与旧更替的特性。文化的自在性是文化存在的必要前提，而文化的超越性是文化发展的重要保障。文化的内在矛盾性特征决定了各种文化冲突难以避免，而各种文化冲突的形成和解决过程正是新文化形成的必经阶段，只有通过激烈和艰难的文化冲突，新文化才得以确立。文化的存在与发展相辅相成，没有存在谈何发展，不发展也难以保持存在，文化的超越性往往迫使文化脱离其自在性的束缚而向前推进。然而，文化的自在性却严重牵制着文化自身，当文化的自在性与超越性的内在矛盾激烈到一定程度时，文化冲突便会成为这一矛盾逐渐展开的必然结果，并促使新文化产生，而新文化再次成为矛盾的统一体，文化的内在矛盾性注定了文化必须经历冲突才能得以超越。

（三）民族利益与自我文化认同是文化冲突的根据

从文化的主体属性这一角度来看，民族利益的巨大差异与自我文化高度认同构成了文化冲突的根本性前提，它往往直接导致文化结构的差异和相互之间的对立。整个世界由不同的民族主体构成，对于问题的辨析以及分析问题和解决问题的主要立场，通常取决于主体的利益追求，除此之外，还与主体的视角有关系，这种视角是由人和自然、人与社会的复杂关系形成的，我们理解这种认识立场的差异反映在文化内容上即为文化价值观念的差异。人类在对世界进行改造与创作的过程中，往往依照的是主体的需求、观念、理想和感受，这种需求的反映、观念的追求、理想的映照即是一种"价值尺度"，价值尺度是文化的核心尺度，而价值尺度的核心是信仰。信仰是一种最高的价值理想，决定着人对世界的感受和评价。信仰本质上是一个民族精神上自我确认和肯定的方式，它通过对某一价值本体观念的非理性崇拜和把握，使人们确信自己具有改造世界，战胜不可知命运的力量，因此是一个民族获得自信和自尊的精神源泉，带有民族的独特性，在某种程度上是不可通约的[①]。显然，不同的人类群体具有一些超越历史性和民族性的共同性的价值目标与观念，并且这些目标与观念具有共同性，在没有与各自的民族利益和具体的生活方式联结起来时，这些共同的价值目标与观念具有一定的和谐性；反之，就会出现对立性的一面。当出现对立与抵抗的一面时，利益共同群体便成为本民族利益的保护者，以抵御外来文化的进入，此时必然会发生矛盾

① 王金来. 全球化视野下的民族文化[D]. 北京：中国人民大学，2001：82.

冲突与利益摩擦。

（四）全球化为文化冲突扩展了现实的空间界域

全球化本身就是人类文明在时空中的碰撞与延展，而且现代化被我们理解为是人类文化的时间凝聚。全球化被形容为各个地域、各个民族、各种文明都共同参与的现代化的历史进程。在普世主义的文化理想中，全球化与现代化一样是不可抗拒的文化命运①。在全球化进程中，它们一方面促使文化之间的交流和互动更加频繁，另一方面也引起了文化和文明的激烈冲突。西方的文化凭借其在经济上的优势，在思想、资本等方面给发展中国家的文化造成了全方位冲击。同时，由市场经济所引起的这种全球性竞争又强化了各个民族利益之间的冲突，围绕着各民族利益的冲突，文化之间的冲突也愈发凸显，可以这么说，文化的冲突就是社会经济利益矛盾在价值观念上的表达。另外，全球化所产生和形成的世界性文化空间，使各种文化都被挤压到一个平面之中，加剧了不同民族文化之间的冲突和竞争，使得文化冲突的影响因素在各种文化之中获得了公共领域，促使各种文化自身出现生存危机和彼此激烈的斗争，为文化冲突从潜在转向现实提供了条件。值得注意的是，全球化中霸权主义的文化扩张将是造成文化冲突的政治根源。在全球化的大背景之下，互动交流的不平等及文化霸权主义迫使一些国家不得不作一场反应式的抵抗。利益冲突上的强弱两方，反映出强势方的文化霸权与弱势方的文化抗争的冲突。

三、文化冲突的基本类型与具体表现

文化冲突在文化发展与社会进步等方面具有重要作用，分析文化冲突的类型与具体表现，有助于对其作用和意义有更深刻的认识。

（一）文化冲突的基本类型

一般来说，依照不同的标准来划分事物的基本类型，因标准不同，对其划分的结果也有区别。首先，依据文化冲突发生的时间、空间等因素来考虑，可以将

---

① 李文堂. 全球化语境中的文化身份与文化冲突[J]. 江苏行政学院学报，2002（3）：30－38.

文化冲突大致划分为纵向的文化冲突和横向的文化冲突①。纵向文化冲突体现出文化发展过程中的时代性特征，它呈现出不同时代文化形式的相遇与对抗。随着社会的不断发展与进步，性质不同、实力相当的文化形式相遇，彼此构成威胁。为了维护各自的地位，双方进行激烈的斗争，于是文化冲突就不可避免地产生了。纵向文化冲突可以理解为是新旧文化形式之间的过渡与交替，是旧文化的解体与新文化的产生，两者争夺统治地位的阶段。横向文化冲突则体现了文化发展的民族性特征，表现为不同地区、不同民族、不同阶级、不同群体之间的文化形式相遇与对抗。

其次，根据文化冲突产生的原因将其划分为内源性文化冲突与外源性文化冲突。内源性文化冲突指的是在没有外来异质文化介入的情况下，由于文化的自在性与超越性矛盾的推动以及文化内在的自我完善的合理性要求而引发的文化冲突。它"往往表现为生活在这一主导性文化模式之下的特定民族或特定社会从自己内部产生质疑、怀疑、批判原有文化模式的新文化要素，表现为新的自觉的或自为的文化层面与原有的自在的和自发的文化模式的冲突"②。而外源性文化冲突指的是某种具有超稳定性的文化，在没有外来文化介入时，即便失去合理性，也往往不实行自我批判与动摇，更不会主动进行文化创新。"此时，如果某种外来文化模式或文化精神强行介入该文化，致使该文化的统治地位发生动摇，也引起了以该文化模式为主要生存方式的人们的深刻怀疑和犀利批判，那么这种比较保守的文化与强行介入的文化就会发生冲突。"③

此外，还可以从社会文化的主要内容和形式上来看待与分析文化冲突的类型，具体包括三类：一是新旧价值之间的冲突、观念理想与社会现实之间的冲突；二是社会文化中主流文化与亚文化之间的冲突，主要体现为各个阶级（阶层）之间的文化冲突；三是外来文化与本土文化之间存在的冲突，主要表现为外来文化与本民族文化的冲突④。

---

① 李庆霞. 社会转型中的文化冲突[M]. 哈尔滨：黑龙江人民出版社，2004：50.
② 衣俊卿. 文化哲学十五讲[M]. 北京：北京大学出版社，2004：97.
③ 李庆霞. 社会转型中的文化冲突[M]. 哈尔滨：黑龙江人民出版社，2004：52.
④ 郑金洲. 教育文化学[M]. 北京：人民教育出版社，2000：142.

（二）文化冲突的具体表现

农业文明对于中国社会的影响和意义十分深远，其文化形式的主导地位相当稳固，文化体系也相对健全，处在这一时期的人们信仰和坚守的基本文化准则构成了中华民族传统文化的重要组成部分，也维系了中国封建社会的长久存在。一直到鸦片战争，中国农业文明的稳固地位才开始真正受到影响，文化的组织和构成因素才真正发生变动，此时的社会文化的结构和形式也从一元转变为多元。在中国社会近现代发展进程中，文化冲突主要体现在以下几个方面。

1. 传统文化与现代文化的冲突。传统文化是人类历史发展的结晶，体现了一个民族在长期与自然进行自由且自觉的交往活动中累积与继承所产生下来的物质的、制度的及精神的财富。自晚清之后，中国逐步走上了现代化的道路。与此同时，中国文化也正经历着一个由传统文化向现代文化转型的过程。在这样的发展过程中，必然会产生新旧文化的空间转移与社会变迁。通过对我国现代化发展历程和演进过程的深入考察与研究，就可以明确将它看作是一个现代文化与传统文化产生冲突的演进过程。从中国近代洋务运动的"中体西用""师夷长技以制夷"，发展到戊戌变法的"不中不西即中即西"，再到五四新文化运动时期的"全盘西化"，实质上是传统文化与现代文化在物质、制度以及精神各个层面的密切关联与相互较量。其中，洋务运动中传统文化与现代文化的冲突已现端倪，戊戌变法和辛亥革命两个时期则是中国传统文化与现代文化的第二次重大冲突，在这次冲突中，维新派充分总结了洋务运动的经验教训，认为物质文化要变革成功必须有制度文化的因素相伴随，落后的社会制度难以产生新的、先进的物质文化，于是便在很大程度上开始了一场有关制度方面的重大改革，展开了对于中国社会习俗、传统观念的高度关注与批判。新文化运动被认为是我国传统文化与现代文化之间的第三次冲突，此次文化冲突的目标和主旨是在社会精神文化层面上去揭示传统文化模式存在的弊端。当时的社会进步者和学界人士普遍认为中国的传统文化与现代文化冲突的根本原因并非是器物，也不仅仅关系到制度层面，而是关系到精神文化层面。他们认为当时中国的现代化所需要的不只是对技术层面的引进，也不只是政治体制的移植，而是更为广泛地涉及中华民族的文化精神。自 20 世纪 70 年代末改革开放后，中国正式步入了一个新的社会主义现代化建设阶段，传统文化和现代文化的矛盾再次凸显，并在物质、制度以及精神等各个方面都有所体现。

2. 本土文化与外来文化的冲突。民族是"人们在历史上形成的一个有共同语言、共同领域、共同经济生活以及表现于共同文化上的共同心理素质的稳定的共同体"①。因此，当渊源不同、性质不一致以及目标取向、价值取向有差异的外来文化迁移到本民族文化中时，就可能会由相互间的比较、竞争演变为对抗、冲突。从某种意义上讲，中国近代以来的历史，是中西方国家之间的文化不断摩擦和冲突的历史。在西方殖民主义列强的武力压迫下，清政府封闭的国门被彻底打开。有关"中国得以立国的根本原因"的深入探究，主要聚焦于中学和西学的体用之争。研究主体主要为英美留学生，他们高举民主与科学的两面大旗，敢于否定当时传统的社会宗法制度结构，反对文化复古主义和孔孟之道，提倡"全盘西化"。然而，中学派并非支持西学派"全盘西化"的思想，而是坚持弘扬民族"本位"的文化观，认为民族文化的更新与建设应当是对传统文化的一次延续而不是一次割裂，它是在肯定中华优秀传统文化的基础上的又一次更新。中学派认为中华优秀传统文化是包容多样文化的唯一载体，其中包括西方文化。自我国改革开放以来，伴随着与西方各国经济贸易的频繁往来，产生了许多新的政治、经济和文化冲突。外来文化的传播和输入必将会给我们民族既有的各种文化生态带来不同的文化理念和价值观，对我们中华民族文化的独立性发展提出了挑战，尤其在当下，全球化凭借现代信息技术的快速发展正日益扩张的趋势下。我们可以这么理解，世界上所有民族和国家都难以在经济全球化之外去获得真正意义上的进步与发展。在全球各地文化的交流融汇和激烈竞争中，我国也势必面临外来价值观念的严峻挑战。

3. 核心文化与边缘文化的冲突。随着西方殖民主义四处蔓延，各个民族之间的文化交流碰撞就始终伴随着武力征服和经济入侵。在特定的国家、民族、社会内部，文化的冲突也很明显。特别是能够掌控物质资源的一方，通常都是中心文化的代表和利益获得者。他们能够对急需文化资源的群体实行文化霸权。但是还有相当一部分人依旧生活在贫困之中，沦为社会的边缘人。因此，核心文化与

---

① 费孝通. 简述我的民族研究经历和思考[J]. 北京大学学报（哲学社会科学版），1997（2）：6.

边缘文化冲突的本质其实是强势群体与弱势群体之间在利益上的矛盾冲突，它是强势群体的文化霸权与弱势群体的文化抗争的矛盾冲突。这里所讲的核心文化，意味着先进、富裕、强势，并往往与文化扩张密切相关；而边缘文化则往往被认为是落后、贫穷、弱势的象征，并且通常处于文化上被控制的地位①。

4. 主流文化与亚文化的冲突。所谓主流文化，主要指在一定时期一定社会中占主导地位或起支配作用的文化，它往往就是官方的统治思想或意识形态，此外还包括被官方思想完全认同的并为官方思想提供依据和论证的精英文化②；而亚文化的范围比较广泛，包括不同职业、不同阶层、不同年龄结构的群体的各种特殊文化，也包括在社会中不占主流地位、非官方的知识分子的精英文化③。社会文化中主流文化与亚文化之间的冲突，主要表现为阶级（阶层）之间的文化冲突④。主要原因在于，处在阶级社会中的不同阶级和阶层的人们在社会中具有各自不同的身份、地位以及利益，他们需要各自寻找到社会认同和社会归属，自然就会形成不同特质的文化形态。在人类文化史上所出现的各类矛盾和斗争，不管是在政治、宗教、哲学等领域内，还是在其他意识形态领域内，都主要表现为统治阶级与被统治阶级的冲突和矛盾。

第二节　文化冲突与教科书变革动力

教科书是一种文化的再生产，它利用自己独特的地位选择、裁剪、重置浩大的文化之海中的少部分文化，使之逐步经典化、主流化⑤。教科书所推崇、所宣扬的文化，基本上可以代表一个时代的主流文化，也基本树立了一个时期内的文

---

① 周大鸣，秦红增. 人类学视野中的文化冲突及其消解方式[J]. 民族研究，2002（4）：30－36＋107.
② 林存华. 社会转型时期的师生文化冲突现象[J]. 江西教育科研，2007（6）：16－18.
③ 衣俊卿. 文化哲学十五讲[M]. 北京：北京大学出版社，2004：49－50.
④ 程良宏. 教学的文化实践属性研究[J]. 全球教育展望，2017，46（12）：48－59.
⑤ 石鸥. 弦诵之声：百年中国教科书的文化使命[M]. 长沙：湖南教育出版社，2019：4.

化标准。教科书在确定文化标准时，一般采用两种形式：一是在内容确定上，选择一些文化，能够突出长时间段民族精神层面的，以及国家认可的主流文化价值；二是对于与主流文化价值相冲突的内容，采取简化、修正或者空无方式进行处理，放弃与主流文化价值相悖的东西①。教科书传承优秀文化，绝大多数情况下是以本民族文化为基础，辅之以一定的外来文化。并且，"教科书常常很明确地尝试去创建一个新文化世界"②。可见，教科书在弘扬和继承优秀民族文化的同时，也要求我们在传播与发展中合理引进和创造，在多元文化和文化冲突的复杂环境中，不断增强对新文化的理解与呈现，形成更开阔、更包容、更丰厚的文化理想与期盼。

自近代以来，西方思想文化与中国传统思想文化之间发生了激烈的碰撞与交流，使中国的思想、文化遭受前所未有的冲击。文化的构成是一个综合体，当中西文化相遇的时候，其冲突必然会从物质、制度和精神这三个方面表现出来。但是由于这两种异质文化相互的熟悉程度、交流的程度以及交流的环境等因素的作用，文化冲突在不同时期、不同层面上得以凸显，体现出错综复杂的形态。某些层面表现得特别激烈、突出，而在某些层面则弱化甚至消失。文化间的冲突若处于一个社会发展和变革的时代里，往往不会局限于单一的文化属性层面，而是会直接涉及深刻的政治背景。近代的中西文化矛盾，首先是不同民族文化之间相互影响和摩擦的一种集中表现，它体现了在多文化互动相遇的过程中文化本身的扩展与防范机制、文化内涵的非对等属性，其次则是文化交往的不平等。于是，中西文化之争逐渐地成为中国人在各个方面寻找民族复苏和振兴以及文化拯救的有效途径，而身处其中艰难探寻与思索的爱国志士，都以解决中华民族文化中突然出现的失衡作为自己义不容辞的责任。近代中国深受文化的冲击、突变或矛盾等因素的影响，中国教育的发展轨迹无疑伴随着中国近代社会的变革及其特定的时代主题，教科书的文化使命随着文化的冲突、社会的新陈代谢、民族危机的产生发生着一系列的变革和演进。

---

① 石鸥. 弦诵之声：百年中国教科书的文化使命[M]. 长沙：湖南教育出版社，2019：5.
② 阿普尔，克里斯蒂安－史密斯. 教科书政治学[M]. 侯定凯，译. 上海：华东师范大学出版社，2005：13.

一、本土文化与外来文化的相遇开启教科书新视野

西方的一些思想、文化虽然早在元明时期已传入中国，但其规模较小，影响甚微。鸦片战争爆发以后，西方各国以坚船利炮打开了中国封闭的大门。随着外来势力的侵入，民族危机加深，使得地主阶级中的一些进步思想家受到震动。基于抵制和反对侵略，有人主张向西方学习并试图改革来抵御外界的威胁和侵略，由此逐渐形成向西方学习的大趋势。在这样的社会背景下，越来越多的西方思想文化进入中国，并与中国传统思想文化产生激烈的碰撞，其中有部分西方文化在相互交流和碰撞的过程中被吸纳、融合，同时也引发了中国资产阶级新文化与封建阶级旧文化之间的矛盾和斗争。西学在中国的传播可溯源至唐代和元代，但真正对文化教育领域引起重大影响则是从明清之际西方传教士所主导的"西学东渐"开始的。明清时期"西学东渐"的不断演变和推进其实也并非一帆风顺，开明士大夫热情吸纳、会通的态度与正统士大夫始终站在"华夏中心"论的立场形成对立关系①。从中我们确实可以清楚地看出中西各国文化冲突的强烈性和严重性，以及某些传统思想对于中国教育和社会经济文化进步的强大阻碍和不利影响。与世界近代文明的历史发展演进的方向相反，中国从康熙末年就已经开始奉行闭关锁国的外交政策，其政治、经济和文化教育制度都在百余年昏睡中渐渐落后。鸦片战争前后，首先意识到中国有衰世危机的是龚自珍、魏源等一批思想家，他们能够以哲人的锐利之见对中国社会发展形势进行犀利的揭露和批判，并且提出"师夷长技以制夷"这一颇具时代气息的学习主张。他们在崇尚主体精神的同时也肯定功利意识的存在，追求一种个性化和理想化的品格，建构"经世致用"的核心价值观念。虽然他们对于学习西方的文化思想和教育主张还仅仅是停留在器物层面，但这毕竟已经是中国人迈向现代文明的第一步，是从传统教育迈向现代化教育的一个重要历史过渡。

明末传教士挟西学东来，对当时开明士大夫的思想观念产生了巨大而深刻的影响，并促使了中西文化之间的进一步交往，以及人们对中华民族传统教育走向

---

① 刘春华，张涛. 近代中西文化冲突与融合[J]. 山东师范大学学报（人文社会科学版），2008（2）：68-72.

的深刻反思。但从西学东渐的整体过程来看，明清之际的西学东渐处于被动的地位，其所达到的渗透效果十分有限，因此无法从根本上突破"夷夏大防"的传统观念。其后因禁教和闭关政策的推行，西学停止东渐。直至19世纪上半叶，长期闭关锁国的封建帝国已是满身疮痍，在文化与教育各方面都陈旧落败，经学与科举俨然成了教育事业发展和进步的障碍，由此导致了其后的种种变革。

龚自珍、魏源等人首先对文化、教育等问题进行深刻反思和自我批判，提出以"经世致用"作为新的教育理念。其中，魏源还提出"师夷长技以制夷"的主张，从器物的层面彻底冲破了夷夏防线，动摇了中华民族传统文化中教育学术思想的某些固有观念，主动、自觉地向西方引进器物文化，这预示着近代具有历史性和现实意义的中西文化交往拉开了新的序幕。王国维在《论近年之学术界》一文中明确指出，西洋思想的广泛传播和文化输入对于我国的学术发展和启迪都具有重要作用，可以同六朝隋唐"佛教之东适"的巨大学术影响力相比，"自是深知通变之言"。王国维在关于中西文化之间的关系这一问题上特别强调"相化"，旨在彻底超越中西文化界限，认为只要彼此能够解决宇宙人生问题，不管是从中学出发，还是始于西学，都是值得被充分肯定的。他还多次强调中西学"当破中外之见"①，中西学之间皆可彼此借鉴、互相促进。事实上，从龚自珍、魏源到康有为，这场掀起文学革命的大运动，的确是在外来思潮的不断影响和熏陶下才逐渐形成一定规模的。梁启超说："'鸦片战役'以后，志士扼腕切齿，引为大辱奇戚，思所以自湔拔，经世致用观念之复活，炎炎不可抑。又海禁既开，所谓'西学'者逐渐输入，始则工艺，次则政制。学者若生息于漆室之中，不知室外更何所有，忽穴一牖外窥，则粲然者皆昔所未睹也，还顾室中，则皆沈黑积秽。于是对外求索之欲日炽，对内厌弃之情日烈。欲破壁以自拔于此黑暗，不得不先对于旧政治而试奋斗，于是以其极幼稚之'西学'智识，与清初启蒙期所谓'经世之学'者相结合，别树一派，向于正统派公然举叛旗矣。"② 由此可见，鸦片战争以后，西学东渐对于中国传统知识分子思想的冲击之剧烈。

1839年林则徐设立了翻译馆，聘请了许多专门人士对西书西刊进行编译，

① 王国维. 静庵文集[M]. 沈阳：辽宁教育出版社，1997：97.
② 梁启超. 梁启超全集：第5册·清代学术概论[M]. 北京：北京出版社，1999：3094.

组织翻译西方各类报纸中与中国社会政治经济文化等方面有关的时事报道和理论评述，并将其全部摘译整理出来，装订成册，以此搜集资料为制定中国对外斗争策略时提供重要的资料参考。除此之外，还亲自主持编译《四洲志》，介绍世界五大洲三十余国的文化、历史、地理和政情。第二次鸦片战争以后，清政府被迫于1861年设立了总理衙门，并以此方式标志着清政府从闭关锁国逐步走向开放。由于总理衙门负责国家的外交活动，需要一批既懂得西方各国语言文字又具备翻译写作方面专长的人才，为此，清政府在其后一年批准成立了京师同文馆，集中培养翻译人才。最初只是设立英文馆、法文馆和俄文馆，后来增添了德文馆、东文馆，1867年设立了算学馆，于1900年合并为京师大学堂。此时的同文馆本身既是清政府的一个全新机构，也是一所学习西方语言和科学技术的综合类专门学校，为中国近代培养了不少精通洋务的政治与技术类人才，它的诞生与发展，强烈地冲击了中国近代传统的教育模式，成为中国近代教育的革命性突破与重要开端。这类专门学校具有不同于我国传统教育模式的基本特征：首先是课程的设置，不以读经为主要内容，这远不同于我国传统教育模式；其次是办学宗旨、方向与传统有差异；再次就是办学形式与传统有很大差别，采用的是班级授课制，修业年限分别为八年和五年，另有授课方式的丰富多元性；最后就是考试制采用月考、季考、年考三种形式，区别于专以八股文章取士的考试制度。这从各个方面看来都对传统教育理念、教育体制产生了一定的冲击和推动作用，对于中国的教育发展和现代化进程都具有重大的意义。

至19世纪末，中国大批青年学子选择出国留学，远赴欧美各国，或东渡日本，至此，译述也随之兴盛起来，"日本每一新书出，译者动数家。新思想之输入，如火如荼矣"①。翻译家严复先后翻译了赫胥黎的《天演论》、亚当·斯密的《原富》、斯宾塞的《群学肄言》、约翰·穆勒的《群己权界论》、孟德斯鸠的《法意》、甄克思的《社会通诠》等名著。其中最负盛名的是他译述的英国生物学家赫胥黎的《天演论》，他以进化论"物竞天择，适者生存"的观念，反对封建顽固派的守旧思想，给爱国志士鼓起了救亡图存的强大信心，促使了沉睡中的中国人民的觉醒，在当时的中国产生了深远的影响。清朝光绪年间的欲重新改造

---

① 梁启超. 梁启超全集：第5册·清代学术概论[M]. 北京：北京出版社，1999：3104–3105.

中国社会的先进知识分子"欲求知识于域外",他们将翻译过来的西方著作看作是"枕中鸿秘"。那些被称作"新学家"的人物都是怀揣着强烈的"学问饥荒"去认真学习西方的重要学术著作。维新变法的主要代表人物有康有为、梁启超、谭嗣同等,正是因为长期生活在这一场中西文化冲突的学问饥馑中,他们才激发了对政治文化变革的强烈诉求,渴望积极地投身参与其中,借以努力维护并不断扩大本阶级的利益。他们提出了"民主"观念,号召人民起来进行改革。但是他们"盖固有之旧思想,既深根固蒂,而外来之新思想,又来源浅觳,汲而易竭",在以慈禧太后为首的顽固派势力的强大压力下,"其支绌灭裂,固宜然矣"①。随着向西方或日本派留学生,对西方的文化由"受动"逐渐转变成为"能动"。派遣海外留学生这一行为也在一定程度上反映了清政府对西洋文明的重视和价值认同,使广大青年学子初步形成了向西方国家学习的自觉意识。此外,外国教团在中国办学和传播西方的科学文化,这些都是中国半殖民地化的基本特征之一,不可否认的事实是由外国教团在中国办的许多教会学校、医院、文化服务机构,在客观上推动和促使了中国传统文化教育的近代化发展②。

教科书作为近代中国社会的催生物,伴随近代本土文化与外来文化的冲突以及随之而来的民族、民主大潮波涛的翻卷而变幻。这一时期的教科书逐渐体现出爱国情怀与民主思潮。晚清时期的教科书十分重视对"国家"与"国民"的强调,旨在培养学生的爱国情怀。同时,有修身教科书来承担培植国家观念的任务。蔡元培主持编纂的大量修身教科书中这样定义国家的基本概念:"国也者,非徒有土地有人民之谓。谓以独立全能之主权,而统治其居于同一土地之人民者也"③。再如晚清历史教科书必须有尊君意识。例如,由姚祖义主持编辑,夏曾佑、张元济参阅的《最新初等小学中国历史教科书》,其中有一课为《戊戌变政》,课文中的"今上"和"皇太后"前面都必须空格以示尊重。出于当时历史教科书的匮乏,在各学堂中都流行借用由日本学者编纂的《支那通史》和《东洋史要》等作为教科书,由此可见,晚清教科书中的爱国主义教育与当时的国家

① 梁启超. 梁启超全集:第5册·清代学术概论[M]. 北京:北京出版社,1999:3104.

② 刘春华,张涛. 近代中西文化冲突与融合[J]. 山东师范大学学报(人文社会科学版),2008(2):68-72.

③ 蔡元培. 蔡元培全集:第2卷[M]. 杭州:浙江教育出版社,1997:132.

形势和国家存亡的危机意识息息相关。1912 年，中华民国的正式建立使中国告别了君主专制政权，在此之际，教科书以"民主共和"观作为向学生传输知识的主旨。同年初版的《共和国教科书新国文》第四册，其中有一课名为《我国》，向学生这样介绍我们的国家："中华，我国之国名也。溯自远祖以来，居于是，衣于是，食于是。世世相传，以及于我。我为中华之人，岂可不爱我国哉?①"随着外来文化的大量涌入，教科书中的民族主义教育得到进一步的强化。这一时期与爱国主义思潮并称为主旋律的是民主主义思潮，并且它们都表现出阶段性与多样性的特点。中华民国结束了封建君主时代，民初的教科书自然更加注重对于民权平等思想的宣传，将自由、平等、博爱的口号作为国民教育的宗旨。

　　教科书文化与社会文化的关系是，教科书文化内含社会文化，但并非全盘吸收社会文化，而是对其进行选择、改造与超越②。当越来越多的外来文化涌入，教科书在内容的选择、改造过程中有了更为广阔的视野。教科书文化需要对外来文化去粗取精、择优排劣，对于一些特殊的文化需要进行必要的改造，使其符合我国的实际情况，再结合各种复杂的社会因素进行协调和组织。中外文化之间存在较大的差异，本土文化扎根于本土并世代传承，积淀了在本民族中世代传延的生活习俗、价值理想、思维方式和语言结构，具有相对稳定的独特性。而外来文化相较于本土文化而言，以上各方面都存在着一些异质性，这种差异给教科书带来了新的变化，在教科书的内容设计、编写体例以及呈现方式上都逐渐体现出来。教科书的变革与创新既需要强化对本土文化的认知，凸显本土文化的独特意义，又需要对外来文化的精神特质、意义系统和发展脉络进行全面的考察，再选择性地进行吸收，在这样的过程中拓宽了教科书的视野，丰富了教科书的内容，在发展中不断明确自身的立场。

二、中国传统文化与西方现代文明的冲突是教科书变革的原动力

　　中国近代文化最开始的表现就是具有近代意识的变革观念的产生。从这一角度来看，中国近代化的历史过程，也就是中国近代变革思想的形成和发展过程，

---

①　樊小玲. 教科书叙事：自我认知、世界图景与国家形象传播[J]. 现代传播（中国传媒大学学报），2018，40（10）：162.

②　辛继湘. 教科书研究的文化逻辑[J]. 教育科学，2020，36（4）：10 - 15.

因为文化思想领域的转变是社会一切变革的基础性前提和持续性动力。不过中国近代社会变革思想的形成和演进过程本身并非完全属于一种自觉的行为活动，而是同时伴随着西方"文明"对中国的强烈冲击，中国近代正是处在这种内忧外患的意识下，为了挽救国家的危亡而被迫走向近代化的历史性过程。鸦片战争后，尽管接连在坚船利炮的威逼下割地赔款，但是上至天子、下到臣民的绝大多数中国人还是未能从与世隔绝的封闭状态中彻底觉醒，多种现象反映着中华民族思想意识的禁锢，如过分相信传统的法令法规，对古老文明的盲目自夸，对近代的科学知识缺乏了解和认识，以及对世界经济文化的发展大势知之甚少，等等。近代中西文化之间的冲突主要是由政治、经济、地理、交通、人文等方面的巨大文化差异引起的，主要表现在中国传统文化本身是一个独立性很强的文化体系，它本身就具有与西方文化完全不同的文化精神和文化生命①。一边是我们这边相对封闭且保守的中华民族传统文化，一边是那些具有冒险精神和创新意识的西方文明，当二者融会在一起时，必然会发生强烈的冲击和碰撞。一方面，二者的文化本质和内涵存在着巨大差异，加大了中西文化在沟通对接时的压力，动摇了中西各国原有文化的牢固立场；另一方面，因为文化上的排他性和多次冲突，中国的有识之士尽管在理性上已经强迫自己迅速适应西方，而在感情上却难以接受，所以西方文明只能在他们的理性与感情的夹缝中渗透进去②。这种中国传统文化与西方现代文明的冲突体现在教科书的发展演进中，主要经历了以下三个阶段。

1. 中西物质、文化冲突与近代教科书的萌芽。鸦片战争后，中西物质、文化冲突日益凸显。中国文化与西方文化在近代的第一次正面交锋，达成了"中体西用"的战略妥协，中华民族传统文化的人文精神价值与西方现代科学文化的工具理性价值相互调和，这也直接促使了中国被迫寻求改变。早在16世纪第一批传教士来华，就将西方的天文、历算、农田、水利以及力学等诸多方面的书翻译过来，开始传播西学③。传教士固然也是以传教为根本目的，但为了更好地达到这一目的，早期的传教士十分准确地把握中国文化的主要精髓和基本特征，能够

---

① 董少辉. 文化冲突与近代中国变革思想的演进[J]. 理论探讨，2005（1）：122–124.
② 董少辉. 文化冲突与近代中国变革思想的演进[J]. 理论探讨，2005（1）：122–124.
③ 刘春华，张涛. 近代中西文化冲突与融合[J]. 山东师范大学学报（人文社会科学版），2008（2）：68–72.

充分地迎合人们的传统习俗和文化心理，确立"学术传教"的思想理论和行动方针，为西学在中国的最初传播提供了客观条件。这些传教士囿于宗教信仰等原因，大多数局限于西方的古典科技知识的传播，很少能真正触及当时最新的科技成果，即便如此，相对于中国传统以伦理为本位的教育思想而言，仍然非常具有吸引力，它强烈地激发出一部分中国士人的探索和求知兴趣。晚清政府先是办起了洋务学堂，随后又逐渐出现了各种变通书院，开设了各种不同级别的学堂等。

由于历代以来中国社会中多种因素对科学发展的制约，中西融会进展缓慢，而中西文化的调和与融通基本上呈现为"引进"，主要体现在教会学校的建立与西学启蒙读本。中国的教会学校最早可以追溯到 1594 年葡萄牙殖民者在澳门建立的圣保禄学院①。1839 年基督教伦敦会在澳门创办的马礼逊学校，1850 年天主教在上海办的徐汇公学，1845 年长老会在宁波办的崇信义塾，1853 年公理会在福州办的格致书院，1860 年天主教耶稣会在江南一带创设的天主教小学，基督教在开港五口创设的基督教新教小学，1864 年美国传教士迪考文创办的蒙养学堂，1844 年"英国东方妇女教育促进社"的女传教士埃尔德塞在宁波创办的女塾学校，1864 年在北京建立的育英学堂和备满女学堂，这些教会学校的办学由于国别、教派、学段、专业等种种因素的不同，实际教学内容也存在一定的差异。

总体来看，当时的中小学的课程可分为宗教课、传统的中国经学课、现近代的科学文化课三大类②。除了传统中国经学课教学用书之外，教会学校广泛使用的教学专业用书主要是由教会学校出版机构出版的西学译著。"学校与教科书委员会"与西学教科书，随着教会学校数量逐渐增多影响力不断扩大。合适的教科书，特别是各种科学类教科书在中国市场的需求量日益剧增。于是，有的传教士或教会学校便开始亲自编译一些教科书。但是，这种自编自用的方法也逐渐暴露其局限性，比如难以相互交流、质量参差不齐等。为解决这个难题，在光绪二年举行的传教士会议指出西学的各科教材无完全适用书籍，决定组织"学堂教科书委员会"。1877 年 5 月，学校教科书委员会正式成立，统一编订教会学校教科

---

① 蔡铁权. 我国科学教科书之近代递嬗：西书译介时期[J]. 全球教育展望，2015，44（3）：98－106.

② 俞启定. 中国教育简史[M]. 北京：中央广播电视大学出版社. 1999：199.

书，该组织当时被翻译为"益智书会"，是中国近代第一个负责编辑出版教科书的专门机构；而中国官方翻译西学著作，是 19 世纪 60 年代起，洋务派为了维护封建政权和巩固封建统治，明确提出以"采西学、制洋器"为自强之道，把采用西学、制造机器工具视为谋求自强的一项重要措施。洋务派通过创办新式学堂，成立了译书机构，拉开了中国政府官方有组织地正式开展新式教育翻译西学教科书工作的序幕①。1862 年成立的京师同文馆，为充分满足自身的课程需求，相应地编译了各学科西学教科书；1865 年建立的江南机器制造总局，因苦于对西方现代科技了解甚少，急于翻译西方各种科技著作，于 1868 年设立了中国官方最大的西书翻译出版机构。

2. 中西制度文化冲突与教科书的现代化。"布新而不除旧"是洋务运动的特点，这也反映了中国传统文化在西方文化冲击下所作的调整和抵制。在洋务运动持续 30 年后的甲午战争中，后起的日本以全方位的西学和西化打败了历经"洋务运动"的中国。中国人进一步认识到：西方在坚船利炮背后，还有其先进的社会体制和思想体系。甲午战争的失败及《马关条约》的签订使得中国面临亡国灭种的危险，这也使得更多的有识之士开始觉醒，维新救国思潮应运而生，继而引发了文化上的第二次激烈的冲突，这次冲突比起表层的物质文化冲突更为深刻。维新运动的领袖人物康有为、梁启超、谭嗣同、严复等开始挑战中国传统文化的固有发展趋势，掀起了主动且深刻的变革浪潮。他们在当时的历史潮流中，开始转变变革思想，由"抵御外侮、富国强兵"的思想转为"救亡图存"的主旨。康有为首先明确提出了改制的基本目标和主要任务，他提出："法《易》之变通，观《春秋》之改制，百王之变法，日日为新，治道其在是矣。"②梁启超则重点指出了器物与制度的差异，点明了洋务运动指导思想的弊端，并据此推导出中国的自强根本在于改革制度，从而把聚焦中西方文化的冲突引向了制度层面。他明确指出："要而论之，法者，天下之公器也；变者，天下之公理也。大地既通，万国蒸蒸，日趋于上。大势相迫，非可阏制。变亦变，不变亦变。变而变者，变之权操诸己，可以保国，可以保种，可以保教。不变而变者，变之权

---

① 吴小鸥. 晚清西式教科书的引进［J］. 湖南师范大学教育科学学报，2008，7（6）：22－26.

② 康有为. 康有为政论集：上［M］. 北京：中华书局，1981：110－111.

让诸人，束缚之，驰骤之，呜呼，则非吾之所敢言矣!"① "昔同治初年，德相毕士麦克语人曰：三十年后，日本其兴，中国其弱乎？日人之游欧洲者，讨论学业，讲求官制，归而行之；中人之游欧洲者，询某厂船炮之利，某厂价值之廉，购而用之。强弱之原，其在此乎！呜呼，今虽不幸而言中矣，惩前毖后，亡羊补牢，有天下之责者，尚可以知所从也。"② 严复指出："观今日之世变，盖自秦以来未有若斯之亟也。……今之称西人者，曰彼善会计而已，又曰彼善机巧而已。不知吾今兹之所见所闻，如汽机兵械之伦，皆其形下之粗迹，即所谓天算格致之最精，亦其能事之见端，而非命脉之所在。其命脉云何？苟扼要而谈，不外于学术则黜伪而崇真，于刑政则屈私以为公而已。斯二者，与中国理道初无异也。顾彼行之而常通，吾行之而常病者，则自由不自由异耳。"③ 从这些言辞中，我们可以强烈地感受到超越器物层面的重要性和迫切性。

甲午战争使晚清政府意识到，仅仅是建立物质文明尚不足以拯救中国。思想界对洋务运动进行了深刻的分析和反思，对日本的明治维新进行了探讨和研究，开始维新变法，开展制度层面上的救亡图存政治运动，这对于促进中国教育的制度化发展起到了极大的推动作用。维新变法颁布了一系列除旧革新的政令，如从1901 年起，清政府开始实行"新政"，推行教育改革，中国现代学制开始全面构建。1902 年，清政府颁布了中国历史上第一个学制。1905 年（光绪三十一年），即学制建立之后的第二年，清政府正式下令取消科举考试。至此，自隋朝开始实行的具有 1300 多年历史的科举制度走到了终点。伴随着科举取士制度的结束，中国教育开始步入一个新的阶段。1904 年 1 月 13 日，由清政府正式颁布并要求实施的《奏定学堂章程》是中国实际实施的第一个现代学制，即"癸卯学制"。癸卯学制分为初等教育、中等教育和高等教育三段，三段又分为七级：初等教育有蒙养院（四年）、初等小学堂（五年）、高等小学堂（四年），中等教育有中学堂（五年），高等教育有高等学堂（三年）、分科大学堂（三—四年）、通儒院（五年）④。癸卯学制正式颁布后，旧的科举必定阻滞各地办学积极性的提升，于

---

① 梁启超. 梁启超文选：上集[M]. 北京：中国广播电视出版社，1992：12.

② 梁启超. 梁启超选集[M]. 上海：上海人民出版社，1984：11.

③ 严复. 严复集[M]. 北京：中华书局，1986：2.

④ 石鸥，吴小鸥. 简明中国教科书史[M]. 北京：知识产权出版社，2015：29.

是，为促进学校的广泛发展，清政府于 1905 年 9 月明令废科举。没有了科举制的禁锢，又有了新学制的保障，学子们可广泛接受新学。在此之际，国内新式学堂数量迅速增多，教科书的编写和出版也就成了当务之急。此时，商务印书馆审时度势，先后聘请蔡元培、张元济任编译所长，率先启动大规模的适应新学制的教科书编辑工作，于是中国第一套具有现代意义的教科书正式问世，并被定名为"最新教科书"。

3. 中西精神文化冲突促使教科书的改革与反思。民族精神文化是民族文化的核心，也是最为宝贵和丰厚的部分，民族精神文化的冲突通常是从多个层面来展开的。近代以来，面对西方现代文化的严峻挑战，最早迎战的是洋务派。虽然洋务派认为中国的各种典章文物、礼教道德、家族制度等都要远远优于西方，但洋务派也深刻地意识到，如果抛开西方的先进科技不学，是难以实现中国的富国强兵的。于是，有了从"师夷长技以制夷"开始到"中学为体，西学为用"的具体方略。甲午战败和中华民族危机的日益加深，使得越来越多的知识分子意识到单纯的"西学"是远远不足以强国的，而是必须打破陈旧理念，尝试新的探索，才能从实质上推动中国社会的进步与发展。从洋务运动到戊戌变法，中西文化的冲突基本上是以相互理解和融合的形式出现的。戊戌变法之后，中国人民对于西方文化挑战的接受度便向着两个极端的方向发展。其中一个极端就是向固守祖宗成法与传统排外思想的方向不断发展，直到义和团运动达到了鼎盛时期；另一个极端主要是沿着西化、反传统的思想方向不断发展，到新文化运动时期达到了高峰，也以此成为近代中西文化之间碰撞和冲突的一条分界线①。

倡导中国新文化运动的先行者们，敢于触动封建专制的根基，将矛头直指中国两千多年来的思想文化权威，并且指明西方现代文明的先进性。新文化运动的主要领军人陈独秀曾经这样指出："自西洋文明输入吾国，最初促吾人之觉悟者为学术，相形见绌，举国所知矣；其次为政治，年来政象所证明，已有不克守缺抱残之势。继今以往，国人所怀疑莫决者，当为伦理问题。此而不能觉悟，则前之所谓觉悟者，非彻底之觉悟，盖犹在惝恍迷离之境。吾敢断言曰：伦理的觉

---

① 高旭东. 戊戌变法与近代中国的文化冲突[J]. 文史哲，1998（5）：15 - 17.

悟，为吾人最后觉悟之最后觉悟。"①1913年到1915年，袁世凯几次通令全国学校恢复尊孔读经，掀起复古尊孔的思潮。陈独秀指出，民国以来的政治黑暗，其根源在于没能进行一次完全的"文化革命"。李大钊提出"民族自觉主义，即在改进立国精神"②。鲁迅也指出："我们的第一要著，是要改变他们的精神"③。1915年9月15日，陈独秀在上海创办《青年杂志》，"强调科学与人权并重"④。随后，以陈独秀、李大钊、鲁迅等为主要代表的社会知识分子在文化思想领域内发起了一场全新的思想启蒙运动，即新文化运动。他们主张"民主"与"科学"，汇聚成一股强大的思想解放潮流。他们对于社会科学的提倡，不仅仅局限于学习物质文明以及开展普通科学教育，而且更加强调运用西方近代社会科学的理性精神去弥合中国传统的思维方式的局限；对于民主的提倡，不仅仅在于建立并且拥有民主的社会政治体制，还要用民主所表达和体现的近代人文主义精神反对中国传统封建礼教的迫害⑤。由此可见，提倡"科学"与"民主"实际上就是直面和拷问传统思维后的结果，这也是中西文化之间真正的正面冲撞，是西方现代科学的思维方式与中国传统的思维方式之间激烈碰撞的必然结果。

　　新文化运动在中国思想界迎来了一个空前活跃的新世纪时代，在这一阶段，西方教育理论、教育制度、教育模式、教育方式等都被大量引进。大批留美青年学生返国，一批批来自美国的自由主义、实用主义教育家，如杜威、孟禄、麦柯尔、柏克赫斯特、克伯屈等陆续访华，在各地进行宣讲，产生了很大的社会影响。特别是爆发于1919年的五四运动，以风卷残云的强力之势，荡涤了陈腐旧风和制度传统中的污泥浊水，革新和解放了人们的思想观念，以重新审视一切的大无畏气概，对当时中国历史和传统文化进行了彻底的反思和剖析，主张解放"个人"，张扬"个性"，体现了特有的开放性与创新性。在新文化运动的引领下，五四时期各类教育理念和思潮纷纷呈现出来，其中影响力较大的理论思潮包括平民教育思潮、工读主义教育思潮、职业教育思潮、实用主义教育思潮、科学

---

① 陈独秀. 吾人最后之觉悟[C]//陈独秀. 独秀文存，合肥：安徽人民出版社，1987：41.
② 李大钊. 李大钊选集[M]. 北京：人民出版社，1980：92.
③ 鲁迅. 鲁迅全集：第1卷[M]. 北京：人民出版社，1980：105.
④ 陈独秀. 敬告青年[J]. 当代青年研究，1989（2）：35.
⑤ 郭长江. 中国近现代科学教育变革的文化反思[D]. 上海：华东师范大学，2003：69.

教育思潮等。它们共同提出课程体制的改革要面向人类生活、面向质朴、面向科学，这一切进一步促进了五四时期我国中小学教材的改革。为了顺应这股潮流，教科书出版界也开始了新的运作，中华书局决定编辑《新式小学教科书》。其编辑宗旨是："近人盛倡实用主义、自学辅导主义。本书认清是旨，务贯彻国民教育之真正目的。"①

随着中国新文化运动的不断发展和深入，人们逐渐站在一个整体的高度来检讨教科书存在的不足，并且需要从根本上探求一条教科书改革的路径。1918年春季，蔡元培在京召集北京孔德学校的教员们举行了一次教育问题研讨会，讨论如何重新修改和完善教科书等问题。这次会议比较集中地提出了两个重要的问题：一是我国的教育之根本问题，即教育对社会经济和文化的发展与进步能够发挥一个什么样的作用，教科书应向受教育者宣扬什么样的理念和主张。大家普遍认为这就是现有教科书存在的根本性不足。二是教科书内容与形式上的问题，其中特别指教科书的言文不一致问题②。大家都认为使用白话文来编写教科书非常迫切。于是，会议最终决定，白话文教科书的编写工作交由孔德学校自行完成，这也就预示着教科书近代化发展将迈向一个全新的时代。文言文是一种中国传统的书面表达语言形式。民国建立以后编写的教科书虽然已经逐渐注意到了文字表达的浅显化问题，但占据主导地位的仍然是文言文。五四新文化运动大力宣传文学艺术革命，反映到教科书上就变成了废弃文言文、完全使用白话文。1920年1月12日，北洋政府教育部向各省政府发布了一号训令，要求全国性各公立学校："自本年秋季起，凡国民学校一、二年级，先改国文为语体文，以期收言文一致之效。"同年4月，教育部又明确规定：直至1922年为止，凡用文言文撰写的教科书一律废止，采用语体文③。在教育部通令颁布的同时，商务印书馆正式出版了《新法教科书》。这是此馆采用语体文编撰的第一套教科书，此书的出版顺应了教育部的通令要求。不久，中华书局也出版了用语体文编辑的新教育教科书。在此之后，文言教科书就逐渐退出了市场，白话文教科书的地位正式得到肯定。

---

① 陈学恂. 中国近代教育史教学参考资料：中册[M]. 北京：人民教育出版社，1987：428.

② 石鸥，吴小鸥. 简明中国教科书史[M]. 北京：知识产权出版社，2015：70.

③ 王建军. 中国近代教科书发展研究[M]. 广州：广东教育出版社，1996：252-253.

白话文教科书的确立，使得教科书的内容也发生了相应的改革。特别是语文教科书，取材越来越多地注重实用。教科书由白话文取代文言文的这一变革，使教材的内容与形式获得了内在的和谐，有利于科学教育与社会信息的普及和推广，有利于在教学中贯彻民主和科学精神。白话文教科书的出现，在中国教育发展史上具有重要地位。

三、近代中国封建文化与西方资本主义文化的冲突对教科书的影响

异质文化之间的相互交流是人类文明发展的一个重要原因，漫长的人类文明发展史已充分证明了这一点。多元文化的并存是文化得以延续和繁荣的基本前提。它不仅是现存的实然，更是文化生存与发展的应然①。当代社会，文化发展日趋多元，也促成了教育的多元化趋势。就目前我国基础教育的情况分析来看，教育多元化发展除了体现在制度、技术方面之外，更多地表现在文化中思想观念、价值规范的差异而造成的教育观念乃至内容、方法上的多元②。多元文化所衍生出来的相应的多元教育形态，是通过教育将特定社会的文化态度和行为进一步接受，并按照该文化的价值框架来规范自身的活动过程，是教育对文化的认同。但如果某一文化并没有出现与之相应的教育模式，换句话说，就是教育并没有对某一文化予以认同时，文化冲突也就随之出现了③。

近代西方文化逐渐地摆脱中世纪封建主义的束缚，经过文艺复兴走上较为先进的资本主义文化阶段的时候，中国的传统文化仍然停留在闭塞沉闷的封建文化的圈子里，传扬着文化传统的光芒而孤芳自赏，整个中华民族的文化、科学和智慧被阻滞而陷入困境，清末的封建文化和教育空疏落后已十分严重。1840 年鸦片战争，西方各国的坚船利炮轰开了中华民族的大门，古老的封建帝国因此遇到了数千年未有的动荡。此后，中国历史被动地转入近代，中国开始逐渐演变成了半殖民地半封建社会。从文化的发展角度来看，自此之后中西文化之间就发生了

---

① 鲁洁. 应对全球化：提升文化自觉[J]. 北京大学教育评论，2003（1）：27 - 30.

② 郑金洲. 多元文化激荡中的教育变革[J]. 学术月刊，2005（10）：7.

③ 郑白玲. 论多元文化对和谐社会教育的影响[J]. 西南民族大学学报（人文社科版），2008（9）：252 - 256.

非常尖锐的碰撞和冲突。当异质文化在平等的或不平等的条件下相遇时，首先容易发现的是物质层面或外在层面的差异。救亡图存之际，魏源最开始提出"师夷长技以制夷"的思想战略。当时的洋务派和清末统治者因其文化心理积淀着几千年来形成的中国封建文化传统，一方面不得不认同西方物质文化的先进性，另一方面又顽固地认为几千年来一脉相承的封建文化是立国的万世不变的基础和根本。于是，他们兴办洋务教育，并且开始采取"中学为体，西学为用"的价值取向。

在甲午战争中国战败的巨大历史屈辱中，人们逐渐觉醒。康有为、梁启超主张废科举、兴学校、兴议会等一系列体制的改革，梁启超系统地阐述了维新教育的"欲维新吾国，当先维新吾民"的社会价值取向。此后，孙中山所领导的辛亥革命终于结束了在中国历史上延续两千多年的封建帝制，颁布了《普通教育暂行办法》《普通教育暂行课程标准》《壬子学制》《壬子癸丑学制》等，蔡元培也提出了"养成完全之人格"的教育核心价值取向。随着五四新文化运动的深入展开，各类教育流派林立，异彩纷呈，教育的价值取向更趋多元化。如李大钊、邓中夏、毛泽东、蔡和森等人所倡导的平民思想教育，其核心价值取向是通过这些思想来启发民众的政治斗争觉悟；陶行知提出的生活教育价值取向是要提高国民的文化品格；黄炎培提出的职业教育价值取向是发展民族工业。文化的每个层面，从传统到现代变革，都必须及时而敏锐地将它们反映到教育的各个领域，都要求将教育作为中间环节和必要桥梁，把理想的文化模式转变为现实的文化模式。所以中西文化之间的冲突，直接关系到教育的价值取向蜕变。中国的文化界、教育理论界在饱经忧患之后，不得不对文化与教育的发展进行深刻的审思。此后直至我国改革开放，面对西方文化的大量涌入，中西文化冲突不断再现，寻求与中国特色社会主义文化体系相适应的教育价值取向仍然十分迫切。

为了适应我国教育价值取向的转型和变革，教科书编制工作突破了单一的文化观念，以先进、多元的课程文化观为宗旨。一般文化具有时代性、地域性、社会性等特征；而课程文化，除具有文化的普遍性和一般性特征以外，更重要的是它应指向对人的内在的深切关怀而具有开放性、多样性和包容性①。诚然，在多

---

① 靳玉乐，陈妙娥. 新课程改革的文化哲学探讨[J]. 教育研究，2003（3）：67－71.

元文化视野中，"学生"不是一个抽象的、普遍的概念，他总是与具体的社会历史相联系，是生活在特定自然环境中和文化状态下的有血有肉、生动活泼发展的个体，他所面对的是一个复杂而又真实的现实世界，他所需要的首先是对自身文化背景的认同，他所做的是以自己的生活世界为基础来理解和学习科学世界，而不是两者的断裂与对立①。因此，从教科书中我们需要更多地"看到"具有不同社会背景与文化特征的"学生群落"，在教科书中适当反映不同人群的生活体验，同时，教科书的编写突出以学生为本，摆脱过去教科书过于强调社会本位，简单地把学生作为改造对象来设计内容的局面，尊重学生作为独特个体的文化差异与个性差异。另外，教科书编写者应以开放的心态对素材进行选择。教科书作为文化传承与创新的载体，在中西文化冲突的背景下，编制者需要有意识地在教科书素材处理上作出调整与革新，以协调文化冲突给教育带来的不利处境。除此之外，教科书的内容还应成为包涉更加广泛、更具弹性与灵活性的教学材料，能够充实和弥补教科书原有文化内容在多元性方面存在的不足。在面临文化冲突时，教科书需要思考如何发挥我国自身优势，并吸收国外教科书的经验，编制适合我国国情、具有中国特色的教科书，既立足本国文化，又面向世界文化才是教科书变革的发展之路。

第三节 文化冲突与教科书变革内容

近代中国从盲目排外、西学中源、中体西用、全盘西化到融汇创新、洋为中用，走过了中西文化之间相互交流与碰撞的探索之路。中国近现代教育亦伴随着这一轨迹而艰难起步、曲折式发展，不断地走向一个更加符合中国国情的社会主义现代化国家。随着社会文化与教育的变革，教科书的编写宗旨、内容选择、编写体例与设计、编写制度等也发生了时代性的变化。

———————————

① 靳玉乐. 多元文化背景中基础教育课程改革的基本思路[J]. 教育研究，2003（12）：73 – 74.

一、教科书编写宗旨的变革

教育宗旨的内容实质上是政体的性质、文化的变革在教育领域的集中反映。1912 年中华民国宣告成立，其间贯彻南京临时政府的共和思想，倡导民主、平等的教育理念，并首先明确提出中华民国教育应包含军国民教育、实利主义教育、公民道德教育、世界观教育和美育五个组成部分。南京国民政府正式宣布成立伊始，教育行政委员会就规定："要把学校的课程重新改组，使与党义不违背及与教育学和科学相符合，并能发扬党义和实施党的政策"① "应赶促审查和编著教科用的图书，使与党义及教育宗旨适合"②。教科书的编制必须严格遵循三民主义的教育宗旨。在我们开始探索社会主义建设道路这一时期，教育也随即进入了一个全面建设与探索的新的历史阶段，在充分总结前一历史阶段教科书改革实践经验的基础上，进行了大胆的探索和改革。

民国时期这一历史阶段的教育困境与中国近代社会转型所涉及的新旧观念与文化的冲突有着紧密关联，而这些文化冲突的外在表现之一便是新式学校与旧式私塾的长期文化对立。几百年来由我国古代私塾教育、儒家思想、乡土文化、农民意识等有机组合而成的中华民族优秀文化与教育传统，到近代却接连遭到由新式学校所代表的近代文化的一次次巨大冲击。中华民国临时政府成立后，先后颁布了《普通教育暂行办法》《普通教育暂行课程标准》《壬子学制》以及《壬子癸丑学制》和新的教育宗旨，这些教育改革在一定程度上对教科书的革新起到了促进作用。民初教科书的创新性改革，首先是以法令的形式明确规定各种教科书必须完全符合共和民国的宗旨。民国初期的教育宗旨，较之清末已经发生了一些根本性的变化，政治上的从封建专制走向民主共和，也影响了教科书的具体编撰方向、体裁、内容等。于是，为了更好地适应我国政体转变的实际需要，一批按照中华民国教育法令和新学制要求编辑的教科书也相继问世。

民国初期，一支宏大的欧美留学生队伍产生了，他们放眼世界各国的现代科技与教育事业发展的时代潮流，充分认识和看到教育的意义及其重要性与紧迫

---

① 宋恩荣、章咸主编. 中华民国教育法规选编 1912—1949 [M]. 南京：江苏教育出版社，1990：45.

② 吴小鸥. 百年中国启蒙：中小学教科书的视角[J]. 教育科学研究，2016（3）：27.

性，对于欧美最新的"民主"教育理念也十分认可和推崇，因此，他们大力引进各种教育理论，国外的多种教学方法与教学模式也都被引入中国，在全国各地兴起一股教学改革的浪潮。特别是随着杜威的实用主义教育学说在当时中国的普遍传播，以实用主义教育观为主要代表的各种新教育思潮从政府向民间社会传播，对传统的教育模式产生了巨大的冲击。1912 年南京临时政府成立之时，下令正式将学部更名为教育部，其间任命蔡元培为首任教育总长。蔡元培在教育部上任之后，悉力贯彻南京临时政府的共和教育思想，倡导"民主平等、全面和谐发展"的教育，并在《对于教育方针之意见》一文中明确提出了中华民国教育的基本内容应包括军国民教育、实利主义教育、公民道德教育、世界观教育和美育五个重要组成部分。其中，军国民教育主要包括运动性体育或军事性体育，对所有学生和全体民众进行尚武精神的思想教育和文化培养；实利主义教育属于智育范畴，它是指通过传授知识技能、训练思维态度和增进国计民生的一种综合性教育；公民道德教育则属于德育的一个基本范畴，基本目标为自由、平等、亲爱；世界观教育是一种哲理性教育，意在促进所有培养对象都能够具有广阔的理想目标和高深的哲理见解；美感教育即美育，是美丽与尊严的统一，可以弱化功利与私欲，以达到世界观教育的最高境界①。此"五育并举"的提案在其后并未被确定为新政府的教育宗旨，而是确定注重道德教育，以实利教育、军国民主义教育辅之，更以美感教育完成其道德②作为资产阶级首次提出的教育宗旨，它否定了几千年来封建教育思想中"忠君""尊孔"的思想，批判了君权主导的绝对地位，瓦解了独尊儒术的教育基础。这一新的教育宗旨更加切实地体现了关于人的德智体美等全面健康和谐发展的教育观。与清末"忠君、尊孔、尚公、尚武、尚实"的传统教育宗旨相比，最大不同在于它首倡美育，表现出对人的关怀与重视，这是中国封建社会中前所未有的教育理念。

在新教育宗旨的指导下，南京临时政府教育部随即实行了一系列的改革措施，如实行新学制、更新课程内容、增加自然科学和实业技能的课程等。教育的改革必然直接影响教科书的命运。随即，教育部正式颁发《普通教育暂行办

---

① 吴洪成，天谧，李晨. 中国近现代教科书史论[M]. 北京：知识产权出版社，2017：197.

② 蔡铁权. 我国科学教科书之近代递嬗：自主编撰时期[J]. 全球教育展望，2015（6）：104－112.

法》，要求政府禁止使用由清代各学部颁行的教科书，凡教科书务必完全合乎当时南京临时政府教育宗旨，这表明教育部一直以来都清醒地认识到清学部颁行的教科书是完全为封建政权服务的，内容不适合资产阶级政治、经济、文化的需要。随着新教育宗旨颁布，商务印书馆推出了《共和国教科书》《实用教科书》，并先后推出《新体国语教科书》《新法国语教科书》和《新学制教科书》，中华书局则先后出版《新教科书》《新教育教科书》《新小学新中学教科书》①。当然，这些教科书改革并非盲目附和，追赶潮流，更多地体现在对共和政体下教育实质的深刻理解和实践，使教科书从内容到形式都尽可能符合新的时代发展需要。

民国初期政治上的倒行逆施与封建复辟，使得当时的中国人逐渐意识到社会的重大变革不仅仅是一种社会政治制度的革新，而是必须进行更加深层次的文化改造。1915 年 9 月 15 日，陈独秀在上海创办《青年杂志》，其间他强调"科学与人权并重"，抨击尊孔复古，标志着新文化运动的蓬勃兴起。新文化运动高举"民主"与"科学"两面旗帜，"要拥护那德先生，便不得不反对孔教、礼法、贞节、旧伦理、旧政治；要拥护那赛先生，便不得不反对旧艺术、旧宗教；要拥护德先生又要拥护赛先生，便不得不反对国粹和旧文学"②。这也是新文化运动的核心所在。文言文是中国传统教育的书面语言，也是以儒学经典及科举考试为核心的传统教科书的表达语体。民国正式建立后编辑的各类教科书虽然已经比较注意文字的浅显化问题，但文言语体仍然占据了主导地位。当时中华书局的《中华教科书》、商务印书馆的《共和国教科书》大都直接采用文言文进行编写，只是在很大程度上与以往比较起来会更为浅显。文言文以其"言简意赅"而十分富有特色，但随着时代的变迁和演进，这种状态已经越来越不利于国民之间的互动交流以及国民教育的实施和推行，尤其是不利于教育的平民化与实用化发展，阻碍着科学技术的进步与传播，所以改革文言文，推行国语教科书就成了当务之急。

国语运动在真正意义上的兴起与五四运动是息息相关的，该运动大胆提倡文

---

① 周秋丽. 民国三大书局的教科书之争[J]. 中国编辑，2003（4）：80 – 82.

② 石鸥. 弦诵之声：百年中国教科书的文化使命[M]. 长沙：湖南教育出版社，2019：154.

学革命，主张创造一种国民的、写实的、通俗化的新文学。而想要改革文学，最基本的一个目标就是要改革文字，提倡白话文无疑将会成为教科书形式改革的直接驱动力。在这一特殊的历史发展时期，平民主义教育理念和思潮开始大量涌现，新文化运动也逐渐开始走向高潮。1917 年胡适在《文学改良刍议》中明确提出，文学改良应"不模仿古人""务去滥调套语""不讲对仗"。于是，1919年 8 月，商务印书馆正式出版发行《新体国语教科书》，这也是当时中国第一套系统的带有注音字母的小学白话文教科书，也是当时第一套正式使用新式标点符号的教科书。1928 年 5 月，中华民国大学院在南京召开第一次全国教育会议，提出"根据三民主义，发扬民族精神，启发民权思想，增进民生幸福，而臻于世界大同为宗旨"[1]。1931 年 6 月 1 日，南京国民政府颁布《中华民国训政时期约法》，规定"三民主义为中华民国教育之根本原则"，"全国公私立之教育机关，一律受国家之监督"[2]，要求各级学校必须贯彻中华民国教育宗旨及其具体实施方针，并在学校教育的各个环节和教科书的编写要求中落实"三民主义教育宗旨"。

新中国成立初期，全国各行各业百废待兴，建设社会主义新中国的热情高涨，教育也随即进入了一个全面建设和探索的新阶段。第一套教科书主要借鉴苏联教科书，旨在肃清"封建的、买办的法西斯主义的思想"，以"马克思列宁主义毛泽东思想教育青年和儿童一代"，通过"规划教科书的知识范围容量和进度，给学生以系统的、巩固的科学文化基础知识"，发展为人民服务的思想，为他们参加国家建设或进入中等专业学校与高等学校打下坚实的知识基础[3]。第二套教科书吸取了当时先进的科学成果，旨在以"马克思列宁主义的立场观点和方法来解释各种问题"，用"辩证唯物论和历史唯物论的观点来阐明自然现象和社会生活规律"[4]，使学生在学习教科书内容后能够做到理论联系实际，实现教育

① 田正平，于潇. 第一次全国教育会议与国民政府初期教育改革[J]. 高等教育研究，2010，30（10）：76.

② 宋秋蓉. 民国时期私立大学发展的政策环境[J]. 清华大学教育研究，2004（2）：100.

③ 中国教育年鉴编辑部. 中国教育年鉴：1949—1981[M]. 北京：中国大百科全书出版社，1984：484.

④ 中国教育年鉴编辑部. 中国教育年鉴：1949—1981[M]. 北京：中国大百科全书出版社，1984：484.

与生产劳动结合。1960 年人民教育出版社在充分总结了教科书改革经验的基础上，进行大胆探索，按照"调整、巩固、充实、提高"的八字方针，对学校教科书进行了调整和改革。这一时期的教科书编写力求体现党的教育方针，结合我国教育的优秀文化传统与社会主义建设的实际，合理借鉴和吸收国外教科书编写的有益经验，在具体的编辑工作中，编者注意加大了语文、数学、外语等几门主要学科的编写力度，在一定程度上反映了社会发展的新成就。

二、教科书内容选择的多元化与现代化

清朝末期，在"巩固国本"思想的支撑和指导下，一些传统经学、史学、修身教科书都需要用很大的篇幅来对儒家经典进行选录，其内容则主要是宣扬封建文化，充满了浓厚的封建意识。这些传统的教科书大多是为适应科举而精心选编，内容比较陈旧，教法形式刻板，并不利于推进时代的发展和进步。1912 年，南京临时政府颁布了《普通教育暂行办法》，明令"清学部颁行之教科书，一律禁用""小学读经科一律废止"。随即各书局据此开始编辑新教科书，"经学"的内容大幅减少，在总量和编辑的篇幅以及文体的选编上都依据民国初期教育宗旨作了一定的调整。直到五四运动以后，涌现出民主主义与科学主义教育思潮，这两种教育思潮逐渐成为当时教科书变革的新导向。

辛亥革命以来，以旧的经学为导向的中华民族传统价值观念与思想正值艰难困苦中的蜕变，但时势必然是要培养"民主共和"的新价值观。教科书是一种培养新型国民的物质载体，因而受到广泛的关注。以商务印书馆编辑出版的一套语文教科书为例，其选编就明显地增加了一些弘扬近代新型价值观的内容，如《共和国国文教科书》第四册《民主国》："我国数千年来，国家大事，皆由皇帝治理之。民国成立，由人民公举贤能，治理全国大事，谓之民主国。"第八册《法律》："共和国之法律，由国会制定之。国会议员，为人民之代表。故国会之所定，无异人民之自定。吾人民对于自定之法律，必不可不谨守之也。"该册课本中另有行政、司法、选举权等内容。历史教科书中也有类似的进步，《共和国历史教科书》第六册《近代之文化》一文即对清政府的专制提出批判："专制之制度，至明代而极，盖明太祖崇尚刑法，箝制臣民，清人入关，因明制而益密。加以宋明诸儒以忠君为大义，国人益视君上如帝天，无敢非抗。迨清之季室，共

和民权之说输入，民志一变，卒推翻数千年专制之政体而建中华民国，洵国史之光荣也。"[①] 此时商务印书馆的教科书以反对专制、主张民主共和为一大特征。

虽然在民国初期出现了袁世凯的复辟，复古主义逆流横行，在一定程度上阻碍了教科书科学化发展和改革的历史进程，但是在教育界人士的共同努力下，北洋政府最终还是延续了科学主义教育大势下的教科书编撰取向。1933 年，由中华书局正式出版，由韦息予、孙伯才共同编著的《小学自然课本》也充分体现了对"科学"内容的关注和重视。该书总共分为四册，每册各十八课，第一册主要是介绍气候的观测与研究、农业与食物、饮食的调节及其功用，第二册主要介绍了音和光、印刷及纸笔、衣服及人生、几种兵器的学习，第三册主要介绍的是建筑材料、日常用品、地理和天体，第四册则主要介绍有关电的实际应用、演进及优生等。这在以往的教科书中是很少涉及的。中国传统的教科书与儒家经典密切相关，内容包括政治、哲学、伦理、典章制度、文学、历史、艺术、音乐等方方面面。南京临时政府教育部在公布的《普通教育暂行课程标准》中明确规定："初等小学校之学科目为修身、国文、算术、游戏、体操。视地方情形得加设图画、手工、唱歌之一或数科目。女子加课以裁缝""高等小学校之学科目为修身、国文、算术、中华历史、地理、博物、理化、图画、手工、体操兼游戏。女子加裁缝。视地方情形，得加设唱歌、外国语、农工商业之一科目或数科目"。这是民国伊始颁布的第一个全国性的课程标准，该课程标准的颁布使教科书的编写有了指导纲要，于是根据课程标准编写的教科书也相继涌现，"中学校之学科目为修身、国文、外国语、历史、地理、数学、博物、理化、法制、经济、音乐、体操。女子加家政、裁缝"[②]。20 世纪 20 年代以来，伴随着杜威"实用主义课程论"的广泛传播，教科书中关注儿童、尊重儿童的成分大大增加，人们对其也有了更加深入的认识。如前所说，1922 年商务版《新学制国语教科书》的初小教科书几乎全部包括了儿歌、童话、民谣、寓言等。

1949—1956 年是我国探索建设中国特色社会主义教育的开端，在本土与外

---

① 史春风. 商务印书馆近代教科书出版探略：从国文（语）和历史教科书谈起[J]. 北京师范大学学报（社会科学版），2003（6）：88.

② 陈学恂. 中国近代教育史教学参考资料：中册[M]. 北京：人民教育出版社，1987：168 - 169.

来文化的碰撞中，教科书的内容逐渐多样化。第一套教科书借鉴的大都是苏联教科书，各科的教科书内容都进行了一定程度的革新。例如，小学语文教科书在儿童识字量等方面由新中国成立前的 3500 字缩减为 2800 字。数学教科书的编撰也进行了适当的精简，形成了更加具有代表性的教科书形式，例如《初级中学平面几何课本》《初级中学代数课本》《高级中学解析几何课本》《高级中学立体几何课本》等。外语教科书在新中国成立初期并没有严格的规范，只是各地根据实际情况开设了相应的俄语或者英语课程，因此教科书也逐渐向多元化发展。另外，还有历史、物理、体育、自然教科书都呈现多元化的发展趋势。人教社出版的第二套教科书比起第一套教科书来说有了一些改进，开启了他们自主探索和研究的新道路，在很大程度上也摆脱了苏联模式的局限和束缚。语文教科书特别注重思想性与阶级性，关注知识的基础性和系统性；历史教科书以马列主义为基本指导思想，内容丰富，还特别配有相应的插图；化学教科书主要是精简了部分教学内容，知识性和系统性得到了强化；音乐教科书也增选了许多革命歌曲，注重培养学生的爱国主义情怀和革命精神；体育教科书以体操为主要形式，注重增强国民健康的体魄；美术教科书以作品的鉴赏和创作为主，内容上侧重于介绍美术的表现形式，旨在培养广大学生欣赏绘画艺术作品的能力以及工艺美术的具体表现能力和艺术创造的能力。

1956—1966 年是我国探索社会主义建设道路的时期，在经历了中西文化碰撞与冲突之后，文化得到了整合与革新，教育也进入了一个全新的建设和探索阶段，教科书打破了旧的编写框架，开启了独立编写的探索。这一阶段学校教科书的内容越来越朝着现代化发展，在教科书中删掉了不符合现代科学理论观点的相关知识，也逐级下放了原有教科书的内容，方便了学生的理解和掌握，同时也适当提高了课程的理论水平。新编撰的语文教科书严格遵循"（中学）语文课应该使学生具有现代语文的阅读能力和写作能力，具有初步阅读文言文的能力；作文要力求文理通顺，用词确切，正确地使用标点符号，字写得端正，不写错别字"①、"教师讲课，必须把课文内容讲解清楚。一般不要把语文、历史、地理等

---

① 课程教材研究所. 20 世纪中国中小学课程标准·教学大纲汇编：课程（教学）计划卷[M]. 北京：人民教育出版社，2001：283-284.

课程讲成政治课，也不要把语文课讲成文学课"[①]、"小学语文课应该使学生认识3500 个常用汉字，学会汉语拼音（作为识字的辅助工具），掌握常用的词汇；流利地诵读课文，并且能够背诵教师指定的一部分课文；字写得端正；会写一般的记叙文和应用文，语句通顺，注意不写错别字，会用标点符号。一般不要把语文课讲成文学课或者政治课"[②] 的原则。更为注重培养学生的读写能力，凸显了语文的工具属性。这一时期的数学教科书坚持走群众路线，鼓励群众积极参与到教材编写的队伍中来。对原来人教社编写的教科书重新进行修订，并开始自编小学实验数学教科书。教育部颁发了《关于小学算术课本临时措施问题的通知》以及《小学各年级算术教材精简补充纲要》，明确从 1958 年秋季开始，将初中算术的部分内容下放到小学，并编写小学数学暂用本。并于 1960 年 10 月初步拟定了《十年制学校数学教材的编辑方案（草稿）》，在此基础上编制了 10 册十年制学校小学课本（试用本）《算术》、1 册《珠算》。新编制的小学数学教科书在内容编排上进行了调整，如删去繁难的应用题，增加比例等内容；在体系方面进行了一些改进，如减少了小学整数教学的循环圈等；将初步几何知识的学习提前列入小学数学教材中等[③]。而中学的数学课本尤其注重学生的逻辑推理能力的训练，它划分为判断、推理、分析和逻辑四个阶段，同时还合理地添加了许多小插图，以帮助学生更准确、更快捷地理解例题。外语教科书的大部分内容以单词、句型和课文为基础，穿插有一些基本的语法教学。新编的历史教科书选用了唯物史观的编写理念，在内容的选择上更加注重基础知识的讲解和重要历史事件的具体描述，并且客观地去分析和评价历史上的代表性人物。中学政治教科书的编撰经历了前期的初稿、试验、最终定稿等三个主要阶段，选用了大批具有政治教育性的文章。美术教科书则主要是围绕"爱祖国、爱人民、爱劳动、爱科学、爱护公共财物"的主旨来编写。

20 世纪 80 年代，我国进入社会主义改革与发展新时期。随着国家对教育重

---

① 课程教材研究所. 20 世纪中国中小学课程标准·教学大纲汇编：课程（教学）计划卷[M]. 北京：人民教育出版社，2001：284.

② 课程教材研究所. 20 世纪中国中小学课程标准·教学大纲汇编：课程（教学）计划卷[M]. 北京：人民教育出版社，2001：275.

③ 石鸥. 新中国中小学教科书图文史：数学[M]. 广州：广东教育出版社，2015：81.

视程度的不断提高，教育优先发展的观念以及科教兴国战略思想已被广泛认可，并逐步付诸实施，这一时期学校教科书的内容也进行了相应的调整。尤其是在思想品德教科书的改革问题上，除了要注重对思想道德素质的培育之外，还要重点强调爱国主义教育。1992 年 9 月起将中学各门政治课统一命名为"思想政治"，促进其课程内容的整体发展。1997 年 12 月由人教社出版的高一上册《思想政治》（必修）教科书有了很大的改进，内容上更加贴近学生的生活，彰显了时代特征，增加了市场公平、职业道德等内容，有助于学生结合生活情境学习教科书内容。

至 21 世纪，在全球化趋势的影响下，我国开展的新一轮课程改革也更加注重创新，关注学生的民族荣誉感和自豪感，培养学生将来为祖国作贡献的精神和信心。国家的教育政策调整和课程改革的试行在教科书变革中得到体现，教科书在 21 世纪呈现出现代性与多元化的特征。例如，在教科书内容及其要求等各个方面都更加注重培养和提高学生的创新能力与社会实践能力，特别是注重其开放性与实践性，侧重学生的个性发展。当今世界各国之间的合作更为频繁，文化的融合与竞争并存，科技的发展又拓宽了人们了解世界文化的渠道。异质文化在各国之间的传递与激荡，时刻冲击着人们的价值观、国家观念和民族认同感，因此，在新的课程标准与教科书编写要求中，对政治教科书的内容作出了调整，增加了社会主义核心价值观的相关内容。

三、教科书编写体例的科学化

教科书编写体例的科学化指的是在其编撰过程中既要考虑如何促使一门学科知识形成一条系统完整的知识链，又要综合考虑在所有专业和学科之间建立起一个有机的知识网络，此外，还要充分考虑到每一个受教育者在不同年龄阶段所具备的生理特征、心理特征以及认知规律等。学校教科书编写体例随着分科课程计划出现及内容的系统性而呈现出科学化的发展趋势。中国传统的教科书大多与儒家经典"四书""五经"有着密切的关联，其编写体例是采用综合性的"大语文"形式进行编排，直到"经、史、子、集"四部分类法的产生，又将整个社会学科的基础知识归到这四类进行编写。而现代教科书除了在内容科学性方面有所提高之外，最重要的就是课程理念的引进和分科编写的涌现。相较于传统教科书包罗万象的特点而言，现代教科书更倾向于分科编写。古代士子大多只需阅读一些经书即可，而现代的学生则需要阅读那些依据科学规律和知识的系统性所编撰的各科教科书。直到 20 世纪 20 年代，伴随着以美国实用主义教育理念为代表的现代教育理论的盛行，尤其是受到杜威儿童中心理论的推动和影响，教科书在教学内容编写上更为重视儿童的心理特征，从更加符合儿童学习特点的角度出发，增强教科书的趣味性。当时具有代表性的教科书有商务印书馆的《复兴算数课本》，强调"学用图画及故事，从直观欣赏引起儿童习算的动机"①。

南京国民政府时期的中国教育经过三民主义、实用主义、新文化运动等多次洗礼，烙下了深刻的时代印记。随着日本全面侵华战争的打响，在中华大地上展开了艰苦的八年全面抗战。在战争这个特殊的历史时期，中国的战时教科书呈现出全新的特征。这一时期教科书编写的学科比例更倾向自然学科，许多学科门类的教科书编写体例体现较强的科学性。1937 年 10 月，商务印书馆编辑的小学适用的《战时常识》《国防算术》《游戏教科书》《国民防空必读》及中学适用的社会、自然等科目战时补充教科书出版。这些教科书的内容编排都体现了近代教育的科学性②。

新中国成立初期的教科书事业经历了较大的变革和发展，其中最具代表性的教科书是由人民教育出版社组织编辑出版的两套，其中一套是以苏联教科书为主要蓝本，另一套则是充分吸取了当时先进的科学研究成果。在第一套教科书中，中学语文教科书的变革显得尤为突出。《初级中学语文》这套教科书是在 1950 年由新华书店出版的《初级中学语文》基础之上重新修订而编写成的，总共分为六册。这套语文教科书并不再局限于沿用旧时"国文""国语"的课本名称，而是更加大胆地进行创新，将教科书更名为"语文"。在编写方面也有更为突出的特点，例如条理更加清晰，内容重点突出，文中附有作者介绍，附有生僻词语、方言诠释及相关字的注音，文后还另外配有难点提要，在其中还穿插了语法练习，能够注重扎实培养学生听、说、读、写等各方面的综合素质。第二套教科书在第一套教科书的基础之上有了更为显著的发展。首先，第二套教科书在很大程度上摆脱了过去的苏联模式，开始尝试自主探究和创新实践。具体从各个学科来

---

① 吴洪成，天谧，李晨. 中国近现代教科书史论[M]. 北京：知识产权出版社，2017：261.
② 吴洪成，天谧，李晨. 中国近现代教科书史论[M]. 北京：知识产权出版社，2017：281.

看，语文教科书在不断加强思想性的同时，也一并兼顾了知识本身的基础性、独立性以及系统性；在数学教科书的编撰方面，不断改进编写体例，将习题板块和例题分开来编写，主要分为准备题、例题、习题和复习题等几大板块，同时还将各个板块的内容进行了更为细致的调整，充分考虑相关内容之间的协调性和衔接性；历史教科书的内容呈现形式更加丰富，同时还配有与内容相关的插图素材；化学教科书在部分内容的编写上更为精练，很大程度上体现了学科知识的结构性和系统性。

四、教科书装帧设计及排版的艺术化

自民国时期开始，书籍装帧设计受到整个社会的广泛关注，教科书装帧设计也迅速发展起来，在传承传统文化的基础之上，融合了西方装帧设计的一些风格特色。教科书的装帧设计最为直观地体现在封面上。教科书封面主要呈现书名、作者名、出版社名等信息，有时为体现美观和学科特点，教科书都会适当配有相关的图画。这一时期教科书装帧设计的特点主要体现在以下三个方面：一是为了凸显书名而对封面的文字进行了特别的编排；二是为了装饰外观的美观而特别添加了封面画；三是为了保护书页对封面制作的材质进行了精心的选择。民国早期教科书的封面文字形式是统一由上至下竖向排列，具体可分为两种形式：第一种是沿袭了传统书籍的"书衣"样式，在封面上指定的位置贴上题签；第二种形式即是将封面划分为三栏，并且按照内容依次标注相关的信息，事实上，这种样式与传统书籍中扉页的版式设计有异曲同工之妙①。直到民国中后期，书籍封面上的文字信息渐渐地丰富起来，教科书封面的版面样式也更趋多样化，例如，针对封面上出现的书名、出版社名等文字信息进行组合和归类，按照文字的层级关系设计文字字体、字号以及文字摆放的位置。此外，教科书封面文字的排列方式也呈现多样化趋势，主要分为竖向排列、横向排列及横竖混排等形式。

在进一步发展中，教科书封面及内容设计逐步形成了一些原则和规范。例如，同一套系的教科书在进行封面设计时，通常采用相近或者几近相同的封面插

---

① 张蓓. 合度·深度·尺度：民国时期教科书装帧设计之研究[J]. 中国出版，2016（4）：65 - 67.

图，以形成统一的书籍风格，并且以此构成完整的书系。通常不同年级的教科书封面设计会根据使用对象的不同而在图形、色彩、文本结构设计方面体现出差异性，例如在低年级的教科书封面设计中会使用比较直观而生动的图画，高年级教科书的封面则多采用比较抽象的图案、图形，以激发学生的联想和想象。民国初期出版的教科书延续了清末教科书的插图样式，多采用中国传统的工笔线描绘画。这一阶段的插图质量与前期相比有所提升，除了画面结构与造型更为准确、颜色的层次关系更为丰富之外，还有一些利用墨色的浓淡来表现画面的明暗关系以体现空间感。得益于印刷技术不断进步与发展，教科书中彩色插图的数量与之前相比增加了不少，书籍的印刷质量有了很大的提高，彩色印刷带来了更美观的视觉效果。自清末至 20 世纪 30 年代，日本艺术风格逐渐成为中国教科书插图设计的重要借鉴对象，例如，丰子恺为《开明国语课本》所绘制的插图成为当时教科书版式设计的一种典范。

　　民国中后期，教科书插图设计在发展过程中受到欧美艺术风格的影响。首先，是受装饰艺术风格的影响，具体表现在插图设计的画面中出现了几何形式的、纯粹装饰性的线条。其次，这一时期的插图还受到西方写实主义绘画风格的影响，特别注重人体比例、脸部和身体的细部刻画。当时的插图特色还在不同的学科教科书中得以体现，例如在文科类国文国语教科书的插图设计中，插图的创作者会用比较直观形象的图画形式将课文中的情境展现出来；英语教科书中的插图模仿的是西方的主要绘画风格；历史、地理类教科书的插图通常是对历代人物、历史事件、地域特征等内容进行具体的刻画和描绘。理科类教科书插图又有其不同的表现形式，例如，有通过插图来表现抽象的科学内容、逻辑规律和实验过程的，这种形式的插图比较多出现在高年级教科书之中；还有通过一个完整的场景来搭配多幅特写画面，或通过系列插图来表现简单的数学运算和自然常识，这在自然、生物和低年级数学等教科书中比较多见。艺术类教科书通常包括美术和音乐教科书，美术教科书中的插图形式多是范例图示，旨在让学生学习或欣赏各种绘画门类，以赏析和感悟为目的，而音乐教科书中的插图多数是模仿西方绘画风格，画面形式较为复杂，呈现线条之美，平滑且流畅，具有很强的装饰性①。除此之外，因受到儿童中心等实用主义教学理念的巨大影响，学校教科书的装帧设计也注重从有助于儿童学习与成长的角度来进行。教科书的纸张、字体、装订等皆从便于学生学习的角度来设计。具体到教科书纸张的颜色、字体的大小、文字的行间距以及书籍的装订形式都逐渐体现科学合理性。

新中国成立初期出版的教科书，封面设计和内容排版呈现出各学段的特征差异。就人民教育出版社出版的第一套教科书来看，小学教科书的封面设计整体色彩丰富，主要采用竖式构图。第二套教科书的封面基本未见插图，只有少许印花用于点缀，使课本显得简洁而美观。封面的文本内容由上往下分别是适用学段、课本名称、使用年级、第几册、出版社等信息，文本层次分明，方便阅读。而在教科书的内页中出现了不少彩色的插图，与封面相比少了些许严肃凝重，增添了不少生气和意蕴。小学美术教科书《少年儿童图画》，封面中选择富有艺术性的字体，有细长的变形艺术字以及符合儿童审美趣味的圆润字体，内页则是继续选用典雅端庄的宋体字。人教社 1981 年出版的美术教科书将教科书具体内容中的插图作为封面的一部分；1987 年出版的美术教科书主要以学生创作的艺术作品作为封面的视觉形象；1989 年出版的《九年义务教育六年制小学教科书 美术》更加注重封面设计的系列感，讲求风格的统一性和协调性。随着计算机技术在版式设计与编排中的广泛运用，教科书的封面样式更加丰富。20 世纪 90 年代出版的美术教科书充分利用计算机排版，字体设计方面较之前更注重多样化，以美黑体、黑体以及以黑体为基础的结构或笔画调整的字体为主。

民国时期，由于受到近现代西方印刷技术和西方印刷物版式风格与设计原理的双重影响，左起横排的文本版式已见雏形。在新文化运动时期，有文人学者也曾因将竖排形式改为横排而产生过意见不合和争执，后期又由于社会形势的不安定，不断发生动荡与战乱，这一提议迟迟未付诸实践。直到新中国成立，汉字排版被再次提上日程，"终于在郭沫若、胡愈之等推动下，于 1955 至 1956 年间，

---

① 张蓓. 合度·深度·尺度：民国时期教科书装帧设计之研究[J]. 中国出版，2016(4)：65 – 67.

全面完成汉字'拼音式排印'的竖排改横"①。至此，左起横排的汉字排版方式最终正式确立，实现了文字排版方面的国际化，这种排版方式也一直沿用至今。

随着科学技术的进步、文化的革新以及计算机技术的更迭，越来越多的书籍排版开始使用计算机的编排软件，这不仅使编排工作更加便捷，同时也使编排质量不断提升。以美术教科书为例，1981 年人教版小学美术教科书的图文内容在经历多次改革后日趋丰富，页面中多种多样的图片作为美术教科书的一大特点，也构成了内页版面编排的一大难点，既需要实现画面统一，又需要具有美感与和谐的视觉效果。1989 年人教版小学美术教科书为达到编排风格和样式的统一性，便开始尝试使用大色块来作为差异化较大的编排内容的"调和剂"。过去很长一段时间里，由于受到工艺技术的限制，我国小学美术教科书中的彩色配图大多是在中正四方的矩形中借助深浅色差异化背景，突出呈现主要教学内容，而随着计算机绘图软件开始辅助教科书进行版面编排，便逐渐形成了精细的、无背景的不规则图形，封面和内页的图文编排也更趋整体化与艺术化。

五、教科书制度的逐步完善

在中国出现新式学堂之前，各级官学普遍采用的教科书，基本上都是由封建统治者选定或者组织编纂，并且以"钦定"的方式颁布使用，其中也包括一些识字教科书。随后，伴随着新式教育的出现和不断推广，旧式教科书逐渐难以满足新需求，因此自编教科书便开始应运而生。民间的自编教科书能够相互取长补短，从而满足各种学堂和生源对教科书提出的新要求。不过需要注意的是，由于编写者的文化水平参差不齐，并且承担编写工作的人员大多没有接受相关教育培训和教育活动的经验，所以难免造成同一学科出现多种版本的教科书，并且水平不一、纷乱杂陈，更重要的是，对清政府在意识形态领域的绝对控制权构成了威胁。为进一步加强对教科书的审定和监管，清政府正式确立了教科书审定制度。

新学堂对教科书需求量的不断增大带来的巨大政治影响和经济价值，吸引了大批出版机构竞相出版教科书。此外，19 世纪末 20 世纪初，留学生们开始积极

---

① 万安伦，崔潇宇，刘苏. 论汉文版式竖排转横的历史动因及影响［J］. 现代出版，2018（5）：72.

地组织学社出版刊物，翻译或改编国外教科书，以满足国内学堂教学对教科书的需求，这在一定程度上打破了当时中央垄断教科书的局面，远远脱离了清政府对教科书的掌控。在这样的背景下，亟待解决的问题是如何对自由编写教科书的局面实施有效控制，通过掌握新式教科书发展进而掌握新式教育的明确走向，以防止对封建统治不利的新思想的产生与传播。基于此，统一教科书在当时就成为清政府的一大重要教育任务。到了民国时期，为了确保教科书的编撰与市场流通的稳定性，以及能够为社会供应合适的教科书，当时的国民政府在不同时期对教科书"审定制"与"国定制"的采用会有所侧重。从教科书编辑出版的具体情况来看，审定制与国定制各有利弊，采用国定制时，会在一定程度上阻碍教科书的发展，例如清末"审定凡例"公布之后，许多具有代表性的进步教科书，因不合"一学制，正宗旨"的原则，被列入"批斥及无庸审定表"之中而不能通过审定或遭查禁。然而国定制也有其优势，如在抗战的特殊条件下，便于集中国家的人力、物力、财力共同推进教科书的发行。而审定制由于其政策比较宽松，编辑的自由度比较大，便出现了多元化的版本，但同时也因其规约较少，出现了一定程度的混乱和不可控性。

1949 年中华人民共和国成立后，为了进一步巩固新生政权，建立良好的社会新秩序，国家在政治、经济、文化、教育等领域开展了大规模的改造和重塑，而教科书则在培养广大人民群众对新生政权的正确认同方面起着重要作用。新中国成立之初，我国教育制度主要借鉴苏联模式，改造旧的教育模式。在教科书制度方面，出现了各地中小学教科书自行编辑印刷、出版发行以及使用混乱的现象。对此，政府确立了"国家统一"原则，统一供应、统一编写出版中小学教材，以此来统一全国的基础教育课程体系，并且加强对全国基础教育事业的规范管理。当时的中央宣传部部长陆定一指出："教科书要由国家办，因为必须如此，教科书的内容才能符合国家的政策"，"教科书对国计民生，影响特别巨大，所以非国营不可"[①]。1950 年 9 月，国家出版总署在全国出版工作会议上明确提出了中小学教材必须严格实行全国统一供应的方针。1950 年 12 月 1 日，人民教育出版社正式成立，由出版总署副署长叶圣陶兼任社长、总编辑，教育部视导司司

---

① 金铁宽. 中华人民共和国教育大事记：第 2 卷 [M]. 济南：山东教育出版社，1995：6.

长柳堤出任副社长、副总编辑。这是全国统一的中小学教科书的编辑、出版机构，专门出版教科书和一般教育用书。1951 年 10 月 24 日，政务院文化教育委员会修正批准施行的《1951 年出版工作计划大纲》规定："人民教育出版社开始重编中小学课本，并于本年内建立全国中小学课本由国家统一供应的基础"[①]。人民教育出版社根据教育部制定的中小学各科课程暂行标准（草案），重新修订和编写中小学各科课本，并陆续供应全国各地的中小学，由此建立了由国家统一编辑和供应中小学教材的新制度。

新中国成立以来，在中小学教科书制度方面，尽管其间出现过下放课程设置和教材编写选用权的情况，但基本上是国家统一制定教学计划、大纲，统一编写教材，全国使用统编教材[②]。这就是通常所说的课程中央管理和教材国定制。随着我国改革开放和教育进一步发展，课程教材统一化已经难以适应实际需要，也并不利于教材和教育质量的提升，因此课程教材政策的改革成为当务之急。1981年教育部颁发了《五年制中学教学计划修订草案》，针对教育部 1978 年 1 月颁发的《全日制十年制中小学教学计划（草案）》进行了重新修订，并重新制定、发布了《六年制重点中学教学计划试行草案》，1984 年又颁发了《六年制小学教学计划草案》。随着这一系列的修订完善工作，中小学阶段便形成了两种学制，分别是十年制和十二年制。根据新的教学计划，人民教育出版社也随即陆续修订了五年制小学和五年制中学教材，同时还编写了六年制中学和六年制小学教材。1985 年 1 月，教育部颁布了《全国中小学教材审定委员会工作条例（试行）》，指出今后中小学教材的建设，把编写和审查分开，由人民教育出版社来负责编写，各省、自治区、直辖市教育部门，学校、教师和专家可以参与编写，由全国中小学教材审定委员会负责审定，审定后的教材由教育部推荐，供各地选用。

我国于 1986 年颁布实施《中华人民共和国义务教育法》，明确了基础教育课程的义务教育性质，为我国实行课程教材多样化发展、三级课程管理政策和教材审定制提供了法律依据。至此，我国的基础教育政策不断改进和发展，教科书制度也由此进入了一个新的历史时期。《中华人民共和国义务教育法》明确规定：

---

① 何东昌. 中华人民共和国重要教育文献（1949—1975）[M]. 海口：海南出版社，1998：74.

② 宗世哲. 新中国教育出版 60 年[J]. 编辑之友，2009（10）：39-43.

"义务教育事业，在国务院领导下，实行地方负责，分级管理""国务院教育主管部门应当根据社会主义现代化建设的需要和儿童、青少年身心发展的状况，确定义务教育的教学制度、教学内容、课程设置，审定教科书"。依据上述法规精神，同年9月国家教育委员会正式成立了全国中小学教材审定委员会及各学科教材审查委员会。1987年10月发布了《全国中小学教材审定委员会工作章程》，随后经过一系列修订完善，于1996年再次发布《全国中小学教材审订委员会工作章程》。至此，我国义务教育教科书制度经历了从编审合一到编审分开，再从一纲一本到一纲多本，从国定制发展到审定制等一系列变化。

自21世纪以来，世界各国在经济、文化全球化的发展浪潮中，竞相展开了以课程改革为核心的教育改革实践，我国也随即启动了新一轮的基础教育课程改革。本次课程改革针对中小学课程与教学中出现的各种问题，以及社会的迅猛发展和科技的不断进步对中小学教育与课程发展提出的新要求，确定了我国基础教育课程改革的目标和方案，明确提出了完善符合素质教育新要求的基础教育新课程教科书制度的具体做法。2001年颁发的《国务院关于基础教育改革与发展的决定》中指出，"教材编写核准、教材审查实行国务院教育行政部门和省级教育行政部门两级管理，实行国家基本要求指导下的教材多样化。国务院教育行政部门负责核准国家课程的教材编写，审定国家课程的教材及跨省（自治区、直辖市）使用的地方课程的教材；省级教育行政部门负责地方课程教材编写的核准和教材的审定。经国务院教育行政部门授权，省级教育行政部门可审定部分国家课程的教材"，基础教育教材建设的要求和管理权限更加明确。在此次文件颁布的基础之上，教育部又在2001年印发的《基础教育课程改革纲要（试行）》中进一步作了具体的要求和规定："实行国家基本要求指导下的教材多样化政策，鼓励有关机构、出版部门等依据国家课程标准组织编写中小学教材。"2006年6月29日新修订的《中华人民共和国义务教育法》明确规定，"教科书根据国家教育方针和课程标准编写，内容力求精简，精选必备的基础知识、基本技能，经济实用，保证质量""国家机关工作人员和教科书审查人员，不得参与或者变相参与教科书的编写工作""国家实行教科书审定制度。教科书的审定办法由国务院教育行政部门规定""教科书价格由省、自治区、直辖市人民政府价格行政部门会同同级出版主管部门按照微利原则确定""国家鼓励教科书循环使用"等教科书制度进一步完善。

第五章

教科书编写的文化观念

教科书是课程内容的主要载体，是教师实施教学的媒介，也是学生发展的基本文化源。教科书在内容选择、编写体例、版式设计等方面深受学科文化观、儿童文化观、社会文化观的影响，不仅要遵循学科知识的内在逻辑，而且要关注学生个性与整体素质的发展和提升，同时也要发挥教科书在新时代社会文化建设过程中的作用。这意味着教科书在编写过程中既要注重对学科的基本概念、原理、学科态度与方法等方面的系统把握，体现出应有的学科文化观；也要使教科书整体内容的编写与设计符合儿童认知特点与身心发展规律，彰显儿童文化观；还要根据时代所需，大力弘扬中华优秀传统文化，广泛吸纳多元文化中有价值的内容，在提升学生文化素养和促进社会文化繁荣与发展的进程中起到重要作用。

第一节　教科书编写的学科文化观

文化是一个历久弥新的话题，同时也是最难廓清内涵和外延的概念之一，研究者从自身所属学科和研究对象出发，对文化作出了不同的解释。教科书作为文化的重要载体和传播媒介，不同的学科承载着不同的文化需求和文化价值取向，在历史演进和时代发展的过程中逐渐形成了各个学科独具一格的学科文化，秉承着自己的学科文化观。

一、学科文化的内涵、特征与意义

（一）学科文化的内涵

学科具有文化特质，学科文化作为一种特殊的文化现象，长期以来囿于各种原因一直没有引起学术界的足够重视。关于学科文化的定义，学术界至今还没有形成较为统一的认识。综合国内外相关研究成果来看，国内研究者主要集中于对学科文化的语言、规范、思维和价值等方面的研究。有研究者认为"学科文化是世界历代学者在创建该学科理论的过程中，发现、创造和形成的学科理论体系所具有的思想、方法、概念、定律，是学科中所采用的语言符号、价值标准、科学精神或人文精神、文化产品以及工作方法的总和"[1]；也有人认为学科文化是"在学科形成发展过程中形成的学科特有的语言、学科理念、价值标准、思维方式、伦理规范等"[2]。还有研究者将知识体系纳入学科文化的范畴，认为学科文化是"人们在探索、研究、发展学科知识过程中积累并传播独有的语言、价值标准、伦理规范、思维与行为方式等"[3]。与国内研究相比，国外研究者主要聚焦于对学科文化的价值观、态度以及行为方式等方面的研究。伯顿·克拉克（Burton Clark）将学科文化描述为"根据独特的理智任务，各门学科都有一种知识传统（即思想范畴）和相应的行为准则。在每一领域里，都有一种新成员要逐步养成的生活方式……在那里，他们分享有关理论、方法论、技术和问题的信念"[4]。有的研究者也认为学科文化根植于学科，每一学科都有一种知识传统和相应的行为规则，学科知识是学科文化的重要组成部分。托尼·比彻（Tony Becher）和保罗·特罗勒尔（Paul Trowler）合著的《学术部落与学术领地——知识探索与学科文化》中把学科视为一个个相对独立的"学术部落"，学科文化的内

---

① 薛瑞丰，等. 浅谈学科文化教育与学科知识教育的关系[J]. 华北水利水电学院学报（社科版），2001（9）：78.

② 庞青山，廖俊. 论大学学科文化的功能与作用[J]. 宜春学院学报（社科版），2006（1）：4.

③ 刘慧玲. 试论学科文化在学科建设中的地位和作用[J]. 现代大学教育，2002（2）：72.

④ 克拉克. 高等教育系统：学术组织的跨国研究[M]. 王承绪，徐辉，殷企平，等译. 杭州：杭州大学出版社，1994：87.

涵可以从学科知识和学术部落两个方面来分析，认为"学术部落和学科认识论是互相交织、不可分割的：学科知识形式在很大程度上是被社会化地构建和具体例证体现的，学科知识形式的形成，对其文化根源有相互作用"①。由此可见，学科文化既包括学科知识本身认识论的特征，也包括学术部落的社会特征②。

综合上述研究观之，"不同的理解反映了研究者们对学科文化生成机制的不同认识，并从不同的侧面共同指向一个更加完整的学科文化概念"③，而学科文化作为一个错综复杂的学科文化体系，在研究学科文化的时候要从整体上去把握和考虑学科所蕴含的文化底蕴。学科文化是由"学科"和"文化"复合而成，学科能否得到科学的发展，离不开文化的影响。从学科定义出发，狭义上是指知识的分支，由不同知识组成的教学科目；广义上延伸为一定知识体系结成的学术组织以及组织成员所遵循的学科规范等。因此，从本质上说学科即是系统化、专门化的知识体系，包括形成该学科的语言符号、规则制度、组织结构等，对学科文化的理解必须以学科知识体系作为逻辑起点，它有相对确定的研究对象和研究方法。从文化的定义出发，强调文化是"某个人类群体独特的生活方式，他们整套的'生存式样'"④，衔接着学科文化中的群体生活样态并逐渐形成一些共同的价值观念和行为规范等。基于此，可以认为学科文化是在学科的实践与探索中形成的独特的学科知识体系、学科探究方法和学科价值取向的总和。

（二）学科文化的特征

学科文化具有相对稳定的特征。有研究者认为学科文化具有学术性、内隐性、独特性、多样性和稳定性等特点⑤。也有研究者认为，学科文化具有独特性与专有性、自由性与开放性的特性⑥。根据学科文化的内涵，我们认为学科文化主要具有稳定性与独特性、包容性与内隐性、建构性与教育性等特点。

---

① 比彻，特罗勒尔. 学术部落与学术领地：知识探索与学科文化[M]. 唐跃勤，译. 北京：北京大学出版社，2018：27-28.

② 胥秋. 学科文化的内涵及其研究进展[J]. 高教发展与评估，2011（2）：6-11+120.

③ 程新奎. 国外学科文化研究综述[J]. 宁波大学学报（教育科学版），2016（5）：59.

④ 克鲁克洪，等. 文化与个人[M]. 高佳，何红，何维凌，译. 杭州：浙江人民出版社，1986：4.

⑤ 高山. 大学学科文化管理研究[M]. 北京：中国社会科学出版社，2016：62-64.

⑥ 邓和平. 大学学科文化散论[J]. 高教发展与评估，2008（5）：26-37+55+122.

1. 学科文化的稳定性与独特性。学科文化的形成需要一个长期的过程，一个学科一旦形成自身的学科文化，也就意味着学科知识的范围、学科的规训制度、学科的组织结构以及学科的研究方法等都会与其他学科文化有很大不同，学科文化积淀越多，就越趋于稳定，越能形成区别于其他学科文化的独特品性。

2. 学科文化的包容性与内隐性。虽然学科文化在形成与发展过程中具备一定的稳定性与独特性，但是学科本身是由众多分支学科构成的，任何一个大的学科门类中都有一些子学科与其他学科有着密切的联系，在学科交叉与交融的进程中，一个学科的文化必然进入到另一个学科里，在相互包容中重塑着自身的学科文化并重新划定着学科的文化边界；从学科文化的内隐性来看，学科知识体系中的情感态度、价值取向等缄默性的内容，虽然具有重要意义，但传递起来难度较大。因此，"缄默知识作为一种无意识的文化准则与思维，只能靠当事人通过与学科群落中的人交往，逐渐领会或顿悟，比起显性的文化学习可能更加重要"①。

3. 学科文化的建构性与教育性。"文化是为人的，也是人为的"②，学科文化作为文化的一个重要组成部分，是人基于自身的主观能动性对学科进行文化建构的过程。一方面，学科文化是在不断变化和动态生成的，我们应该理性对待学科文化，既要主动将学科放置于社会文化大背景中进行考察，又要选取对学科具有促进作用的文化元素进一步充实学科文化的内涵与外延；另一方面，学科文化的落脚点在于将学科文化融入课堂教学中，既能服务师生知识与技能、过程与方法、情感态度与价值观的综合发展，又能够在教学过程中实现对学科文化的进一步阐释、解构与重构。教育性作为学科文化的基本属性，乃是形成和发展学科文化的根本目的所在，学科文化的学科知识体系、价值规范等只有建立在教育学的一般原理基础上才能获得充分的解释，只有实现教育学化才具有可教性。对此，在教学过程中，教师除了教给青少年学生以知识能力与素质发展外，还要给予他们相应的价值感与意义感，使他们能够理解学科文化的价值体系及其规范，通过教学活动进一步凸显出生命的整全性存在，使学生在学习学科知识的同时，获得文化的陶冶与浸润、身心的和谐与丰盈。

---

① 胥秋. 大学学科文化的特点及其影响因素研究[J]. 黑龙江高教研究，2014（10）：2.
② 费孝通. 反思·对话·文化自觉[J]. 北京大学学报（哲学社会科学版），1997（3）：19.

（三）学科文化的意义

学科文化作为学科成熟的重要表征，在学科发展中发挥着不可替代的作用。学科文化的意义与功能，可以概括为两个方面：一是就学科文化自身而言，它在学科发展中的地位和作用；二是学科文化在学科教育教学活动中的作用和价值。

就学科文化自身而言，首先，学科文化在学科发展中占据核心地位。学科文化同其他文化一样，有积极与消极、进步与保守之分。积极进步的学科文化不仅是学科成熟的标志，而且对于提高学科的核心竞争力、促进学科的可持续发展具有重要的意义；反之，则会对学科的发展产生阻碍和破坏作用。也只有当学科文化呈现积极进步的样貌时，学科才能够顺应时势变迁，不断调节自身的运行轨迹，并吸纳其他学科文化的精华或衍生出新的学科文化内容，抑或是整合成新的学科文化体系，促进学科的螺旋式上升。其次，学科文化促进学科向纵深发展。一方面，学科文化不仅是学科构建的基础，也是学科发展的内在动力。学科文化始终遵循从简单到复杂、从低级向高级、从具体到抽象的动态发展过程，学科文化的不断丰富推动了学科前沿的不断演进，促使学科向纵深发展。此外，现代科学技术和研究不断呈现出学科交叉、多视域融合的趋势，学科交叉融合的动力来源于不同学科文化的整合。在不同学科文化的整合中，促使一些交叉学科、边缘学科、综合学科和横断学科的产生与形成。

从学科文化在学科教学中的作用来看，学科文化的作用与价值主要依靠教师组织的各项教学活动得以彰显，而学科教学活动又是教师以学科教科书为媒介对学生进行文化育人的过程。由此，学科文化说到底还是一种人的文化，学科文化的两端连接着的是独立自主的生命个体，学科文化通过引导、规范、陶冶、形塑等过程，对学科学习和研究者进行文化渗透，对他们的发展起着定向和规范作用。因此，学科文化的首要功能是充分发挥学科文化的育人作用，以免培养出有知识没文化①的单向度的人，即师生通过在教学过程中的交往与互动，借助教科书所承载的学科文化，赋予教学场域里的各个事物以特定的意义，使师生在文化的涵养下，习得对文化的理解和体验。亦即学科文化不只是传递着脱离具体生活情境的抽象学科知识，还使人通过文化价值的摄入，在活动中不断体验和探索，

① 胡平. 学科文化精神：大学生文化素质教育的核心[J]. 文化学刊，2008（1）：97-100.

激起学生文化创造的欲望，生成文化创造的行为和能力，最终帮助学生达到知识性与文化性、工具性与人文性统一的境界。

此外，还有研究者认为学科文化具有精神引导、规范保障、稳定发展的作用①。学科文化作为学科进步的源泉，在为学科发展提供永不枯竭的精神动力和内在驱动力的同时，也通过各学科教科书，在教学活动中发挥着文化育人的教化功能，实现其文化育人的价值。

二、教科书学科文化观的基本内容

教科书作为一种摄入了丰富文化价值的文化载体，既是实现课程目标、实施教学的重要资源，也是不同学科课程内容的具体体现，在历史演进与时代发展过程中形成了独特的教科书学科文化，不论形式还是内容都反映出编写者所秉承的学科文化观，包括在学科知识体系的构建、学科探究方法的呈现、学科价值取向的定位等方面所持的观念。

（一）学科知识体系的构建

学科知识体系作为学科文化的基本内容之一，"包括了学科的基本概念和基本原理、学科的探究方式、该学科与相关学科的关系等。学科知识的典型类型包括：数学、自然科学、技术学、社会科学和人文科学等"②。在小学语文教科书中，主要是由拼音、汉字、词语、语句、标点符号、阅读理解和写作七个部分组成语文学科知识体系，每一个部分都由许多要素组成并自成结构。学科知识体系是十分复杂和多元的，学科专家等教科书编写人员在组织与设计学科内容时，需要注意以下几点：一是学科知识的逻辑性与学科体系的完整性；二是学科语言的规范性与概念的准确性；三是要符合学生的一般认知规律。

1. 学科知识的逻辑性与学科体系的完整性。学科知识的逻辑性是指在教科书进行知识选择与内容组织时，编写人员要看到知识与知识之间的内在联系，包括知识之间相互转化的深刻性、不同知识之间相互迁移的可能性，避免脱离知识之间的逻辑结构而随意安排与配置。学科知识体系的完整性是指在编写学科内容

---

① 何明，等. 学科发展过程中学科文化的培育[J]. 科技情报开发与经济，2011（7）：160－162.

② 张华. 课程与教学论[M]. 上海：上海教育出版社，2001：187.

时，既要考虑到同一类型知识间的前后连续性，也要兼顾不同类型知识之间的相互作用。在小学数学教科书中，数学知识体系包括数的认识、数的运算、式与方程、常见的量、比和比例、解决问题、空间与图形、统计与概率等八个方面，根据不同的学段，各部分内容所占的比例和侧重点各有不同。以人教版小学数学教科书四年级下册（2022 年版）为例，在目录编排中涉及认数与计算板块的共有四个单元，分别是——第一单元：四则运算；第三单元：运算律；第四单元：小数的意义和性质；第六单元：小数的加法和减法。其中，第一单元讲解了加、减法的意义和各部分之间的关系以及乘、除法的意义和各部分之间的关系，第三单元则是总结了加法和乘法的运算规律，第四单元讲解了小数的意义和读写法、小数的性质和大小比较、小数点移动引起小数大小的变化、小数与单位换算、小数的近似数，第六单元主要讲解了小数的加、减法以及加减法混合运算。根据目录编排不难看出，第四和第六单元的学习内容是建立在第一和第三单元的基础之上，小数的加、减法及其混合运算是对四则运算的进一步延伸和拓展。同样，在四年级下册的数学学科知识体系中，除了认数与计算板块外，还包括空间与图形、解决问题、统计与概率等内容。每一个板块的学科内容之间彼此关联，也只有囊括了以上数学学科内容，才称得上是一个完整的数学学科体系。在第八单元平均数与条形统计图的学习内容中，既需要一定的计算能力，也要具备看图分析的能力，覆盖了知识体系中多个板块的内容，真正彰显出数形结合、问题解决的数学学科文化特征。

2. 学科语言的规范性与概念的准确性。语言的规范性是指在教科书的编写过程中，根据不同学科知识的属性和特征以及学生所处的不同学段，选择与之相适宜的语言表达和语言习惯来编写与设计教学内容。不同的学科知识体系拥有独具特色的语言表达规范和系统。如在语文学科中，"有感情地朗读课文，抓住关键语句，初步体会课文表达的思想感情"等都是语文教科书中熟悉的语言表达方式和行文习惯，使学生听起来或读起来，能够快速在大脑中反映出这是语文教科书中的常见表达。而概念的准确性，顾名思义就是教科书内容中相关概念界定必须清晰，表述务求准确。概念表述含糊不清不仅会给学生的学习过程带来疑惑，而且会影响学生的思维方式和知识的转化应用。例如，学习长方形和正方形面积时的一道习题：长方形长 5 厘米，宽 2 厘米，长和宽各增加 2 厘米后，面积是多少平方厘米？这道题目的问题是"长和宽各增加 2 厘米后面积是多少平方厘米"，它并没有说明变形后图形是什么形状，这就导致了学生解题的差异①。这样模棱两可的概念表达看似在锻炼学生的理解能力，实则是将学生思维方式引向歧途。因此，在编写教科书的过程中，概念表述的准确性至关重要，每一个概念都应表述清晰严谨，方能更好地帮助学生建构自身的知识体系。

3. 符合学生的一般认知规律。对于教育教学而言，任何一个学科知识体系构建的根本目的在于更好地促进学生的学习，服务于学生的发展。因此，符合学生认知规律、立足于学生发展是教科书编写者必须具备的基本准则和重要前提。学生的认知活动一般遵循从易到难、从简单到复杂的循序渐进过程，这就要求在课程知识内容的设计与教学上遵循先易后难的原则，注重学生"做中学"的体验，使知识的获得是有目的、能动的活动结果，激发学生学习的积极性。正如杜威所言："儿童和课程仅仅是构成一个单一的过程的两极。正如两点构成一条直线一样，儿童现在的观点以及构成各种科目的事实和真理，构成了教学。从儿童的现在经验进展到以有组织体系的真理即我们称之为各门科目为代表的东西，是继续改造的过程。"② 因此，在编写教科书时编者要充分考虑到受教育者自身能力的发展和情感意向，选取科学合理且符合学生认知规律和发展需要的知识，并据此进行合理编排，使之成为能够让学生有效学习、容易掌握的学习材料。

（二）学科探究方法的呈现

教科书在呈现学科基本概念与原理的同时，也需要呈现出探索原理和检验结论的具体操作方法。我国《义务教育数学课程标准（2011 年版）》在课程理念中明确指出："数学课程内容不仅包括数学结果，也包括数学结果的形成过程和蕴涵的数学思想方法，课程内容的组织要重视过程，处理好过程与结果的关系；数学教学活动要使学生掌握恰当的数学学习方法。"数学教科书则要依据以上理念编写。其他学科教科书，如苏教版小学科学教科书（2003 年版）中，每一个单元的内容包括三到四个部分：首先，课堂导入部分主要是以问题的形式展开；其

---

① 刘富民. 概念必须清晰 表述务求准确：例谈数学题表述的准确性[J]. 小学教学研究，2011（3）：37 - 38.

② 杜威. 学校与社会·明日之学校 [M]. 赵祥麟，任钟印，吴志宏，译. 北京：人民教育出版社，1994：120.

次，教材对该问题作出一定的解释并提供相应的辅助材料；再次，学生动手操作、收集与问题相关的证据材料，检验解释是否与所给材料一致；最后，引导学生归纳问题的答案或得出结论，并衍生出新的问题促发学生思考。科学教科书六年级下册（2003 年版）的第一单元第一课时"我在成长"的教学内容中，编者以"回想一下，有没有以前由于自己太小做不了，但是现在却可以做的事情"导入主题，在第二部分中随即展示了一个孩子四个时期不同的成长照片和一些太小而无法穿的衣服等图片，生动形象地展示出人在成长过程中产生的变化，紧接着在第三部分中让学生使用各种测量工具测量自己现在的身高体重，绘制成曲线图并观察图形变化，最后，总结得出"随着身体的不断发育和生长，我们的身高会逐渐长高，体重也会加重"的结论。总体而言，在教科书学科文化观中，知识的选择与内容的组织除了陈述概念原理性的知识，也要呈现出过程方法性的知识，既要让学生通过对教科书内容的学习，掌握基础的知识与技能，还要使学生领会如何做的过程与方法，获得丰富的活动经验和自主探究能力的发展。

（三）学科价值取向的定位

教科书是呈现课程内容的重要文本，是知识、技能、价值取向的载体，"设计者在实施设计、编制行为之前，必然在心理上形成一个目的（如让学生掌握特定的知识，形成特定的价值观），并对如何通过教科书来达成这一目的进行构思和计划"[1]。因而，教科书的编撰过程必然包含某种价值取向的成分，对教科书所要完成的结果存在某种预期。从教科书的学科文化观来看，教科书价值取向的确立实则代表着这一学科价值取向的建立，学科价值取向的确立乃是文化标准的确立，它为个体的思维方式、行动能力以及社会生活提供价值规范和内在尺度。在确立学科价值取向的过程中，不同时期的教科书所反映出的学科价值取向各有不同。有研究者对 20 世纪 80 年代的语文教科书和现行教科书进行比较，发现语文教科书存在六个不同的学科价值取向，分别是成人取向、儿童取向、文学取向、"政治取向"、生活取向和经典取向[2]，不同的价值取向在语文教科书中所占的比重也有所不同。还有研究者以高中政治教科书为例，揭示出其在公民意识教

① 石鸥. 教科书概论［M］. 广州：广东教育出版社，2019：169.
② 李海云，张莉. 小学语文教科书价值取向比较研究：以 20 世纪 80 年代教科书与当前教科书（人教版）为例［J］. 思想理论教育，2012（9）：36－40.

育、意识形态教育、道德教育等方面的价值取向①。总体来看，学科价值取向是教科书学科文化观中的重要内容，教科书价值取向的定位需要根据不同学科的性质来确定，在教科书编写时要有意识地在教科书中呈现清晰的价值取向，编写者既要考虑学科自身的特点，还要面向全体学生，适应学生个性发展的需要，使学生乐意投入到探索性的学习活动中去，在知识与技能、情感态度与价值观等方面都获得发展，为学生未来的学习、工作和生活奠定重要的基础。

三、学科文化观在教科书编写中的体现

从上文中可知，教科书的学科文化观包括对学科知识体系、学科探究方法和学科价值取向的基本态度，而这些基本观念在教科书编写中主要通过教科书的内容选择、编写体例和版式设计得以彰显。

（一）教科书内容选择的学科文化观

教科书是一种特殊的文本，它和其他文本的显著区别是，教科书文本在一般情况下都是经过多次精心选择，然后才确定进入教科书内容中。而教科书内容是以学科知识为主体，"同时需要对学科内容进行教学论转换，也要包括学生情感的、道德的教育要素，以及对学生活动、练习、方法的关注，比如必要的评价、技术手段等过程性的内容"②。更进一步说，教科书内容选择既包括完整的学科知识体系、过程与方法，也要兼顾学生的学习水平和发展规律，使得学生的认知能力、情感、价值观获得发展。这不仅是学科文化观在教科书内容选择中的具体体现，也是不同学段培养目标的要求。在我国颁布的《义务教育语文课程标准（2011 年版）》的目标体系中，语文教科书的内容选择主要从知识与技能、过程与方法、情感态度与价值观三个方面设计。在发展知识与技能内容方面：一是学会汉语拼音，能说普通话。认识 3500 个左右常用汉字。二是能阅读日常的书报杂志，能初步鉴赏文学作品，丰富自己的精神世界。能借助工具书阅读浅易文言文。背诵优秀诗文 240 篇（段）。九年课外阅读总量应在 400 万字以上。三是能根据需要，运用常见的表达方式写作，发展书面语言运用能力。四是具有日常口

---

① 肖强，马云鹏. 教科书价值取向研究：以高中思想政治课为例[J]. 教育科学，2009（1）：53–57.

② 石鸥. 教科书概论[M]. 广州：广东教育出版社，2019：101.

语交际的基本能力，学会倾听、表达与交流，初步学会运用口头语言文明地进行人际沟通和社会交往。五是学会使用常用的语文工具书。在学习过程与方法方面：一是培育热爱祖国语言文字的情感，增强学习语文的自信心，养成良好的语文学习习惯，初步掌握学习语文的基本方法。二是能主动进行探究性学习，激发想象力和创造潜能，在实践中学习和运用语文。在形成情感态度与价值观方面：一是在语文学习过程中，培养爱国主义、集体主义、社会主义思想道德和健康的审美情趣，发展个性，培养创新精神和合作精神，逐步形成积极的人生态度和正确的世界观、价值观。二是认识中华文化的丰厚博大，汲取民族文化智慧。关心当代文化生活，尊重多样文化，吸收人类优秀文化的营养，提高文化品位。三是在发展语言能力的同时，发展思维能力，学习科学的思想方法，逐步养成实事求是、崇尚真知的科学态度①。

从上述内容可知，教科书的内容选择不仅包含了学科知识体系，而且需要根据学生的认知特点和身心发展规律，精心选取教学内容，从而有助于教师根据学生的特点进行教学，更好地促进学生的发展。

（二）教科书编写体例的学科文化观

教科书编写体例是指编写的格式和文本内容的组织形式，一般是由总序、前言、目录、正文和参考书目等部分组成，每一个学科根据自身学科特点和属性在编写体例上各有不同。以我国两本中学乡土地理教科书编写体例为例，详见图5-1、图5-2。

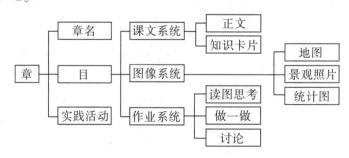

图5-1　《海淀区地理》的编写体例示意图

---

① 中华人民共和国教育部. 义务教育语文课程标准: 2011 年版[S]. 北京: 北京师范大学出版社, 2011: 6.

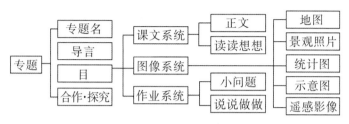

图 5 − 2　《上海市乡土地理》的编写体例示意图

从图中不难看出：《海淀区地理》采用的是分章的编写体例，章下直接设目。每章后设有一个"实践活动"栏目，"实践活动"由几个问题组成，要求学生在学习完一章内容之后，走出课堂，采用访问、参观、实践等学习方式自主寻找问题的答案。课文系统由正文和"知识卡片"共同构成，"知识卡片"是对正文内容的补充。同时，除了每章后的"实践活动"，还有"读图思考""做一做""讨论"等栏目。其中，"读图思考"一般安排在图片之前，让学生带着问题读图，学会在图中寻找问题的答案，培养学生的读图能力。"做一做"中包括填空题、问答题、绘图题等，有的是对书中内容的巩固，有的是引导学生对所学内容的进一步探究。"讨论"的内容一般是既与学习内容相关，又与学生生活联系紧密的热点问题，要求学生在关心身边事物的同时，认真思考形成自己的见解。另外，讨论的形式也有助于培养学生的合作学习能力。《上海市乡土地理》采用以专题为单位的方式对课程内容进行编排，专题下设目。每个专题的正文前设置的"导言"由几行文字组成，既可以让学生对本专题将要学习的内容有一个初步的了解，又可以引发思考，唤起学生对本专题内容的关注。"合作·探究"栏目设在每个专题的最后，注重采用合作的方式引导学生自主探究身边的地理问题。

通过对图 5 − 1 和图 5 − 2 两本教科书编写体例的比较分析，可看出其栏目设置比较多样化且有很多的共同之处，包括知识卡片、读图思考、实践活动等，不同栏目分工明确、功能各异，既注重学生对地理知识的学习，也注重让学生在学习过程中掌握自主探究的学习方法，通过"读读想想"等栏目设置激发学生学习的兴趣，培养学生思考能力、合作能力和实践能力。而造成两本不同地区的乡土地理教材在编写体例上呈现出如此多的相似点的原因是多方面的，除了共同依据《全日制义务教育地理课程标准》中对乡土地理部分的内容提出的明确的内容标准和活动建议外，还受到乡土地理教科书学科文化观的影响。因为乡土地理教材的学科文化观在形成与发展过程中基本规定了乡土地理教科书编写的知识选择与内容范围、编写目的与服务对象，从而不同版本的教科书在编写体例与栏目设置之间具有一定的稳定性、相似性和融通性。

（三）教科书版式设计的学科文化观

版式设计就是设计者在一个版面内进行文字、图片、图形的编排工作，目的在于将各种信息和视觉要素进行有机整合与布局，使其更加协调和美观。教科书版式设计是指编写人员根据课程标准的要求，对文本内容、图片、图形进行精心设计与合理编排，旨在能够激发学生学习的愿望，提升教科书内容的意境，帮助学生更好地理解具体内容，是学科文化观在教科书中最为直观、生动的展现。

教科书文本内容的版式设计大多遵循"文字＋图片"的布局模式，以语文教科书为例：部编本语文教科书七年级上册（2016年版）中，《天净沙·秋思》这首小令很短，一共只有五句二十八个字，但是通过图文并茂、字形结合的方式，用极其简练的白描手法，勾勒出一幅游子深秋远行图，使学生在阅读文章内容的同时，通过欣赏与文字相对应的图片，进入到具体的情景中，产生情感上的共鸣，从而更好地理解文本内容想要表达的思想感情，同时也在情景交融中帮助学生熟练掌握小令中"枯藤""瘦马"等词语的用法和用意，既能够让学生通过对这首小令的学习获得语文知识的增长，也能够基于寓情于景的方式引发学生的联想和深入思考，培养学生的想象力和思维能力，使学生获得真挚的情感体验。因此，教科书版式设计中每一张图片都蕴含着极为丰富的学科文化价值，不仅使得教科书的内容布局更为丰富、美观、和谐，而且将学科文化融入学生的学习过程中，使其获得更丰富、更深刻的体验。

第二节　教科书编写的儿童文化观

教科书编写是一项非常专业化的工作，它要求编写者既要有很高的学术造诣，又要有高度的文化自觉性，还要有把高深的学问转化为儿童感兴趣的话题和内容的能力，能够理解和秉持儿童文化。具体而言，教科书在内容选择、编写体例和版式设计方面都需要从儿童文化的角度考虑问题，依据并关注儿童成长发展的需要，从而让儿童喜欢教科书，乐于使用教科书。

一、儿童文化的内涵、特征与意义

"儿童文化"一词最早可见于儿童人类学与文化人类学的研究。由于对文化的诸多不同定义，对"儿童文化"概念的界定至今仍未达成统一的认识，对其理解和定位观点各异。而正确地认识并把握"儿童"的本质是正确认识"儿童文化"内涵的重要前提。那么，什么是儿童？它与"学生"又有怎样的相互关系？对此，我们采纳联合国教科文组织对"儿童"的定义，将儿童定义为 18 周岁以下的人，尤其关注处于基础教育阶段的儿童。因此，"儿童"特指进入成年期之前的青少年儿童，对应于基础教育阶段的学生，儿童文化即是对应于基础教育阶段的学生文化。

（一）儿童文化的内涵

近些年国内儿童文化研究有了较大进展，在儿童文化界定、儿童文化构成、儿童文化特征、儿童文化研究基本领域四个方面，取得显著成绩[1]。目前，国内关于儿童文化内涵的界定主要有以下三种：一是从儿童本位出发，把儿童文化视为儿童群体交往的产物，认为"儿童文化是指儿童在与同伴交往的过程中形成的并以儿童自己的思想和行为来决定其价值和标准的文化"[2]。二是从文化的视角

---

① 郑素华. 国内儿童文化研究：进展与问题[J]. 兰州学刊，2010（4）：218－220.
② 裘指挥. 理解儿童文化[J]. 学前教育研究，2003（2）：17.

出发，将儿童文化看作是文化的一个重要组成部分，包括关于儿童的、为儿童的和儿童创造的文化。儿童文化因此可分为两个部分理解："一是儿童创造的文化，即把儿童看作文化的参与者而进行文化创造的结果；二是关于儿童的和为儿童的文化，即由成人为儿童而创造和设计种种文化的内涵和外延"①。三是采用"总和"的方式来概述"儿童文化"，认为"儿童文化是儿童表现其天性的兴趣、需要、话语、活动、价值观念以及儿童群体共有的精神生活、物质生活的总和"②，"儿童文化是指人类历史文化发展进程中，围绕儿童及其生存、教育、成长等所创造、积累和建构起来的精神生活和物质生活的总和"③。

上述三种对儿童文化的界定反映出理解儿童文化的复杂性，也显示出对儿童文化内涵的认识存在明显的不足。无论是从儿童本位出发还是将儿童文化界定为一般文化的重要组成部分，抑或是将儿童的种种文化现象汇总，都不足以对儿童文化的本质作出全面合理的阐释。鉴于这些不足，我们认为儿童文化问题不仅是理解儿童的问题，也是理解文化的问题，更是涉及儿童与文化的双向创生问题，对儿童文化的研究不是研究单一的儿童个体，而是侧重于将儿童作为一个整体来看待，应该重点研究那些在儿童日常生活中反复出现的文化内容结构和特征。因此，可以认为儿童文化"是儿童这一群体特有的行为、观念、态度和思想方式的总和，是儿童群体特有的精神生活和物质生活的复杂的复合体，体现着儿童用自己的视角观察周围世界的所见、所思、所感与所为"④。

（二）儿童文化的特征

儿童文化有着自己的逻辑、自己的行事规则、自己的一套话语符号，形成了区别于成人或其他群体的文化特征。有研究者从整体感知反应、诗性逻辑、游戏精神三个方面出发，认为儿童文化是一种整体性文化、是一种诗性逻辑的文化，儿童文化的核心是游戏精神等特征⑤。还有研究者认为儿童文化具有形象性、非

---

① 谢毓洁. 晚清：儿童文化研究的新地带[J]. 湖南城市学院学报，2007（4）：66.

② 刘晓东. 论儿童文化：兼论儿童文化与成人文化的互补互哺关系[J]. 华东师范大学学报（教育科学版），2005（6）：28.

③ 方卫平，刘宜. 2007 中国儿童文化研究年度报告[M]. 杭州：浙江少年儿童出版社，2008：1.

④ 钱雨. 儿童文化论[M]. 济南：山东教育出版社，2011：5.

⑤ 边霞. 论儿童文化的基本特征[J]. 学前教育研究，2000（1）：14 - 16.

功利性、过渡性、非正规性、开放性等特点。也有研究者基于心理学的视角，将儿童文化的特征归结为建构性、顺序性、同质性、主动性等。基于研究者对儿童文化基本性质的探讨，我们认为儿童文化具有原初性、诗性、能动性和共生性等特征。

1. 儿童文化的原初性。有研究者指出："看待儿童其实就是看待可能性，一个正在成长过程中的人"①。儿童文化的基本特征之一，在于其显现的原初性。儿童是人生的开端，儿童从呱呱坠地的那一刻起，世上的林林总总对他们来说都是新的，除了生物遗传所赋予他们基本的生理机能外，并没有固化的认识和成熟的概念，他们完全遵从自己的"童心"，使用无所畏惧的"童话"和有趣鲜活的行为表达着他们的情绪、思想与诉求。正是这种看似简单幼稚但又真实朴素的儿童文化丰富了周遭的世界，给予了教育与成人世界重要的启示，让我们正确地看待儿童，站在儿童的立场，像儿童那样去看待这个世界，发现其中的生动与美好。

2. 儿童文化的诗性。儿童文化是一种诗性的文化，遵循的是儿童诗性的逻辑。儿童的诗性逻辑是一种富于想象的创造性思维，是儿童把握世界的基本方式，其根本特征是通过想象来认识世界、创造世界。他们不仅可以在想象世界里自由地实现着各种神奇的转换，还能够与触手可及的现实时刻保持着联系，在想象世界和现实之间轻松地转换视点，自如地化入化出。基于儿童诗性逻辑的儿童文化具有欢愉之美、向善之美和真纯之美。儿童的这种诗性逻辑和理性的、演绎推理的逻辑一道，共同构成人类认知世界的方式。儿童文化从一开始就令人羡慕地拥有着诗性逻辑，这种逻辑为理性插上了想象的翅膀，并闪耀出希望的光芒，"儿童弱小、尚未成熟的肉体，本来就是走向将来的成熟的不能抑制的希望"②，在儿童世界里，蕴藏着强烈的好奇心、淳朴的怀疑精神，还有那无穷无尽的可能性，儿童的天空到处都挂着诗意的彩虹，美丽、纯真而灵动。

3. 儿童文化的能动性。儿童文化的能动性是由儿童的未成熟状态及其可塑性决定的。杜威认为，"未成熟的状态"时期的儿童并没有形成和成年人一样的

---

① 范梅南. 教学机智：教育智慧的意蕴[M]. 李树英，译. 北京：教育科学出版社，2001：41.

② 朱自强. 儿童文学的本质[M]. 上海：少年儿童出版社，1997：75.

学习和思维能力，处在一个自我相对封闭的儿童世界中，但儿童本身蕴含着巨大的发展潜力，教育就是将这种潜力逐渐开发、拓展和社会化的过程。儿童文化的能动性即是指儿童具备能动参与文化活动的能力，儿童也是文化的创造者，这一点可以从儿童游戏中窥见一斑。从儿童游戏的外在形式来看，儿童的游戏往往是随机的、自发的，一些初次见面的儿童能够很快地进行一些游戏活动，在相互交流与合作中完成游戏，这正是儿童文化研究者如此关注儿童游戏精神的原因所在。儿童总是信任自己的直觉与欲望，他若有什么想要的或想做的，必会诚实地表达出来，而不是遮遮掩掩，他只愿意遵循自己的意愿行事，体现出十分明显的能动性和行动力。

4. 儿童文化的共生性。"共生"一词最初源自生态学，共生原意是指两生物体生活在一起的交互作用。儿童的共生性是指儿童文化与成人文化性质不同，但并不矛盾。两者既存在明显的差异，又是互补与共生的。儿童文化在形成与发展过程中离不开成人的帮助与引导，并不断向成人文化靠近与转化。简言之，儿童文化的目的地是成人文化，前者总是在不断向后者发展、演进，后者的发展就是在前者的基础上所进行的持续不断的经验改造过程。因此，儿童文化的共生性让我们从他们的身上看到了成长的印记，也仿佛看到了我们的童年。德国学者卡西尔在《论人是符号的动物》一书中指出："人类文化的不同形式并不是靠它们本性上的统一而是靠它们基本任务的一致性而结合在一起的。"[①] 所以，成人文化也只有通过恰当的途径和方式被儿童吸收之后，才真正被传承下来，成人文化的最高境界展现了孩童式的浑然天成，是对个体生命的回归与提升。

（三）儿童文化的意义

1. 儿童文化提供了一种解决问题的途径。杜威曾说："人类喜欢采用极端对立的方式去思考。他们惯用'非此即彼'的公式来阐述他们的信念，认为在两个极端之间没有种种调和的可能。"[②] 而这种片面的认识导致在教育教学中师生之间形成成人文化与儿童文化二元对立和冲突，教学就演变成单方面的控制和灌输。在成人文化的压制下，儿童逐渐失去自主、失去个性，最终丧失了学习的兴

---

① 卡西尔. 论人是符号的动物[M]. 石磊，译. 北京：中国商业出版社，2016：262.

② 杜威. 我们怎样思维·经验与教育[M]. 姜文闵，译. 北京：人民教育出版社，1991：248.

趣和自己本真的需求，变成一个"单向度的人"。儿童文化的提出和儿童文化研究的兴起，为解决这一问题提供了一种途径，在教师与学生之间架设了一座能够连通的桥梁。儿童文化主张在教学中从儿童的立场出发，提倡合作探究的教学方法，教学内容应以主动作业为主，注重学生"做中学"的体验。一切教学活动的组织与实施的目的，从根本上说，即是学生与文化的双向创生的过程，儿童只有处在文化的活动中才能不断丰盈自身的文化，实现真正的自由和生命的完整。

2. 儿童文化唤醒了儿童的文化主体地位。马克思从人的主体性出发，对文化的本质进行阐释。他认为有意识的生命活动把人同动物的生命活动直接区别开来。其中，有意识的生命活动即社会实践活动，这些活动及其成果的聚合物就是我们要研究的"文化"。这种文化创造是改造对象世界使其主体化的过程。儿童作为儿童文化的主体，自由是儿童文化的本质，天性是儿童文化生长的根基，儿童对文化的需要是内在的，而不是外在的。因此，教育应当是为人的，应当在教学过程中以儿童为目的，实现对儿童天性、兴趣、情感等的全面唤醒，将科学文化知识导入儿童的心灵，进而促发儿童文化意识的觉醒，让儿童在学习知识的同时获得文化的理解与体验，激发儿童的文化创造行为，提高儿童的文化素养，促成儿童文化的总体生成与文化品质的跃升。

3. 儿童文化为课程内容的选择提供了基本依据。学习者的需要历来是确定课程目标的三个来源之一，在课程内容的选择与设计中占据重要地位。在课程与教学研究领域，许多研究者对儿童与知识、儿童文化的意义给予了高度关注。著名课程专家塔巴（Hilda Taba）在《课程设计的一般技术》一文中提出：对社会的研究、对学生的研究和对教材内容的研究构成了课程目标的三个来源。其中，学习的主体是学生，课程内容设计的主要目的在于促进学生的身心发展，学生的认知发展水平和层次又为课程目标的研制和课程内容的选择提供了科学的心理学依据。杜威在其《儿童与课程》一书中，对儿童与课程、儿童天性与社会文化的关系也进行了系统论述。他认为，"教育过程中的基本要素就是不成熟的、尚未发展完善的个体，如果课程内容的选择和教材的编写忽略了儿童的整体经验，就会造成教材的空泛，不能激发学生的学习动机和启发学生反省思维"①。为此，他进一步提出："课程设计要符合儿童的需要、本能和兴趣，学校科目相互联系的真正中心，不是科学，不是文学，不是历史，不是地理，而是儿童本身的社会活动。"② 因此，对儿童及其文化的关注，能够有助于确定课程目标，合理选择和设计教科书内容，既重视知识教学，也重视学生的情感发展，既重视儿童主观人格价值的培育，也重视客观文化价值的积淀，既重视学生个性化的养成，也重视学生社会化的导引。

二、教科书儿童文化观的基本内容

儿童文化具有自身的独特性，需要教学给予这种文化一定的展示空间，在教学内容的选择、教学过程的组织、师生互动等方面充分考虑儿童文化的意义。教科书作为打通学生书本世界和生活世界联结的中介，它不是以冰冷的姿态和脱离儿童的面貌出现的，教科书文本内容都是基于学生认知发展水平、情感需要、能力提升等来编写和设计的，儿童文化是教科书编撰需要考虑的一个重要因素。秉持怎样的儿童文化观对教学内容进行选择和设计是教科书编写中必须关注的问题。

（一）依据儿童的认知特点

发展学生的认识能力，使其在较短的时间内获取知识、认识大千世界是编写与设计教科书的一个重要任务，也是衡量教科书文本内容质量的重要依据。把教科书视为文化的存在，较之单纯工具观指导下机械、枯燥的训练更有助于学生的认知发展。心理学家皮亚杰认为，人的认知适应机能分同化和顺应两个过程，"同化就是把外界元素整合到一个正在形成或已经形成的结构中；顺应则是同化性的结构受到所同化元素的影响而发生的改变"③。在外界环境或一定刺激物的刺激下，主体的认知能力就会通过这两个过程不断发展。教科书编写中需要根据

---

① 杜威. 我们怎样思维·经验与教育[M]. 姜文闵，译. 北京：人民教育出版社，2005：111.

② 杜威. 学校与社会·明日之学校［M］. 赵祥麟，任钟印，吴志宏，译. 北京：人民教育出版社，1994：9.

③ 陈琦，刘儒德. 当代教育心理学[M]. 北京：北京师范大学出版社，1997：31.

学生认知的整体性、直觉性、直观性等特点对教学内容进行选择和设计。

1. 儿童认知的整体性。这一特点是指儿童对周围世界的认知是在总体的感受中形成的，在儿童那里，儿童的感觉、反应、经验等都是一体的，未被割裂的。只要有可能，他们总是会调动自己所有的感官去认识和体验事物，其中既有视觉也有听觉，并常常伴之以动觉。"一个听音乐和听故事的儿童，他是用自己的身体在听的。他也许入迷地、倾心地在听；他也许摇晃着身体，或行进着，保持节拍地在听；或者，这两种心态交替着出现。但不管是哪种情况，他对这种艺术对象的反应都是一种身体的反应，这种反应也许弥漫着身体感觉"①。简言之，儿童是用他们整体感知和反应的方式来认识世界，这就要求在编写与设计教科书时，除了学生必须掌握和接受的系统知识外，还要开发设计出一些有助于学生动手操作、有声表达的学习内容，如人教版小学英语教科书中，既包含了语法、句型和固定词组等内容，又设计了"听和说故事""对话与表演""小组合作""英文歌曲"等栏目，在教师的引导下，让学生在对话中、讲述和倾听故事中、大声咏唱英文歌曲中实现对知识的同化、顺应和迁移，获得认知的整体性发展。

2. 儿童认知的直觉性。心理学对直觉的研究告诉我们，直觉是敏感地、直接地猜测结果的能力，从感知到有所悟、有所识之间，没有明显的逻辑推论过程，而是以已有的知识和经验为基础迅速作出推测。基于此，我们认为儿童认知的直觉性就是儿童凭借自身已有的知识和经验对事物作出判断的能力，虽然具有很强的即时性，缺乏严密的逻辑性，但却是儿童进行创造性活动的前提，是儿童好奇心、求知欲、想象力的体现。儿童认知的这一特性要求教科书在编写与设计时，要基于儿童的最近发展区，教材文本内容的选择要为学生提供直觉判断的着力点，遵循从简单到复杂、从具体到抽象的编排原则，避免纯粹逻辑的演绎推理，为儿童展开直觉想象提供丰富的材料与活动体验。

3. 儿童认知的直观性。儿童认知结构中的直观性是指他们主要借助事物的具体形象或表象来看待事物。在某种刺激物的影响下，儿童就会自然而然地想象出某种事物的形象，他们获得的各类事物的形象越多，就越有助于想象力的发展。这种认知的直观性要求教科书编写者在编写与设计教学内容时，要充分兼顾

---

① 加登纳. 艺术与人的发展[M]. 兰金仁，译. 北京：光明日报出版社，1988：119.

儿童形象思维占优势的特点，对于抽象的知识或概念可以利用图文、声音、模型等多样化的教学材料，多层次、多角度呈现文本内容，把认识对象由抽象变具体，把原来较为生疏、难以理解的教学知识变为生动、形象、具体、客观的事物，使教学内容变得可视、可听、可理解。

（二）顾及儿童的兴趣、情感

教科书编写时需要关注儿童独特的兴趣和情感体验，这对于儿童通过教科书进行有效学习具有十分重要的意义。心理学家奥苏贝尔提出意义学习有两个内在先决条件：一是学习者有同化新材料的认知结构，二是学习者有意义学习的心向。在此基础上，他进一步从认知维度提出了著名的"先行组织者"教材处理策略。另有相关研究表明，"在产生兴趣的过程中既有情感反应，又有认知任务"[1]，学习者有选择地对更有趣的内容分配更多的注意、花费更多的情感。对此，有研究者提出了"心理匹配"和"超出预期"两种教材处理策略。两种策略的共同之处在于都注重从情感维度处理教材、呈现教学内容。区别在于，"心理匹配"策略主要是指处理教材时，"使之呈现的教学内容被学生主观上感到满足其需要，从而达到教学材料与学生需要之间的统一，以有效调节学生的学习心向，提高学习的积极性"[2]，"超出预期"策略是指教材"呈现的教学内容超出学生的预期，引发学生的兴趣情绪，以有效调节学生的学习心向，提高其学习的积极性"[3]。两种策略对教材的处理，呈现出了一系列规定性的要求和建设性的办法。一方面，教材的编写与设计不仅要从强化学生认知的角度出发，还要从学生情感维度加以考虑，使之既符合促进同化新材料的要求，又符合学生的某种需要，丰富学生的情感世界，使学生不仅易学，而且乐学，从而大大优化教学效果；另一方面，教材的编写与内容的设计还要呈现出一定难度且具有普遍意义的学习内容，使学生能在教师的帮助下激发学习的兴趣和热情，有助于学生产生

---

① 赵兰兰，汪玲. 学习兴趣研究综述[J]. 首都师范大学学报（社会科学版），2006（6）：111.
② 卢家楣. 教学心理学情感维度上的一种教材处理策略：心理匹配[J]. 心理科学，1998（6）：506.
③ 卢家楣. 教学心理学情感维度上的一种教材处理策略：超出预期[J]. 心理发展与教育，1998（3）：54.

"跳一跳"去掌握具有一定难度的新内容的学习心向。

（三）重视儿童自身的经验

目前，我国中小学教育迫于升学选拔的压力，学习书本上的结构化的间接经验几乎成为儿童的全部学习内容，积淀直接经验的行为则被视为耽误学习，割裂了直接经验与间接经验之间的内在联结。为了弱化对间接经验的过度偏好，有研究者提出"学校教育中的知识学习，需要以学生在实践中积累的深度直接经验为基础去活化、消化教材中的间接经验，进而将其应用于实践，重构与生存一体化的知识结构"①。教育部最新修订义务教育课程标准时明确指出，课程标准的修订需要处理好"学科逻辑与社会进步、科技发展和学生经验的关系，使课程标准更加适应时代的发展，更加符合我国中小学教育的实际，更加适应学生发展的需要，更加贴近教师，为广大教师理解和接受"。在编写教科书时要关注儿童自身的经验，"儿童的生活是一个整体，一个总体。……儿童所关心的事物，由于他的生活所带来的个人的和社会的兴趣的统一性，是结合在一起的。凡是在他的心目中最突出的东西就暂时对他构成整个的宇宙"②。儿童的学习过程是其主动去获取经验的过程，如果只是一味地强迫学生去学习间接经验，势必使学生的学习过程与实际经验脱节。此外，儿童经验具有连续性和相互作用性，儿童经验的连续性是指任何目前已有的经验都会对未来新的经验的发展和改造产生连续性的影响，学校教育中各种资源都是用以丰富和帮助儿童组织经验的各种条件和手段。经验的相互作用性是指新经验的获得是学生个人已有的经验和周围环境相互作用、相互改造的结果。这意味着教科书编写应"尊重学生的现有经验，尊重学生的身心发展水平，重视学生的兴趣，提高学生参与教学过程的主动性和积极性"③。

教科书编写的核心问题即"通过何种方式将哪些内容传递给儿童"④。在编

---

① 朱新卓，张聪聪. 谁从脱离直接经验的"教育病"中受益：基于经验结构与学校文化符应的视角[J]. 华中师范大学学报（人文社会科学版），2020（4）：165.

② 杜威. 学校与社会·明日之学校[M]. 赵祥麟，任钟印，吴志宏，译. 北京：人民教育出版社，1994：116.

③ 何芳. 杜威"学生经验"的性质及其现实意义[J]. 教学与管理，2012（4）：12.

④ 漆涛. 教材学科逻辑和心理逻辑的二元对立与超越：基于杜威教材心理化的概念分析[J]. 全球教育展望，2015（5）：24.

写教材时要认识到"儿童的经验和构成科目的各种不同形式的教材之间只存在着程度上的不同，而不存在着性质上的鸿沟"①。在编排内容时注意学科逻辑和心理逻辑的统一，实现教科书的心理化，即儿童的经验是联结教科书学科逻辑和心理逻辑的关键点，儿童学习教科书规定知识的过程就是在行动和结果之间建立联结的过程，也就是获得经验、积累经验和改组经验的过程。因此，教科书编写的根本目的在于提供指导儿童当前经验的一种素材和方法，既按照儿童生活所表现的样貌解释它，也引导儿童深度领会。

三、儿童文化观在教科书编写中的体现

（一）教科书内容选择的儿童文化观

教科书内容选择和设计的根本目的是让儿童借助教科书的学习获得人格的完整与健康发展，因而，教科书内容的选择与确定需要遵循学生身心发展规律和认知结构特点，这是评价高质量教科书的重要依据。有研究者在对 20 世纪 90 年代出版的义务教育语文教科书第七册的课文题材进行统计后发现，"在全书的 26 篇课文中，以儿童为题材的仅 4 篇，占总篇目数的比例仅有 15%"②。随着课程改革的不断深入，教科书编写质量有了显著提高，不仅在教科书选文上增加了与儿童相关的题材，而且在辅文及课后练习部分也能够根据儿童的身心发展特点进行设计与编排。在部编本语文教科书三年级下册（2018 年版）中，以儿童的口吻叙述或描写儿童相关事物的文章有 8 篇，约占总篇目的 29%，所占比重提高了近一倍。此外，在每个单元的口语交际、习作和语文园地的辅文部分，还会额外选取与儿童经验、想象力和认知特点等息息相关的习作例文、交际主题和实践作业。例如，在第一单元的口语交际中，让学生围绕"春游去哪儿玩"的主题展开小组讨论交流，这样的设计既能够培养学生的口语表达能力，又能够使学生在合作交流中获得经验的积累和更新；在第五单元的习作例文中，学生通过阅读《一支铅笔的梦想》一文，选择一个题目写一个想象的故事并与小伙伴分享，这样的编排既有助于提高儿童的阅读和写作能力，又有助于儿童想象力的发挥和反

---

① 周坤亮. 教师如何用教材教学：基于儿童经验的视角[J]. 当代教育科学，2010
（10）：14.

② 石鸥. 教科书概论[M]. 广州：广东教育出版社，2019：117.

省思维的提升，切合了儿童的认知结构与思维特点，既可以充分调动儿童学习的热情，又能够让学生在轻松愉悦的氛围中体验到学习的乐趣，满足身心发展的需要。

（二）教科书编写体例的儿童文化观

长期以来，我国语文教科书编写体例多是文选型的，部编本初中语文教科书（2016 年版）共六册，每册六单元，由不同板块综合构成。

通过表 5 - 1 可以看出，目前初中语文教科书多采用优化单元组合的编写体例来编排结构，各单元安排口语交际、综合性学习、名著导读、古诗词诵读等内容，扩大学生的阅读量，着重培养学生阅读一般文章的能力和初步欣赏文学作品的能力。即初中语文教科书的编写体例遵循着"阅读 + 写作 + 综合性学习/口语交际/名著导读/古诗词诵读"的结构模式，同时在每一个单元内容的安排上使

表 5 - 1 部编本语文教科书七年级上册（2016 年版）编写体例

第一单元	第二单元	第三单元	第四单元	第五单元	第六单元
1 春	5 秋天的怀念	9 从百草园到三味书屋	13 纪念白求恩	17 猫	21 皇帝的新装
2 济南的冬天	6 散步	10*再塑生命的人	14 植树的牧羊人	18 鸟	22 诗二首
3*雨的四季	7*散文诗二首	11*窃读记	15*走一步，再走一步	19*动物笑谈	
4 古代诗歌四首	8《世说新语》二则	12《论语》十二章	16 诫子书	20 狼	
写作：热爱生活，热爱写作	写作：学会记事	写作：写人要抓住特点	写作：思路要清晰	写作：如何突出中心	
	综合性学习：有朋自远方来	名著导读：《朝花夕拾》	综合性学习：少年正是读书时		
		课外古诗词诵读			

学生能一课一得，避免笼统和大而无当，并力求调动学生的积极性，增添语文学习的趣味性。例如七年级上册第二单元"学会记事"，从两个方面进行要求：一是要把事情写清楚、写明白，二是要写出感情。这两个要求具体明晰，且符合该阶段学生的学习特点、水平和层次。此外，在各个单元的末尾都会巧妙设计一些激发学生兴趣的专题，丰富学生的情感体验。如七年级上册第一单元"热爱生活，热爱写作"，既是一节"激趣"课，又是一节情感体验课，它既与学科知识相关，又与学生生活联系紧密。教师可以据此在教学中穿插一些小活动，引导学生关注生活，体验生活，激发写作的灵感，通过读写结合、学以致用的方式，让学生在阅读与写作之间架起实践转化的桥梁，抒发对生活的热爱之情。

（三）教科书版式设计的儿童文化观

版式设计是指"设计人员根据设计主题和视觉需求，在预先设定的有限版面内，运用造型要素和形式原则，根据特定主题与内容的需要，将文字、图片及色彩等视觉传达信息要素，进行有组织、有目的的组合排列的设计行为与过程"①。教科书版式设计是指在相应的版面内进行文字、图片、图形的编排工作，目的在于将各种信息和视觉要素进行有机整合与布局，以便儿童更好地用来学习。

教科书的版式设计包括封面设计、正文版式和辅文版式三个部分，由插图（图片的颜色与形态）、文字（字体的颜色和形状）以及插图和文字之间的搭配布局等内容构成。在部编本小学语文教科书版式设计中，从教科书的插图来看，封面图片的选取以我国传统文化方面的题材居多，如端午节包粽子、陶俑制作等，文本图片中的人物刻画卡通俏皮、细节突出，元素多样，景物颜色分明，给人以鲜活的生命感和强烈的视觉冲击感，通俗直观且生动形象，很是契合儿童的审美需要，符合儿童天马行空的想象力。就教科书文本内容的字体而言，教科书文本内容的字体偏大且有些字体会使用加粗和倾斜的方式，增强页面的节奏感和动感，同时还采用不同颜色突出重点的字、词、句，这样的设计既有助于吸引儿童的注意力，提高儿童的阅读趣味，又有利于儿童抓住重点，潜移默化地培养学生的信息捕捉能力。就教科书的文字和插图的布局来说，语文教科书中的插图与文字的比例基本各占到版面的50%左右，甚至在有些教学单元中，插图完全镶

① 韩旭，周俊，李媛. 版式设计[M]. 北京：兵器工业出版社，2013：1.

嵌于文字内容的周围或直接作为凸显文字内容主题的背景图，且颜色以明亮、和谐、温馨、柔和的色调为主，充满童趣和诗情画意，有助于陶冶儿童的性情，使儿童在图文并茂、情景交融中进行奇妙的联想和深入思考，产生情感上的共鸣，进而获得深刻的学习体验。

第三节　教科书编写的社会文化观

教科书与社会文化也有着密切联系，教科书作为社会主流价值的重要载体，与文化的关系在于，"一方面，任何一种教科书，都是特定社会文化的反映，教科书有其特定的文化土壤和背景。文化是教科书的母体，教科书是文化的表现。而另一方面，教科书反过来又有利于保存、传递和激活文化"①。教科书内容选择的过程其实就是对社会文化进行筛选的过程，教科书的编写设计在一定程度上是对社会文化的反映与表达。因此，教科书编写深受社会文化的作用和影响，教科书文本内容的确立、编写体例与版式设计等都需要对复杂的社会文化语境进行考量，才能编制出具有合理文化导向的教科书。

一、社会文化的内涵、特征与意义

（一）社会文化的内涵

近些年来，"文化"成为热词，人们越来越多地把它与品位、民族性、个性化、社会的变迁和进化、教育的发展等联系在一起加以探讨。社会文化作为文化的一个重要组成部分，是构成文化的主流形态，包括物质文化、制度文化和精神文化②，其内涵有广义和狭义之分，广义的社会文化是指人类在社会实践过程中所创造的物质财富和精神财富的总和，狭义的社会文化是指社会的意识形态以及

---

① 刘丽群. 论教科书、身份文化与社会分层[J]. 湖南师范大学教育科学学报，2008（3）：53.

② 王睿，李兆友. 技术创新的社会文化功能解析[J]. 东北大学学报（社会科学版），2008（3）：200-204.

与其相适应的文化制度和组织机构。前者在认识上将社会文化与一般文化简单等同，并未揭示出社会文化的内涵、属性与特征；后者虽然对社会文化作了进一步区分，但对社会文化的认识仍然简单套用文化的定义，并且将社会文化理解为由意识形态、文化制度和组织机构等方面构成，窄化了对社会文化的认识，而且未能涉及社会文化的内在本质。此外，还有研究者提出"社会文化是一个社会历史的范畴，是指人类创造社会历史的发展水平、程度和质量的状态，社会文化的主体是社会中的人，客体是整个客观世界"①。综合上述研究，我们把社会文化定义为，人在社会生产生活中所创造的、具有民族或群体特征，并对社会群体施加广泛影响的各种文化现象和文化活动的总称。

（二）社会文化的特征

每一个社会都有和自己社会形态相适应的文化，但其存在价值与发展历程具有一些共同的规律，凸显出社会文化的普遍性和共享性。而社会文化的延续和发展既是对一个国家、一个民族的社会政治经济的综合反映，也体现一定阶级或社会集团的利益和观念体系，传播着符合社会主流价值的文化资本、惯习形态和价值标准，维护着社会文化的再生产，具有民族性和阶级性。与此同时，社会文化是随着社会的发展并通过社会文化自身的不断扬弃来获得发展的，具有超越性的特点。

1. 社会文化的普遍性。文化对于人类而言是一种必需品，没有文化，人不能从一个生物人变成一个社会人，而人从生物人变成社会人的"社会化"过程，就是一个文化成人的过程。由此可见，文化于人、于社会是无所不在、普遍作用的。作为具有普遍意义的社会文化，服务于人类的基本生存、生产生活和社会，这种普遍性不因种族、民族、地域和阶级等而区别对待。文化是人类社会共有的财富，文化是社会的文化，社会是文化的社会。

2. 社会文化的民族性。社会文化的民族性是指社会文化所具有的民族间的差异性。就社会文化的生成机制而言，社会文化是主体与客体在社会实践中相互作用的产物，从事社会实践的文化主体并非单个个体，而是由个体成员按照一定的社会关系结成的社会群体。作为文化主体的社会群体，由于不同国家、不同民

---

① 杨宪邦. 对中国传统文化的再评价[M]. 北京：中国人民大学出版社，1987：3.

族的背景而拥有自身独特的物质生产方式、社会制度、风俗习惯和行为模式等，民族内部成员通过共享一套价值观念、行为准则，在相互理解中获得一种情感和文化的认同感和凝聚力，正是这种凝聚力和包容性进一步打破了种族的边界并推动了民族文化的多元融合。

3. 社会文化的阶级性。自从人类进入阶级社会以后，社会文化就不可避免地打上了阶级的烙印，因而社会文化具有阶级性。阶级并非随着人类及其文化的起源而产生的，而是文化发展到一定时代的产物。所以，并非所有的社会文化都具有阶级性，有些文化事项是超越阶级界限、被所有社会成员共享的，故不具有阶级性。尽管如此，社会文化的阶级性并不会随着时代的发展而迅速消亡，甚至会随着文化发展的不平衡而有所增强。自社会文化阶级性的产生和形成起，社会文化就是以挑选和服务精英阶层和统治阶层的文化为主，主流阶层文化占据社会文化的主要部分，引导着整个社会文化的发展趋势和方向。而就社会文化的阶级性在社会群体中的传播途径而言，通过建立相关的制度和组织机构赋予主流文化合法性的统治地位，将其上升为具有强制力的法律、政策文件等，成为国家的意志，为社会群体提供一套符合标准的秩序规范和衡量体系。

4. 社会文化的创造性。没有一成不变的社会，也没有一成不变的文化，社会文化总是随着时代的变化而不断演变。因而，社会文化具有超越性，具体表现在以下两个方面：一方面，随着旧的文化不断为新的文化所代替，社会文化也发生变化，带来的不仅是社会文化内容的增减，还有社会文化模式、思维方式和社会价值观的结构性变革；另一方面，社会文化在变革的过程中，也要紧跟时代发展的步伐，主动吸收其他优秀文化并与自身的社会结构相融合，更新和创造自身的文化内容，生成与之相适应的文化体系，进一步实现社会与文化、本土社会文化和外域社会文化之间的有机融合，进而更好地实现社会文化自身的现代化。

（三）社会文化的意义

社会文化本质上是观念、价值和意义，是内涵性的存在，但它可以通过物质载体对象化、客观化，从而为人们所感知、体悟、理解、接受。社会文化是人类活动的产物，人类在实践活动中改造了自然，形成了社会，创造了文化。文化又反过来塑造人，引导社会的发展。因此，社会文化的重要意义就在于对个人和社会的"教化"。具体来说，社会文化能够凝聚并整合社会的力量和资源、规范和引导人的行为与发展方向。

1. 社会文化具有凝聚社会力量和整合社会资源的作用。作为价值体系和行为规范，社会文化提供着关于善与恶、美与丑等的社会标准和价值认同，并通过学校教育和社会教育的方式将其价值观念内化并顺应到个体内部的认知结构中，形成个体的世界观、人生观和价值观，从而提高人们的认识水平、道德情操和人生境界，凝聚社会力量，培育国家认同感、自豪感和归属感，进而在汇聚人心的基础上，整合一切优势资源，充分调动一切可用的力量，服务国家政治、经济、文化建设的需要。

2. 社会文化能够规范和引导人的行为和发展方向。社会文化所代表的是历史积淀下来的，并被特定社会、群体所共同认可、遵循的行为规范，它对个体的行为具有先在的给定性和约束性。人不仅具有自然属性，更具有社会属性，社会文化的一个重要意义就在于以社会规范引导人，以发挥理性对人的行为的正确引导作用。每一种社会文化都具有一定的约束性，那些普遍起制约作用的行为规范，通过学校教育、社会示范和社会舆论等文化手段，将社会规范作用于个人，进而发挥社会文化的规范和引导作用。文化之于人，两者缺其一都是无法独立存在的，个人如果完全背离生活其中的社会文化环境，其生存会陷入困境，其结果也会偏离社会文化预期的轨道。

二、教科书社会文化观的基本内容

教科书作为传播科学文化知识、培养国民素质的主要工具，其编撰、出版、发行总是按照一定的社会文化观念、标准进行的，必然会烙上特定时代特定社会文化的印记。考察我国教科书的发展历史可以发现，教科书遵循着社会文化理路而嬗变，伴随着社会文化的潮起潮落而消长。不同时期社会文化冲突与变迁，往往在教科书上留下鲜明的文化痕迹，而不同时期社会各界对教科书的认识、看法和评论，一定程度上深刻反映出不同社会文化在教科书上的诉求与博弈。面对纷繁复杂的社会文化元素及类型，如何在教科书文本内容设计中进行合理地呈现，应该秉承怎样的社会文化观成了教科书编写重点关注和研究的内容。

（一）去粗取精的社会文化观

教科书编写的社会文化观之所以重要，不仅在于教科书能够快速便捷地传播社会主流文化的价值规范，而且在于它是传递课程理念、选择和表达课程内容，帮助学生认识自我与世界的重要媒介。这就决定了教科书在编写时应该秉持去粗取精的社会文化观。一方面，精选有助于学生身心发展的社会文化。教科书所选取的社会文化内容既要密切联系学生的实际生活和发展需要，也要兼顾学生的认知规律和身心发展特点，教科书虽然作为一种高度观念化的产物，承担着传承、传播社会文化的使命，但"教科书是为了促进学生发展而存在的，学生身心发展规律对教科书内容选择和确定具有引领价值"①。因此，教科书在挑选和确立相关的社会文化内容时，必须兼顾到该文化内容在学生身心发展中的意义，尤其注重能够最大程度提升学生素养的社会文化，这样才能凸显出教科书编写的高水平和高质量。另一方面，要根据教育规律、课程性质对社会文化进行选择和组织。任何一种社会文化元素在进入教科书正式编写内容之前，势必依据教育规律对其进行教育学的合理诠释和生成转化，使该文化内容具有教育教学性，同时还要参照课程标准的相关规定和要求，结合不同学科课程自身的属性和特点编写和组织教科书。

（二）传承和创新的社会文化观

"人类经过长期的社会实践，将各种文化现象进行归纳和提炼，总结出文化发生、发展、存在、变迁的规律，将个体的、零散化的文化事项概括上升为公众都认同的模式，方便进行学习和保存"②。教科书作为实现文化传承与创新的重要手段，与社会文化有着不可分割的内在联系。一方面，社会文化造就了教科书，并为教科书文本内容的选择和组织设定了基本的文化逻辑和教育素材，抛开社会文化，教科书的内容编写就成了闭门造车、自说自话；另一方面，教科书又精炼、形成着文化，教科书是传播社会文化最便捷、最快速的途径之一，离开教科书的传播作用，社会文化的功能、意义和价值将会走向式微。随着信息技术的快速发展，信息技术成为推动当代社会文化变迁的重要力量，在信息技术与社会文化整合过程中，信息文化的价值观念、操作模式等都会烙刻在整个社会文化的结构中。这就要求教科书编写人员在设计内容时，既要做到对优秀传统文化的继

① 石鸥. 教科书概论[M]. 广州：广东教育出版社，2019：76.
② 陈华文. 文化学概论新编[M]. 北京：首都经济贸易大学出版社，2019：201.

承与创新，也要自觉运用相关信息技术，提高教科书的编写质量，加大信息社会文化筛选和辨识的力度。

（三）多元融合的社会文化观

社会文化作为一个复杂的系统，由不同的要素或部分组成，各个要素和各组成部分之间是相辅相成、彼此关联的。虽然人们对社会文化的定义还未达成共识，但是通过其特征可以发现，社会文化总体上呈现出开放的、包容的和共享的态势。就社会文化的内容及其流变而言，它是趋于多元融合的，是一种相互关联着的整体。在社会文化的多元融合过程中，既有社会文化自身内部的整合，也涉及本土社会文化与外来文化、不同国家不同民族社会文化的融合。因此，教科书文本内容的编写、设计、组织等除了立足于本土社会文化境脉，从中寻求教科书编写的思想视野和文化立场，也要谨慎处理好本土文化与外来文化之间的关系，在教科书的内容选择与呈现、编写体例与版式设计上体现多元文化并存的立场，在提升学生文化素养和促进社会文化繁荣与发展的进程中起到重要作用。

三、社会文化观在教科书编写中的体现

教科书需要根据一定的社会价值取向对人类文化进行挑选，对选定的文化内容进行加工和整理，赋予文化新的意义。教科书是一种社会学意义上的文化存在和教育学意义上的文化现象，"在全世界许多国家的学校课堂上，正是教科书为教学提供了大量的物质条件，也正是教科书确定了什么才是值得传承下去的精华和合法的文化"[1]。"在文化的选择、传承、创新的过程中，通过对教科书内容的文化阐释和文化彰显来建构和传播社会文化，既可以推动文化的发展与进步，也可以实现文化精华的积淀和传承"[2]。由此可见，社会文化观对教科书的影响是系统性和全方位的。

（一）教科书内容选择的社会文化观

教科书是分析社会文化的重要文本，同时也是社会规范、价值观念、政治思

---

[1] 阿普尔，克丽斯蒂安－史密斯. 教科书政治学[M]. 侯定凯，译. 上海：华东师范大学出版社，2005：95.

[2] 刘千秋，董小玉. 新时代教科书编辑的文化选择路径：传承、优化、融合[J]. 中国编辑，2019（3）：36.

第五章 教科书编写的文化观念 | 183

想等的重要载体。教科书既是知识、技能教学的媒介，也是社会文化观念的反映，蕴含一定的社会价值取向。社会文化观要求教科书的内容选择通过传承与弘扬优秀传统文化来促成传统文化的现代转型，并在优化当代文化的过程中突破本民族的地域局限，整合多元文化，最终增进和拓展文化的丰富性。

以义务教育阶段地理教科书为例，其编写的社会文化观包括"科学文化、人文文化、技术文化、传统文化、现代文化、网络文化、地域文化、民族文化、性别文化等文化元素"①，地理教科书的内容选择既要体现当代社会主流文化价值观与思维方式，也要体现基础性和相对稳定性，既要体现时代性和日常生活价值取向，还要体现适度开放性。首先，从去粗取精的社会文化观来看，地理教科书的内容来源于文化，受社会主流文化意识的影响。作为文化载体的地理教科书，其内容选择必然是建立在对社会文化的去伪存真的基础之上，当代地理教科书的文化内容选择主要包括"爱国主义情操、辩证的思维方式、求真的科学精神、人地和谐观、可持续发展观、健康的审美情趣"② 等方面，体现社会主流文化的地理价值观。因此，就传承和创新的社会文化观来说，地理教科书的内容选择始终随着社会的发展而不断地更新和重组。以爱国主义内容的演变为例，在晚清时期，地理教科书重在强调"学生同仇敌忾、爱国强种之观念"③；新中国成立以后，中小学地理教科书中的爱国主义内容侧重于热爱新中国、热爱社会主义，保卫新中国胜利的果实；进入 21 世纪以后，我国地理教科书中的爱国主义内容不仅关注祖国的繁荣与发展，而且关注整个人类生活环境与自然环境的生态和谐，强化人口、资源、环境、社会相互协调的可持续发展观。由此可见，在不同的时期，爱国主义的内容各有侧重，而内容观念的变化则反映出不同时期社会文化认同范式的改变。

其次，就多元融合的社会文化观而言，地理教科书的内容选择和呈现既包括欧洲地区、亚洲地区和非洲地区等丰富多样的地域文化，也包含不同民族特色的文化，如华夏文化、印度河流域文化和恒河文化、阿拉伯文化等，不同文化在建

---

① 孔云. 文化视野中的地理教科书研究[D]. 上海：华东师范大学，2008：中文摘要.
② 孔云. 文化视野中的地理教科书研究[D]. 上海：华东师范大学，2008：40.
③ 杨尧. 中国近现代中小学地理教育史：上册[M]. 西安：陕西人民教育出版社，1992：40.

筑、音乐、舞蹈、礼仪等方面表现出不同的文化艺术风格和民族风俗。同时，地理教科书在内容选择上还反映一个国家内不同的地域文化差异（如介绍我国北方和南方地区的文化差异，介绍印度南北方的饮食习惯所体现出的地域文化差异）。总体来看，虽然地理教科书的内容选择具有很强的地域性，但是也呈现出不同国家、地区之间的多元文化图景，凸显出教科书内容选择的多元性、时代性和开放性。

（二）教科书编写体例的社会文化观

有研究者认为教科书具有参照性、工具性、文化和意识形态、资料性等四种功能，而这四种功能都是随着社会文化环境、时代、学科和教育水平的不同发生变化[①]。语文教科书作为语文教学的媒介，不仅是习得知识、技能、态度的媒介，更是一种深深植根于民族土壤和社会境脉之中的母语文化，是整个社会思维方式和民族文化的缩影，这就决定了语文教科书编写体例无法回避社会文化对其施加的作用和影响。教科书编写体例既要注重学科知识的逻辑体系，也要兼顾学生的心理特点和认知规律，让学生体验到知识所内含的丰富意义，使学生通过对知识的学习走向心智的成熟，获得人格的发展。

目前我国语文教科书还是以文选型为主，重在培养学生的阅读能力和写作能力，因而范文的选择成为教科书编写的关键环节。首先，我国语文教科书选文十分注重继承和弘扬中华优秀传统文化，凸显了其传承民族文化的特点，古代作品选择的都是代表某一历史时期最高文学成就的作品，几乎涵盖了我国历史上各个时期的作品。阅读这些古代文学经典作品，会使人获得传统文化的沁润，性情得到陶冶，并在潜移默化中获得民族文化认同感，产生文化自觉。其次，语文教科书在选文上也注重尊重多元文化的融合，会选择一定数量的外国文学作品编入教科书。同时，语文教科书也意识到我国地域文化的重要性，选文体现了不同地域的文化风貌。如《沁园春·长沙》描写了长沙橘子洲头的壮丽景色，抒发了作者的豪迈情怀；《故都的秋》描写了北平的秋天，并与江南的秋天美景一并呈现；《边城》以翠翠的爱情悲剧作为线索，淋漓尽致地表现了我国湘西的风情美

---

① 肖邦. 法国的教科书：编写、使用和培训[J]. 汪凌，译. 全球教育展望，2003(6)：8-12.

和人性美。语文教科书中的文化内容十分丰富，可以说它是把人类在历史进程中积蓄起来的全部文化作为自己的内容，其涉及的领域涵盖面很广，"从宏伟壮观的巴黎圣母院到清澈碧净的漓江春水，从遥远艰苦的南极探险到乐趣无穷的雨中登泰山，从崇高感人的普世情怀到微妙亲切的人间情爱，从深奥玄冥的哲学之思到密切琐碎的饮食生活……物无大小、事无巨细、情无高下，只要是能体现文化的本质规定性、符合事物发展规律和情感逻辑的东西，都以其独特性的存在成为语文教材的编写选择"①。而以上这些内容的选择与编排能够促进不同文化间的互鉴与交流，拓宽学生的文化视野，提高学生的阅读兴趣。

（三）教科书版式设计的社会文化观

教科书既是信息与知识传达的载体，其版式设计不仅"形塑一本书的硬体结构、视觉外观、传达的手段，以及页面上所有元素的配置"②，而且依据课程标准的要求，对文本内容、图片、图形进行精心加工与合理编排，其目的不仅在于看起来美观，还在于引导学习者对教科书内容进行深入的理解。教科书版式设计在完成内容整合、编排图文素材，将材料用美的构思呈现之外，更重要的是给学习者更深层次的精神追求和深度的文化体验，达到"形神合一"的理想境界。

教科书在版式设计中体现出对社会文化的精选和加工、继承与发展、融合与创新。以部编本小学语文教科书为例，教科书封面设计大多选取我国传统文化方面的题材，如三年级上、下册（2018 年版）的封面所呈现出来的分别是我国传统手工技艺——陶俑制作和我国传统节日端午节包粽子的图景，蕴含着浓厚的中国风。相较于封面设计，文本内容中的插图更是体现了图文并茂的教育效果。例如，在课文《盘古开天地》中，插图紧扣文中每一段的内容依次展开，学生在阅读文字的同时通过辅助图片更好地理解盘古开天地的整个过程，让学生体会到盘古开创世界的博大胸怀和无私奉献精神，进而深刻地体会到我国传统文化的博大精深和源远流长，从而实现对文化的传承与弘扬。

---

① 曹明海，陈秀春. 语文教育文化学［M］. 济南：山东教育出版社，2005：15.
② 哈斯兰. 书设计·设计书［M］. 陈建铭，译. 台北：大雁原点出版社，2014：16.

第六章

教科书使用过程的文化意识

　　教学作为一种人为的和为人的社会实践活动，具有文化性、历史性和社会性。作为文化活动的教学，是通过教科书的使用来展开的。因此，教科书的使用在教学活动中占据重要地位。自 20 世纪 90 年代以来，教科书的使用问题逐渐受到研究者的关注。"国内外对教科书使用，尤其是教师如何使用教科书的研究热点主要聚焦于：建构教科书使用的不同框架、考察教科书使用的现状与问题、探寻教科书使用的影响因素、探索教科书使用的方式与路径等。"[1] 本章从文化的角度探讨教科书使用过程的文化意识，探究内在于教学活动中，影响人、制约人行为方式的深层文化机理，从文化层面探寻教科书的使用与教学样态之间的关系，不仅立足于教科书使用的基本内涵与特质，而且关注教科书使用过程中的文化观念、规律、价值、规范等问题，分析教师的文化意识在教科书使用过程中的若干体现，包括作为教科书使用过程实施者的执行文化，作为教科书使用过程组织者的互动文化，以及作为教科书使用过程引领者的创生文化。

第一节　教科书使用中的执行文化

　　教师作为教学活动的文化主体，在教科书使用过程中起关键性作用。有研究

---

　　[1]　李金云，王嘉毅. 教科书使用的研究热点与发展趋势[J]. 课程·教材·教法，2015（12）：29.

指出，影响教师教科书使用行为的因素以"教师因素"最具影响力①。"教师的教科书使用是教师领悟和运作的课程，即教师对正式课程（教科书）的解读、评价、转译、调适、加工，形成领悟的课程，并最终将其实施于具体的课堂教学中。"② 可以说，围绕教科书的使用展开的教学活动，自始至终贯穿着教师的教学理念、教学水平、教学风格等，并以言语行动的方式在事实与行为中加以展现，如教师如何理解教科书，如何依据教科书设计教学活动，如何在实际的教学活动开展中使用教科书等。这些都是教师作为主体的文化意识在教学中的体现。而作为教学活动的对象——学生，在被形塑其文化身份的同时，亦作为教学活动的另一重要主体，无时不在参与、影响乃至改变着教学文化的进程，只是这一进程自然离不开教师的组织与引领。作为教学活动的关键人物，教师的文化意识决定着教学活动的文化品格与文化特征，更决定着教学活动抵达的深度与高度，最终决定着教育中人（教师和学生）的文化塑造与培养。教科书使用中的执行文化体现在教师作为实施者的教学活动中。在执行者身份主导下，教师往往把教科书视为文化传递的工具，且奉若圭臬，不敢逾越。教师自身则作为文化的代言人和传递者，而学生只需机械、被动地接收教师的文化信息。如此，教学过程即是执行文化的过程，教学成为师生经由教科书这一文化媒介而进行的单向传输活动。

一、作为文化传递工具的教科书

教科书是根据课程标准编制的、系统地反映学科内容的教学用书③。艾普尔和克里斯汀－史密斯按照人们在阅读教科书时潜在反应的不同，提出了使用教科书的三种不同取向：受支配取向、协商取向和对抗取向。这三方面也可以反映教师使用教科书的三种取向：依赖、调适与创造性使用。从对教科书使用的忠实执

---

① 李金云，王嘉毅. 教科书使用的研究热点与发展趋势［J］课程·教材·教法，2015（12）：29－36.

② 张倩，黄毅英，石鸥. 教科书的使用：教师与教科书的互动关系研究：基于中国内地、香港和台湾数学教科书的调查与分析［J］. 华东师范大学学报（教育科学版），2018（1）：78.

③ 中国大百科全书编辑委员会. 中国大百科全书：教育［M］. 北京：中国大百科全书出版社，1976：145.

行取向来看，教科书是文化确立的标准，是文化传承的工具，在教学过程中有着较为权威的地位。对此，库恩曾描述："课本似乎总是暗示，书中所描述的各种规则、定律、理论已经完美地表明了科学的内容。几乎无一例外，这些书读起来都像是在说：科学的方法其实就是搜集教科书材料的技巧，再加上对材料进行理论概括的逻辑推理方法。"① 以高权威性来看教科书势必造成教师在教学过程中的高依赖性。

　　教科书依赖确实是目前教学实践中较为常见的现象。"教科书依赖是指人们夸大教科书的功能与作用，从而对教科书寄予过高的期望。在教学中，教科书依赖表现为教科书的教学几乎占据教师与学生所有的教学时间，教科书的内容几乎等于教学内容的全部。"② 造成教师教科书依赖的根本原因在于教师的教科书观。这是一种"权威式教科书观"和"知识性教科书观"的奇特结合。这种教科书观产生的原因是复杂的，既有中国特殊的文化历史背景的原因，如传统文化中"唯书""唯上"的观念，以集体无意识的方式使得人们容易不加分析地对权威和书本全盘接受，也有客观主义思维方式造成的影响，还有标准化考试形塑的结果等。而教科书依赖产生的根本原因是权威主义、知识本位的教科书观。

　　这种"权威式"的教科书观作为教育的社会控制职能和制度化教育强化的结果，它不仅限制了教师教学的个性化和创造性，束缚了学生的学习空间和创造意识，而且割裂了课程与社会现实之间的联系③。这是一种专家意志主导下的结果。教科书是由专家编写的、教育行政部门认可的学习材料，规定着教学的方向、目的、内容；"教学则是教师在具体教育实践情境中实现合法化的课程的过程、手段""教师是专家所开发的课程的被动的'消费者'"④。在这种教科书观指导下，哪怕教科书存在不合理甚至错误的现象，也绝不会招致质疑，因为教师先在地把教科书摆在较高的地位，自己只需服从和执行即可，不会质疑它。尽管曾有一些教师对教科书进行全面、系统的专题性梳理，为如何使用教科书提供了

---

　　① 库恩. 科学革命的结构[M]. 金吾伦，等译. 上海：上海科学技术出版社，1980：1.

　　② 吴小鸥. 试析教科书依赖及其改变[J]. 教育科学研究，2007（1）：14.

　　③ 郭晓明. 从"圣经"到"材料"：论教师教材观的转变[J]. 高等师范教育研究，2001（6）：17 – 21.

　　④ 张华. 课程与教学论[M]. 上海：上海教育出版社，2000：368.

可资借鉴的样本，并主张"教材并非不容置疑，教学也绝非教材全面合理化的过程"，提倡"教师以平等的眼光来对待教材，以专业的眼光来审视教材"[①]，但现实的状况是，一方面教科书改动只能在有限的层面，另一方面很多教师习惯性地依赖教科书，很少意识到教科书的不足，更不会去质疑教科书本身存在的问题。

教学是教师通过使用教科书与学生展开交往的活动。课程实施、教学活动以及师生互动等都与教师和教科书的关系密切关联。持"权威式"教科书观的教师，往往以知识权威的形象出现在学生面前，但事实上这只是一种代理权威，真正的权威是背后的知识代言人（教科书编写者）和已经书写出来的文本知识（教科书）。"权威式"教科书观实则是权威主义的知识观。当教师认定教科书的无上权威时，教师作为知识和文化的主体地位实则消失了，而安于把自己当作教科书的"执行者"，表现在教学行为中，乃是以一种为教科书权威所控制和统治的身份去执行教科书承载的知识与文化。因此，在教学过程中难以避免出现教科书本位的灌输式授受，从而导致教学走向僵化封闭，丧失内在活力。

二、教师作为文化的传递者

教师的文化意识决定着其文化观念和文化眼光，在教科书的使用过程中，具体表现为教师的教学价值观，以及在教学过程中理解、使用教科书的方式，从而呈现相应的教学文化样态。在执行文化取向下的教科书使用形态中，教师多以文化传递者身份存在，教学行为则主要表现为"教"教科书。

（一）知识本位的教学价值观

"教学价值观是人们关于教学实践的作用、意义，亦即关于教学实践的价值的总观点、总看法。"[②] 不同的教学价值观，导致不一样的教学实践。在教科书的使用过程中，教师的教学价值观直接引导和决定着教师的教科书观、教学观、教师观与学生观。而教师的教学行为就是教师以某种价值观为指导，根据一定的价值标准，对价值目标和价值手段等进行选择和价值决策的行动。前文所说的

---

① 郭初阳，蔡朝阳，吕栋. 救救孩子：小学语文教材批判[M]. 武汉：长江文艺出版社，2010，9.

② 王彦明. 教学价值：一种本体论视角[J]. 湖南师范大学教育科学学报，2010（1）：44.

"教科书依赖"还折射出知识本位的教学价值观。在教学领域中，不少教师对教育价值的选择还停留在"传递知识"上。下面两个教学案例或许能让我们看到问题所在。

案例1：在美国国家教育进展评估之教学评估中，有一道针对八年级学生的考题："每辆公共汽车能装36名士兵，运送1128名士兵需要多少辆公共汽车？"几乎三分之一学生的答案是"31余12"。

案例2：四月下旬，考试的压力随之而来。一名世界历史老师估计他将无法讲完教材的全部内容，除非他平均每天讲40页的内容，直到期末。最后，他决定删掉拉丁美洲这个小单元，取消几个比较耗时的活动，如模拟联合国的辩论和表决等。为了让学生迎接期终考试，这名教师采用了快速推进的讲授教学模式。

显然，案例1中的学生掌握了习题的解法却无法在实际生活中运用，接受的是"死"的知识。案例2中的教师为了考试，只顾赶教材的进度，容易导致"不顾教材的优先顺序、预期结果、学习者需求和兴趣，或者恰当的评估方式而对教学内容进行通盘讲授……只有教师教，没有给学生真正的学习关键思想和关联点的机会……"[1]。这样以传递知识为主的教学很可能会偏离教学的真正目标。教学是价值负载的活动，教学应具有教育性，如果知识成了教学的主要目的，那么，知识和教学就容易失去教育性意义。

"教学价值取向决定了教学改革的方向和性质，其形成与改变既与历史文化传统的深厚渊源相关，也受当下教育政策导向、教学实践变革、教学理论发展乃至社会心态转变的深刻影响。如果说'知识本位'是历史惯性使然，那么'效率优先'则与改革开放之初'效率优先、兼顾公平'的普遍社会心态有关。尽管近二十年来课程改革背景下教学改革有了新的思路和招数，但仍然摆脱不了知

---

① 威金斯，麦克泰格. 追求理解的教学设计[M]. 闫寒冰，宋雪莲，赖平，译. 上海：华东师范大学出版社，2016：2-3.

识本位的羁绊，改变不了灌输式教学的习惯，走不出考试指挥棒的阴影。"① 这段话指出了我国基础教育阶段教学的现状。"知识本位"和"效率优先"之间有着深层的共通性，即"知识本位"的教学价值观。"知识本位"的教学价值观是把知识教学变成了外在的、功利化的工具，因而忽视了学生的意义探求与生命成长，从而也就把学生工具化、功利化了。这种教学价值观容易导致"知识专断""教学压制"。在教科书使用方面，具体表现为"文化传递者"的教师观和教学中"教教科书"的行为方式。

（二）"文化传递者"与"教教科书"

"知识本位"的教学价值观容易导致教学实践中的"教教科书"。尽管知识的价值应该是教学价值的基础，掌握知识应该成为教学在智育方面的主要目标，但是，唯知识而教的现象直接导致教学中的知识堆砌：罔顾知识背后的生活世界，不顾兴趣激发和能力提升。这直接造成"教教科书"现象，即把教科书的使用当作教学活动的主要甚至是唯一的内容和目标，在整个教学活动的诸环节，如制定教学目标，选择、理解和建构教学内容以及选择教学组织形式等均体现"知识本位"取向的教学价值观。

首先，把教科书当作教学的出发点、内容和目的。在教学实践的情境中，学期开始往往以学生拿到教科书为标志，新学期真正意义上的第一堂课往往以教师教教科书为起点，而学期结束则以教科书教完为止。教科书伴随教学过程的起点到终点的全过程，是教学活动的主要组成部分，甚至涵盖了教学的全部。尽管近年来关于教学内容并非教材内容的观点受到关注，但反观教学实践，不少教师依然唯教科书至上，甚至把教学直接等同于教教科书。为了让学生深入了解、掌握教科书的基础知识和基本能力，教师可谓不厌其烦，严加督促，勤加练习。不可否认，教师的勤勉努力确实让教科书发挥了最大的作用，且教科书本身也有拓展和可持续发展的价值，但事实上，"教材知识的某种经典性和权威性（通常被称为定论）使拓展与发展具有了同质化的规定性，由此不同程度地约束了存疑或求

---

① 杨小微，胡雅静. 从"以教定学"到"为学而教"：中国教学走向现代化的 40 年[J]. 全球教育展望，2018（8）：14.

异的乃至创新的可能性"①，"强调在知识吸收过程中，态度、才能和本领的形成实际上比知识本身更重要"②。显然，通过教科书来学习不仅只是习得知识，因为知识传递的教学价值观是片面的。

其次，教学过程乃是传递知识、教教科书的过程。这是一种以教科书的传递活动为核心的教学形态，其主要表现为"采取讲解式或图解式的方式灌输现成知识，限制乃至消灭了原本丰富多彩的世界。在目的型教材观看来，教材不是学科内容与儿童之间的媒介，它从一开始就作为习得的对象，诸如概念和法则之类，原封不动地摆在儿童面前。儿童的学习过程是被动地习得现成的结论"③。以知识传递为主的教学方式主要为照本宣科式。这是一种貌似最为有效也最为忠实的执行方式。照本宣科的教学方式直接导致满堂灌输，以及以教案为本位的教学过程。"以教案为本位意味着教学是预设的和封闭的，教师被严格要求按教案组织教学，每节课的内容和进程都规定得很死，课堂教学就是教案的展开过程。教案限制了教师对课本知识的讲解，使得所有教师的教学步骤大同小异，所有教师对书本知识的阐释都几乎雷同，教师没有任何发挥创造性的空间。"④以教案为中心的教学过程，不仅遮蔽了人，阻隔了人，而且背离了教学作为文化交往活动的本质。

最后，教学评价指向知识的复现，如强调学生的复述与背诵，把教学评价窄化为纸笔考试，使教学直接成为应试的工具。偏重识记、偏向标准答案的评价方式更加剧了传递知识的合法性和正当性，间接造成了知识传递的闭环，从而使教学活动成为一种工具化的操作。这样的操作带来的问题非常明显，具体有以下几点。

1. 抑制主体性。"知识本位"的教学价值观先在地抑制教师的主体性。作为"文化传递者"和"知识传授者"的教师，更多地需要遵从教科书的编排逻辑，遵照教科书的安排，通过忠实地执行教科书的要求开展教学活动，保证学生

① 杨启亮. 教材的功能：一种超越知识观的解释[J]. 课程·教材·教法，2002（12）：11.

② 联合国教科文组织. 教育：财富蕴藏其中[M]. 北京：教育科学出版社，1996：138.

③ 钟启泉. 确立科学教材观：教材创新的根本课题[J]. 教育发展研究，2007，27（12）：4.

④ 胡芳. 知识观转型中教师主体性的回归[J]. 高教发展与评估，2010（9）：73.

清晰无误地掌握这些既定内容。教师对教科书的遵从容易使"教师的潜能和创造力被局限在有限的课堂，在已被模块化、编织好了的课程体系中，机械地按部就班地进行'程序操作'……教师千篇一律地传授知识，这既限定了教师的主体作用，又束缚了学生个性的自由发展，教师沦为了'传声器'，学生沦为了'学校生产线上的加工品'"①。"知识本位"的教学价值观导致教师对教科书的完全遵从，这进一步抑制了师生主体性的发展。因为教科书的普适性、标准性不可能真正适合每一个学生的需要，在教学过程中，教师需要根据学生的实际情况，对教科书进行调适、增补，乃至创造性使用。

2. 排斥差异性。"知识本位"的教学价值观与教师高度依赖教科书的现象相互伴随。高度依赖教科书的教师很难照顾学生的差异性。事实上，"在教科书编写时，作者和编辑需作出取舍，他们必定以人数最多的中游能力学生组群为编写对象；故教科书在理念设计上就根本未有顾及最好和最差学生的学习需要。这种情况使教科书未能照顾个别学生的需要"②。教学中，教师也往往以中游学生的情况为标准，较少顾及处于两端学生的需求。这必然难以全面保障教科书的使用效果，另外也对部分学生不利，尤其对学生的个性发展造成阻碍。

3. 缺失创造性。"知识本位"的教学价值观最大的不足是对创造性的忽视。教师主体性的缺失必然带来创造性的阙如，使教学过程沦为工具化的行为，最终阻碍学生学习，因为教师的教学价值观不仅直接影响到教学活动的全过程，还直接影响到学生的发展。有研究者指出：当前我国基础教育中课堂教学的价值观需要从单一地传递教科书上呈现的现成知识，转换为培养能在当代社会中实现主动、健康发展的一代新人③。这意味着教学的价值应定位于充分弘扬学生的主体性，唤醒、尊重和发展学生的主体意识和主动精神。

三、学生作为文化的接受者

教学过程是教师和学生共同参与、共同探究的过程。在这个过程中，教师的

---

① 黄灿灿. 从教师的层面上看课程整合：基于重庆谢家湾小学课改[J]. 科教导刊，2016（1）：51.

② 霍秉坤. 教科书使用取向的核心：教师专业发展[J]. 湖南师范大学教育科学学报，2015（3）：28.

③ 叶澜. 重建课堂教学价值观 [J]. 教育研究，2002（5）：3.

价值观念、行为习惯等会对学生产生重要影响。在教科书使用过程中的"知识传递"价值观和执行文化导向下，学生的主体地位往往被忽视乃至搁置，单纯成为文化的接受者而存在，不仅丧失主动性，而且成为工具性的存在。于是，学习过程成为"学"教科书的过程，具体体现在学生的学习目标和内容、学习方式以及学习效果等方面。

（一）作为文化接受者的学生

在传统的教育教学中，教师的主要职责是通过课堂教学将知识传授给学生。"知识的传授者"是对教师角色的传统概括。相对于学生，教师是课堂教学中的主导者，因为教师是知识的直接分配者；相对于学科专家，教师是知识的传授者，因为教师所传授的内容是由学科专家编排决定的。学生成为单纯的文化接受者，作为教学的对象、活动中的客体而存在。

当教科书作为文化确立的标准、文化传承的工具时，学生往往作为文化传递的对象而存在。如果说在受支配取向下的教科书观念下，教师对于教科书是高依赖的心理，那么，作为文化接受者的学生，则容易形成一种双重崇拜与依赖的心理——既高度信赖教科书，又依赖服从于教师。因此，学生的学习容易演变为对教师和教科书的一味遵从。同样，在教科书的使用过程中，教师以一种忠实执行者、知识传递者的身份出现，较少或很少考虑学生的学习感受。事实上，无论是作为"传递者"的教师还是作为"接受者"的学生，都无法真正发挥主体作用。

（二）学习过程成为"学"教科书的过程

学习过程成为"学"教科书的过程主要体现在三个方面。首先，"学"教科书表现为一种指向教科书的学习目标和内容。把教科书等同于教学的目标内容，这是一种"知识本位"的教材观："教材以本身呈现的知识为目的，教学即以教材所负载的知识和技能的传授与掌握为宗旨"；也是一种"目的本位"的教材观，即从教师的角度出发，把作为学科内容的教材视为完成教学任务的决定性手段。无论是"知识本位"的教材观，还是"目的本位"的教材观，都有着相同的观念，"这种观念的特征很清楚：教材是掌握的对象，它本身就是目的"①。在

---

① 杨启亮. 教材的功能：一种超越知识观的解释[J]. 课程·教材·教法，2002（12）：11.

这样的教科书观的导向下，教师成为文化执行者和教科书的代言人，只需要对教科书进行"意义复原式教材理解"①，同时把教科书的功能局限在掌握层面，教学过分依赖预设的课程内容，认为"教科书是教师和学生学习学科知识的主要材料"，然后在教学中忠实地执行。"他们不重视学生的兴趣、疑问和困难，他们最关心学生完成教科书的难度，只以学生能记忆课本的内容作为评估学生成绩的方法，很少评估他们能否理解概念以及这些概念和其他学习范畴（包括学生生活面对的问题）的关系。在教学过程中，他们只关心教科书中一页、一章、一册的安排。"② 于是，学生的学习直接成为学"教科书"。

指向教科书的学习目标和内容之所以在教学实践中较为普遍，与其好操作、易普及有关。但显然，指向教科书的学习目标和内容是对教学意义的窄化。当学生的学习直接成为学"教科书"，其受到的教育是不充分的。

其次，"学"教科书表现为一种以接受型为主的学习方式。教师忠实地完成教科书的教学，实现知识和文化的有效传递，以此作为评价的标准，因而罔顾学生的个性化学习和创造性探究，甚至打压学生个性化的思考与表达，于是就有了"雪化了变成春天"却不被认可的尴尬③。从表面上看，教师的灌输式、填鸭式教学，学生死记硬背的接受型学习方式貌似最为有效。于是，学生的生活经验在学习过程中变得可有可无，学生也无须思考和质疑，只需跟随教师的步伐，一步一个脚印。而以识记和复现为主的考核方式，则进一步强化了学生以认知和记忆为主的学习方式，从而形成了独特的学生接受型文化。

最后，"学"教科书将造就一个个"知识容器"型学生。接受型文化学习自然容易导致学生成为知识的容器，而教育要培养完整的人格，发掘学生内在的生命活力，使其通过教育教学变得更好，就应当立足于人的发展，立足于人的完满。如果教学沦为"填鸭式"教育，那么培养出来的学生就像是同一个模子生产出来的、丧失个性的批量产品，这是一种异化的教育。在教育发展的初级阶

---

① 申大魁，田建荣. 教师教材理解：概念、类型及转向[J]. 教育理论与实践，2014 (22)：55.

② 黄显华，霍炳坤. 寻找课程论和教科书设计的理论基础 [M]. 北京：人民教育出版社，2005：1.

③ 罗追. 雪化了会变成什么？[J]. 教师之友，2001 (9)：29.

段，教师"教教科书"、学生"学教科书"是教学的必要方式和手段，也确实能取得一定的效果、发挥一定的作用、促进教育的普及，但也容易导致教师的照本宣科和盲目灌输，以及学生的一味接受，造成教学的僵化保守和活力丧失，使教学过程成为单纯执行教科书的过程，最终导致创新精神的缺失，进而影响和阻碍学生的发展。

四、"以教定学"的执行文化

教师的执行文化观在教学实践中主要表现为"以教定学"。"所谓'以教定学'是指侧重于从'如何教'视角来设计教学，教师'教'的过程决定了学生'学'的方式和过程"①。围绕执行教科书的过程，教学活动在教科书、教师和学生中呈现一种单向线性传递的关系。这种线性关系表现为以下几个特点。

1. 控制强化。"在传统教学理念文化下，教师是学生学习的控制者，是知识的仲裁者。教学是信息交流的单向传输方式（教师'讲'，学生'听'，学生'上课记笔记，下课背笔记，考试全忘记'）；教师是教学这一活动的主体，学生在教师的控制和监督下进行学习；教学中以知识传授为主，学生的情感、态度、价值观受教师的关注不够；教学目标、内容、方法、进程、结果和质量评定等都由教师决定和负责，学生的任务和责任就是彻底的'应试'和被动接受评定，教师是知识拥有者，学生是知识的接受者，以教师为中心，以书本为中心，以课堂为中心……"② 这便是以"控制强化"为特征的传统教学现象的完整描述。不过，其背后的理念简单冠以"传统"二字不足以体现其深层的文化机制。如前所述，这一典型的教学行为背后其实隐含着一个由教师、教科书、学生、环境等诸多因素相互交织的复杂联合体，其中起关键作用的是教师的教学价值观以及价值观影响下的教科书使用观念，正是这些观念的集合体，形塑了教师的教学行为，影响着学生的学习方式。"知识本位"下的教学价值观造就了教师对于教科书使用的执行文化，这种执行文化最突出的表征便是"控制与强化"。

---

① 杨小微. 从"以教定学"到"为学而教"：中国教学走向现代化的 40 年[J]. 全球教育展望，2018（8）：9.

② 胡双喜. 基础教育新课程改革实施困境的文化学解读[J]. 河北师范大学学报（教育科学版），2009（4）：61.

2. 机械被动。控制与强化的教学文化下，教师教学行为更多表现为一种"简单的重复劳动，教师的一个教案可以一用再用。教师的工作方式主要是个体的教学，缺乏教师与学生之间的交往，缺少教师个体之间的合作、交流。教师缺乏对自己的教学行为的反思过程，很少有对教学'文本'的研究与创新，过于关注'授人以鱼'，而不是传授学生以'渔'，教师教学行为缺少创新性。长期下来，助长了教师惰性，机械化倾向加重"①。21世纪初的新课程改革正是看到了这一弊端，强调以学生为中心，强调"三维"目标，重视学生的自我发现、自我发展，这必然对教师的教学行为提出新的要求，并导致与传统的教学行为发生冲突。这正是课改的关键点。如果教师的行为方式、教学方式不能从根本上改变，则无法培育真正具有创新精神的学生。

3. 僵化封闭。首先，教师对教科书的理解是封闭性的、僵化的、保守的。具体体现在唯教科书是举，不具反思性，更无创造性可言。其次，单纯的执行者身份容易导致教师成为知识的传递者，学生则成为单纯的接受者，教学活动只是单向传递。而有意义的教学是一种交互性的文化交流，而非简单的授受。忠实取向的教科书观仅仅把教科书当作文化传递的工具，机械、僵化地服从教科书的律令，"只关注现成知识传递价值的教师，实际上是在'育'以被动接受、适应、服从、执行他人思想与意志为基本生存方式的人"②。因此，僵化封闭的观念必然导致僵化封闭的教学行为。

当教学活动成了"教师—教科书—学生"的单向线性传递过程，无论是教师还是学生，都在教学这一执行文化的浸染下成了某种工具性的存在，而教学文化方向应指向人的全面发展③。"教学过程必须成为自觉实现人文化成的价值追求的过程。"④ 而执行文化下的教科书使用，显然是与教学文化的终极目标相违背的，其背后的文化诉求与文化机制是一种工具理性——把教科书和教学作为文化传承的工具，培养无创造性的保守、封闭的工具型人格。这样的观念必然导致

---

① 胡双喜. 基础教育新课程改革实施困境的文化学解读[J]. 河北师范大学学报（教育科学版），2009（4）：61.
② 叶澜. 重建课堂教学价值观[J]. 教育研究，2002（5）：4.
③ 巫肇卉，靳玉乐. 课堂的文化学思考[J]. 当代教育科学，2004（7）：19-21.
④ 张广君. 论教学功能的当代取向：兼论当代中国教学文化的应然选择[J]. 高等教育研究，2007（7）：89.

文化的单一、封闭与保守，而这种僵化的文化生态又进一步加剧了教学的机械死板。

有研究者认为："课程的文化逻辑必须从他律转换为自律、从他为转换为自为、从外在顺应与辩护转换为内在超越与建构、从静态复制转换为动态生成。"①显然，工具性特征的执行文化对于教科书的使用、教学文化的发展造成了一定阻碍，尽管在教科书的使用过程中，忠实执行取向是有必要的，是教科书得以发挥作用的必要保障和基础。问题在于，只有简单的执行是不够的。一是因为完全忠实执行教科书的情况不可能存在。从文化传播方面来看，文化如果不更新就必然会走向僵化，最终难逃消逝的结局。教学本就是动态生成的过程，教材在使用过程中总会需要调适。二是即使能够最大化地忠实执行，也不利于师生创造性的培养，与教育的最终目标和宗旨相违背。因此，这要求教学活动既要恰如其分地运用教科书这一文化传承工具，确保文化传承的正当性和合理性、有效性，又要保持一定的开放性、灵活性。这看似矛盾的要求体现出对于教科书这一文化传承工具和知识载体的认识还存在局限性，更意味着对于教师与教科书、学生与教科书之主客二分的关系认知出现了问题，还意味着对于教科书的正确认识，以及教师以何种身份使用教科书，在教学中以何种姿态把握教科书与教学的关系等方面认识不足。随着人们对于教科书使用、师生关系、教学过程的认识越来越深入、全面，把教科书单纯作为知识载体、文化客体的观念需要改变。这意味着教科书使用中的执行文化面临认识上的冲突，迫切需要一种新的解释来应对新的教学文化。

第二节　教科书使用中的互动文化

教科书使用中的执行文化意味着教师以执行者身份，遵照课程专家、教科书的要求，在教学实践中遵循一种由目标、内容、方法到评价的线性行动逻辑。其

---

① 郝德永. 走向文化批判与生成的建构性课程文化观[J]. 教育研究，2001（6）：63.

实，教师在教科书使用的实际过程中，很难完全做到纯然的执行，因为，教学过程不是静态的、简单的、固定的操作程序，而是动态的、复杂的、多元的活动，是教师、学生与教科书在彼此互动中形成的关系系统。教师与教科书的互动，一方面体现在教科书是以教师在教学实施中特定的中介作用为目的的；另一方面，教师作为能动者，在对既定的教科书进行必要的理解和加工时，完成了对于教学文本的再创造。由于教科书既没必要也没有可能完全忠诚地在教学活动中使用，教师的教科书使用是教师与教科书互动来完成课程实施的过程，它包括教师对教科书的理解、评价、加工、筛选、补充、组织和运用，可以说这就是教师的备课与课堂教学的过程①。根据课程学者古德莱德的课程理解框架，教师的教科书使用应该介于"正式的课程"和"体验的课程"之间。教师将教科书（正式课程）转化为学生所体验的课程，即为教师的教科书使用。古德莱德把这个过程界定为两个步骤，即"理解的课程"和"实施的课程"。其中，理解的课程即教师对正式课程（教科书）的阅读、理解、评价，实施的课程即教师对教科书的转译、调适、加工，并最终将其运用于课堂教学②。因此，教科书与教师之间的关系是一种互动互构、相互调适的关系。

不同于依赖型的忠实执行关系，在这种互动型的关系下，教科书的使用将呈现出一种完全不同的样态，具体表现在教师的教科书观、教师观、学生观，以及由此形成的新型教学观的改变上。在这个过程中，教师、学生与教科书的依赖程度减弱，教学过程中单一的传递—接受模式因发现式、探究性学习等的加入变得丰富多元，并最终形成一种互动型的教学文化新生态。

一、作为文化沟通桥梁的教科书

"以往的研究认为，课程教材都是客体；进一步的研究认为，课堂教学是师生双主体共同通过教材这一客体进行认识和发展的，呈现为'主—客—主'的模

---

① 张倩，黄毅英，石鸥. 教科书的使用：教师与教科书的互动关系研究：基于中国内地、香港和台湾数学教科书的调查与分析[J]. 华东师范大学学报（教育科学版），2018（1）：77-84.

② 张倩，宋萑，黄毅英. 我国京港台三地数学教科书的教师使用情况及其启示[J]. 湖南师范大学教育科学学报，2017（9）：43-50.

式，是主客实践模式和交往模式的融合。"① 教学的本质特征之一是一种师生的特殊交往活动，在这一过程中，教科书发挥的作用显然不是作为目的性的文化传承的标准，而是手段性的文化沟通的桥梁与纽带。这意味着教科书不再是静态的文本，而成了教学活动中逐步完善的动态演变过程。

另外，传统的课堂教学认识往往基于一种"功利主义"的知识观，强调知识的工具价值，忽视了主体对知识本身的内在价值的探究兴趣，导致教学实践过程的工具化、机械化。教科书作为静态的文本，是权威的标志，是文化的标准，教学成为对于教科书这一固态文化知识的忠实执行，成为课程的工具和手段，教学与教科书的关系是线性的、分离的。当教科书作为一种教学活动文本，则突破了原先作为文化标准和文化传承工具的局限，其自身显现出既具有矛盾性、又具有开放性的特征。这一方面打破了"权威式"的教科书神话，另一方面又为教师对于教科书的使用开辟了新的意义空间。

相对于颇具执行意味的目的型教材观，破除教科书依赖的、凸显教师能动性的教科书观则是一种手段型的教材观。"手段型教材观则是把儿童借助教材的作用而产生的主体方面能力的变化，视为教材的作用……教材不是儿童直接习得的对象，而是智慧训练的材料。"② 同理，手段型教材观对教师而言，教材不是权威的律令，而是教学的材料，是在教学中可以进行调整、改造的文本。

可见，不同的教科书观背后的文化诉求与文化机制是不一样的。依赖型的教科书观背后是知识本位的、工具理性的知识观，这是一种"功利主义"的知识观，强调知识的工具价值，认为教科书是文化传承的工具，在教学中教科书则演变成了教学的目标和内容，从而忽视了主体对知识本身的内在价值的探究兴趣，导致教学实践过程的工具化、机械化。依赖型的教科书观体现的是工具理性、技术理性的逻辑。而互动型、调适型的教科书观则基于历史与现实的理解之上的互动与协商，背后的文化诉求与文化机制是实践理性。

施瓦布在《实践3：转换成课程》一文中确立了一种新的课程理念——实践性课程，"在施瓦布看来，课程是由教师、学生、教材、环境四个要素构成

---

① 孙智昌. 教科书的本质：教学活动文本[J]. 课程·教材·教法，2013（10）：19.

② 钟启泉. 确立科学教材观：教材创新的根本课题[J]. 教育发展研究，2007，27（12）：4.

的……教师和学生是课程的主体和创造者……教材是课程的有机构成部分，是由课程政策文件、课本和其他教学资料构成的。但是，教材只有在成为相互作用过程中的积极因素时，只有在满足特定学习情境的问题、需要和兴趣时，才具有课程的意义。因此，教材具有很大的灵活性和变通性，可以根据不同学习情境的需要进行选择和取舍"①。例如，古诗《大林寺桃花》这一文本作为教学内容应该放在哪一个年级的教科书中？这个问题其实是没有固定答案的。因为，"与教材相比，学习情境的问题、需要和兴趣具有优先性"②。《大林寺桃花》的学习，既可以放在高年段，就诗歌中的"理趣"开展研究性学习，亦可放入中低年段，作为歌咏大自然的诗篇进行欣赏积累。因此，诗歌放入哪一年段的问题，只需遵循大致的教材编排逻辑和学生心理逻辑即可。关键的是在教学中，教师如何根据学习情境的需要、学生的需要和兴趣，灵活调整教学内容、确定适切的教学目标。正是这种基于"理解""相互作用"的教科书观，凸显了"实践兴趣"的教学追求。

二、教师作为文化的组织者

随着教师的教科书观发生改变，在教师与教科书的互动关系中，教师的文化身份也发生变化：教师不再是文化的传递者，而是文化的组织者；教师的教学价值观也由封闭型的"知识本位"走向开放型的"育人本位"；互动文化取向下的教科书使用，主要表现为"用教科书教"。

（一）"育人本位"的教学价值观

自布卢姆（Benjamin Bloom）的"教育目标分类学"为科学技术迅猛发展时期的教育提供了由注重"知识"转向注重"理智的能力和技能"的价值取向以来，从斯腾豪斯（Lawrence Stenhouse）的"教育的本质是引导"，到艾斯纳（E. W. Eisner）的"表现性教学目标"，人们对于课程与教学的目标取向经历了从重控制的工具理性到重生成的实践理性，再到重发展的解放理性的过程，可见，教学的最终指向是基于育人目标的，是为了促进学生的全面发展。

---

① 张华. 课程与教学论[M]. 上海：上海教育出版社，2000：20.

② SCHUBERT W. Curriculum：Perspective，Paradigm and Possibility [M]. New York：Macmillan Publishing，1986：294.

　　"育人本位"教学价值观的基本理念在于："当前我国基础教育中课堂教学的价值观需要从单一地传递教科书上呈现的现成知识，转为培养能在当代社会中实现主动、健康发展的一代新人。我们认为，学科、书本知识在课堂教学中是'育人'的资源与手段，服务于'育人'这一根本目的。'教书'与'育人'不是两件事，是一件事的不同方面。在教学中，教师实际上通过'教书'实现'育人'，为教好书需要先明白育什么样的人。"①任何时候，课堂教学都应该围绕育人这一根本目的，但在实际教学过程中，教学目标往往发生偏移。回顾我国课堂教学改革的历程，"在课堂教学的目标上，我国基本上是沿着'偏重双基—培养智力和能力—强调非智力因素—注重主体性品质、创新精神和实践能力的培养—注重三维目标的培养'这一条轨迹发展前进的"②。显然，"三维目标"较之于"双基"，凸显了教学的能力本位，彰显了教育的育人价值。2017 年中共中央办公厅、国务院办公厅印发的《关于深化教育体制机制改革的意见》中突出强调了构成核心素养的"关键能力"，指出"要注重培养支撑终身发展、适应时代要求的关键能力。在培养学生基础知识和基本技能的过程中，强化学生关键能力培养"，强调重点培养学生的认知能力、合作能力、创新能力和职业能力这四种关键能力。这意味着教学从关注"三维目标"到重视"核心素养或关键能力"的转变，也意味着教学价值与目标从"知识本位"到"育人本位"的转向。

　　（二）"文化组织者"与"用教科书教"

　　如果说执行文化取向下的教师教科书使用遵循的是工具理性逻辑，编制教科书的专家、管理行政人员与教师形成的是"控制与被控制""权威与服从"的不平等关系，那么，互动文化取向下的教师教科书使用则为教师开辟了相对广阔的创造空间，使其可以依据学生的情况、教学的进程对教科书进行调适、修补、增减，这便是"用教科书教"。

　　首先是教师的角色发生改变。"协商与互动这一新型关系及机制使教师从'独奏者'的角色过渡到'伴奏者'的角色，从此不再主要是传授知识，而是帮

---

　　① 叶澜. 重建课堂教学价值观[J]. 教育研究，2002（5）：4.
　　② 杨小微，胡雅静. 从"以教定学"到"为学而教"：中国教学走向现代化的 40 年[J]. 全球教育展望，2018（8）：14.

助学生去发现、组织和管理知识，引导他们而非塑造他们。"① 从文化的角度来看，协商与互动的新型关系促使教师作为文化组织者的身份，而非文化的代言人、知识的拥有者、文明的传递者。因为，教师与教科书的互动关系一旦确立，教学的单向线性传递模式必然被打破，教科书将不再是死的知识，而是成为活的教学活动文本，教师、学生、教科书的关系也趋向复杂化，充满不确定性，这意味着教师的角色更多元，更具专业性，也更富有挑战性。

其次是使用教科书教的方式发生变化。传统教学模式中，教师一旦习惯了"教科书执行者"的角色身份，完全依赖教科书进行教学，最终将被"去技能化"成为"教科书依赖者"，从而彻底丧失应学生需求对课程进行设计和调适的能力，教学本身也因此僵化而失去其丰富性和兼容性②。教师要改变依赖教科书的现象，必须改变固有的教科书观，明晰"知识本位"教学价值观的局限与不足，基于"育人本位"的教学价值观，改变"教教科书"的习惯方式，真正"用教科书教"。

教师使用教科书的原则是：基于教科书，超越教科书。"用教科书教"首先要做到基于教科书，才能在此基础上根据教学情境和学生的兴趣、需要对教科书进行必要的调整，以适应学生的发展需要。教师"用教科书教"须注意以下几点。

1. 全面深入解读教科书。俗话说的"吃透教科书"便是指基于教科书进行全面深入解读。有研究者归纳了教科书解读的"五境界"。第一层境界：主要关注"教科书包含了什么"，着眼于教科书的内容和呈现方式；第二层境界：主要思考"教科书的重点内容是什么""难点内容何在"，即平常所说的确定教学的重难点；第三层境界：关注"教科书内容应该如何组织和整合"，着重于教科书的组织顺序和结构；第四层境界：思考"教科书对于学生和教师意味着什么"，以领略教科书的弦外之音和言外之意；第五层境界：应思考"教科书蕴含着什么""教科书折射出什么学科教育理念"。③ 深入全面解读教科书是非常有必要

---

① 联合国教科文组织. 教育：财富蕴藏其中[M]. 联合国教科文组织总部中文科，译. 北京：教育科学出版社，1996：136－137.

② 张倩，宋崔，黄毅英. 我国京港台三地数学教科书的教师使用情况及其启示[J]. 湖南师范大学教育科学学报，2017（9）：43－50.

③ 王世伟. 论教师使用教科书的原则：基于教学关系的思考[J]. 课程·教材·教法，2008（5）：15.

的，亦是"用教科书教"的基础。如教师未能吃透教科书意图，便会误用乃至乱用教科书，造成乱象。

"教教科书"和"用教科书教"可以用一个小学数学的课例来比较分析。在五年级一节"真分数、假分数"的新授课中，一般的教学设计法是按照教科书的编排，以一种"套用定义，反复练习"的模式开展教学，课堂呈现复习—新授—练习的固定步骤，新授的学习部分以例题为主，呈现例题之后便出示定义，比如什么是真分数。再进行下一个定义"假分数"的学习，最后是巩固练习。教学环节如下：

活动一：检测复习。出示两道题目，通过用分数表示图形考察分数的意义掌握情况，以填空的方式检测分数与除法的关系。

活动二：新授学习。通过学习教材上的两个例题，了解什么是真分数、假分数和带分数。

活动三：巩固练习。完成书上"做一做"题目。

这是一种典型的"教教科书"的课堂模式，即完全依照教科书的逻辑进行教学设计。而另一种教学设计如下：

活动一：区分真和假。要求学生比较儿子的年龄与母亲的年龄，由学生探究出：儿子的年龄比母亲的年龄小（真），儿子的年龄大于或等于母亲的年龄（假）。

活动二：在（　　）/4 的括号中填哪些自然数可以形成分数？探究 5/4 是分数吗？

活动三：对上述填写好的分数进行分类。探究是否可以分为分子小于分母和分子等于或大于分母两类？

活动四：在数轴上画出这些分数。①

①　张奠宙. 小学数学教材中的大道理：核心概念的理解与呈现[M]. 上海：上海教育出版社，2018：142.

通过比较不难发现，第二个课例是在教科书的基础上进行了教学转化。具体体现在教学情境的创设、问题设计与探究这两个方面。这种思路显然已经超越了教科书执行模式，是基于学生的学习兴趣和经验进行了"再组织"，这便是"用教科书教"。

2. 在正确处理教学关系中合理运用教科书。教师、教科书、学生三者是教学系统中最基本的要素。"教学是三者之间动态交互作用的整体协同过程，是一个动态平衡的'生态系统'。在整个教学系统中，教科书是教学的基础文本，教师与学生是教育意义的创造者，学生是教学的最终服务对象。教师有效使用教科书的过程，也就是三者之间实现良性互动的过程。三者之间进行互动，就会生发出三对关系：教师与教科书、学生与教科书、教师与学生。教师使用教科书的过程，就是摆正教科书在教学关系网络中的地位和作用，正确协调三者之间关系的过程。"① 这一关系的正确处理，应注意以下几个方面。

其一，教师自身的角色。教师的角色显然不是高高在上的知识传递者，而是"教科书内容的仲裁人、转译者与开发者"②。从教科书使用过程中的文化意识来看，教师不能满足于文化的传承者身份，还应是文化的组织者、协调者、引领者。"好教师是不断摆脱教科书权威的宰制，敢于为自己的教学决定负责的专业人。是的，一个好教师所承诺的不应该是对既定的教科书的绝对忠诚，而是批判性采用教科书，直到创造出自己的'教科书'，成为课堂的主人。"③

其二，挖掘学生的课程资源。学生自身即是重要的课程资源。首先，教学应遵从学生的现实基础与兴趣、需求，例如，进行教学设计时，除了依据课程标准与教科书的要求外，还必须了解学生的学情，否则教学容易失之偏颇。其次，教学是服务于学生的，学生是学习内容的建构者，尽管在教学现实中，学生的需要往往被忽视乃至无视，但教学如果脱离了学生这一本源和基础，终将沦为无本之木。

---

① 王世伟. 论教师使用教科书的原则：基于教学关系的思考[J]. 课程·教材·教法，2008（5）：15.

② 王世伟. 论教师使用教科书的原则：基于教学关系的思考[J]. 课程·教材·教法，2008（5）：15.

③ 张倩，宋萑，黄毅英. 我国京港台三地数学教科书的教师使用情况及其启示[J]. 湖南师范大学教育科学学报，2017（9）：49.

其三，在师生对话中构建学习内容。教师的教科书使用，不是个人独白，或者仅仅是教师对于教科书的理解与建构，应该是师生共同在协商、互动的基础上对于教科书的调适。教师要放下所谓的"权威"身份，与学生就教科书进行平等、民主的协商。教师对教学内容进行协商要重点关注以下四点：一是目的，如课堂学习的目标；二是内容，课堂学习的重点，如语言领域、话题技能、学习策略等；三是学习方式，如利用哪些资源？何时学，怎么学？谁和谁学？可得到多少指导；四是评价，如应该有哪些学习成果，教师对教材进行"二次开发"效果如何，评估如何进行①。当然，教师作为教学过程的引领者，对于教学过程起着主要的引导作用。教师应在平等对话的基础上，依据自身的经验和教学素养，合理制定教学目标，选择、理解和建构教学内容以及选择恰当的教学组织形式等，使教学真正促进学生的发展。

三、学生作为文化的参与者

学生不仅仅是受教育者，还是具有超越性的受教育者②。从文化的角度来看，学生还是文化的参与者，而非仅仅是文化的接受者。在教学活动中，学生始终是能动的主体。

（一）学生作为文化建构的主体

"教学是教师的教和学生的学的统一活动。"③ 教学还是一种文化交往实践，"不仅要承认教师在教学中的文化工作者角色和文化主体身份，也要承认学生的学习是其在教学中以文化主体身份参与构建的文化交往行动"④。学生作为文化主体具有其文化独特性，学生是以多重文化主体身份参与教学实践的。首先，学生是学习活动的主体，教学必须发挥学生的学习主体性，尊重其文化的主体身

---

① MICHAEL P BREEN, ANDREW LITTLEJOHN. Classroom Decision – Making[M]. Cambridge：Cambridge University Press，2002：32.

② 吴康宁. 学生仅仅是"受教育者"吗?：兼谈师生关系观的转换[J]. 教育研究，2003（4）：43－47.

③ 施良方，崔允漷. 教学理论：课堂教学的原理、策略与研究 [M]. 上海：华东师范大学出版社，1999：6.

④ 程良宏. 知识传递与文化交往：课堂教学的路径审思[J]. 西北师大学报（社会科学版），2015（7）：86.

份。其次，学生自身乃独特文化的载体，其民族身份、地域来源、性别差异、生活经历等决定了他不仅仅是社会主流文化的接受者和传承者，也是独特文化传统的承载者。再次，学生独特的文化身份代表着社会特定文化阶层的文化主体，"作为未成年人群体，学生常常有一套与成人社会和主导阶层文化不一样的文化特征。譬如当下学生习惯的网络语言、对学校和社会主流文化的集体无意识性嘲讽，对权威的反叛等等"①。这并不意味着未成年人文化主体的文化属性一定就是不好的，但确实需要经由教学活动予以理性的规范与引导。因此，学生作为文化的主要参与者，必须承认其多重文化的主体身份，在此基础上，经由教学活动加以理解、尊重和引导。

（二）学生具备与教科书互动的能力

学生的认识活动和人类的知识探究有着内在的一致性。"发现学习"主张教学过程不应当仅仅把知识作为现成的结论传授给学生，而是要让学生通过自主探究去发现知识。学生从中不仅获得了知识，而且还掌握了探究的方法、提高了解决问题的能力。学生的学习能力表现在教科书的使用过程中，就是学生具备与教科书互动的能力。学生并不必然需要教师的"教"才能使用教科书，在教师的"教"尚未发生时，学生能通过自读，自我学习，根据自我的经验与教科书展开"对话"。教师、教科书和学生之间并非单一的线性关系。

有研究者指出"学生对自身学习、学校教育过程、学校教育本质具有独特的视角，这些视角在课程实施过程中发挥着重要作用"②。这意味着，学生使用教科书的情况同样值得关注。不过，即使学生具备与教科书互动的能力，离开教师和课堂，学生也难以超越个体日常经验的不足，因此也得不到完整意义上的建构和提升。所以，教学作为一种具体的文化实践活动，既促进着人与文化的内在融合，也引领着学生一步步走向文化成人。

（三）学生经由"对话"参与文化的建构

"将课堂教学视为知识传递的场域和实践，尽管有其特定的历史意义和社会

---

① 程良宏. 知识传递与文化交往：课堂教学的路径审思[J]. 西北师大学报（社会科学版），2015（7）：86.

② 曾家延，崔允漷. 学生使用教科书研究：教材研究的新取向[J] 课程·教材·教法，2019（11）：68.

价值，但已逐渐走向极端，产生了知识教学的异化……实际上，教学不仅是知识传递行为，更是文化交往行动。"① 狄尔泰（Wilhelm Dilthey）认为，理解是一种对话形式、交流过程，理解使被理解的对象"不是一个客观对象，而更像对话中的另一个人"②。作为文化参与者，学生是以"对话"的方式参与文化建构的。这种对话，体现为与教科书对话，与教师对话，以及与教师、教科书三者对话等多种方式。教学过程中，教师如能提供更多的机会让学生与教科书互动，并在此基础上充分展开三者的"对话"，则能够真正调动学生的学习积极性，最大程度提高教学效果。

四、"教学同步"的互动文化

如果说传统教学是忠实执行教学计划的过程，教学的重心是有效传递教科书的内容，教学实际上成为"教教科书"的活动，那么，基于"育人本位"的教学价值观，教科书既是教学目标又是教学内容的权威象征的"工具性"地位则转化为教学的某种桥梁和"中介"，成为教师和学生教学主体与之互动的"媒介"，而教学则演变成在"教学同步"中对教科书不断完善的过程。

（一）作为文化交往的教学实践

教学过程是教师与学生以课堂为主渠道的交往过程。这一过程还是一种文化的交往。"教学的文化实践性研究认为，文化交往实践是教学实践的重要属性之一……进行文化交往，培养有文化教养的人是教学活动最为直接的目的所在。"③作为文化交往的教学实践有如下特征。

1. 教师与学生是"交互主体"的关系。师生的"交互主体"关系有两层含义。首先，教师与学生皆为教学过程的主体。其次，教师与学生这两类主体彼此间在尊重差异的前提下展开持续的交往④。在这样一种互动型教学关系中，教科

---

① 程良宏. 知识传递与文化交往：课堂教学的路径审思[J]. 西北师大学报（社会科学版），2015（7）：82.

② 联合国教科文组织. 教育：财富蕴藏其中[M]. 联合国教科文组织总部中文科，译. 北京：教育科学出版社，1996：136-137.

③ 程良宏. 教学的文化实践性研究：走向新的教学理解[J]. 全球教育展望，2015（5）：14.

④ 张华. 课程与教学论[M]. 上海：上海教育出版社，2000：359.

书就不再是静态的文本，而是教学活动中逐步完善的动态演变过程。因此，当教科书、教师和学生呈现一种交互关系时，教科书的使用则变成一种相互沟通、协商互动的动态建构，教学文化则相应地呈现出动态的、调适性的、协商性的文化特征。

2. 教师与学生的交往过程以完善教科书的形式展开。在教育发展史上，"教师中心论"和"学生中心论"在师生关系问题上各执一端，问题的根源在于教师与学生的关系被视作二元对立的存在。在以课堂为主渠道的教学活动过程中，教师和学生应是一种"交互主体"的关系。教学活动体现的意涵直接朝向一种新的文化旨趣——在交互中调整、完善的实践智慧。在教师方面，表现为"用教科书教"，学生则是与教科书、与教师进行一种积极的对话，在这种对话过程中，一方面是师与生、生与生的交往，另一方面是师生在交往中对教科书不断进行调适和完善。

（二）走向"教学同步"的互动型教学过程

斯腾豪斯认为学校教育主要包括三个过程，即"训练""教学""引导"。"训练"是使学生获得动作技能的过程；"教学"是使学生获得知识信息的过程；而"引导"是使学生获得以知识体系为支持的批判性、创造性的思维能力，是学生进入"知识的本质"的过程。"真正的教育是使人类更加自由，更富于创造性，因而教育的本质是'引导'"①。如果说"训练"和"教学"可以用"行为目标"来陈述，那么"引导"只能用"生成性的目标"来表述。斯腾豪斯所提及的"教学"显然是从窄化的层面来说的，真正的"教学"既包含"知识本位"的教学和技能层面的"训练"，也包括一般发展目的（批判性、创造性思维能力）的"引导"。值得关注的是斯腾豪斯的"生成性目标"过程取向的启发性，他指出："教育基本上是一个演进过程。而且，它是渐进生长的，它扎根于过去而又指向未来，从这个意义上说，它又是一个有机的过程。在此过程的任何阶段，我们能提出的目的，不管它们是什么，都不能看成是最终目的；也不能武断地将它们插到后面的教育过程中去。目的是演进着的，而不是预先

---

① 张华. 课程与教学论[M]. 上海：上海教育出版社，2000：175.

存在的……"①

　　因此，教学过程应实现从静态性的"师教生学观"到动态性的"师生互学观"的转换②。教师从传统的"以教定学"转变为"教学同步"。所谓"教学同步"，首先意味着教师的"教"应始终是为着学生的"学"，为了让学生学得更有效。其次意味着"教指向学"，虽说教师的"教"是为着"学"，但在实践中容易出现"教"脱离"学"、"教"罔顾"学"的情形。"以教定学"在"知识本位"和"效率优先"的教学观指导下，往往罔顾学生的学习内在兴趣和需求，盲目追求分数，单方面助长了机械灌输的"教"。只有在教学观、教学目标、教学内容、教学方式及教学评价等方面整体性指向"学"，教师的"为学而教"才能落到实处。最后，在指向"学"的教学过程中，往往是从"教与学并进"的方式开始。"教与学并进"是一种从"以教定学"到"以学定教"的过渡，不同于"以教定学"的单向、封闭、线性过程，互动型的"教与学并进"呈现出相对复杂的、非线性的和不可预知的过程。可见，"教与学并进"是在"以教定学"基础上的突破和改变，并不意味着完全摒弃"以教定学"。在这个意义上，"教与学并进"和"教学同步"本质上是为了更好地实现教学目标。

（三）走向生态主义的师生互动

　　文化发展的目的是不断地解放和完善人的个性。"实际上如果不把教育过程、尤其是教学过程看成简单的既有文化的传递过程，如果用动态生成的观点看待教学和学校的日常生活，文化整合与创造就在主体（包括教师、学生）互动时，在对教学内容和日常的行为习惯、思想观念进行积极的思考、选择、判断、评价、批判与改造中实现。"③ 课堂教学的文化观提倡生态主义的师生互动观。"在课堂教学生态中，学生个体才应该是最基本的、最活跃的'细胞'，所以，生态主义提倡在课堂中，通过转变教学生态中的教师行为、学生行为，平衡课堂群体生态，使师生成为合作的探索者，平等的对话者，生生之间成为协同的学习者，

---

　　① 塔巴. 制定教育目的之方法论[M] // 丁证霖，瞿葆奎. 教育学文集·教育目的. 北京：人民教育出版社，1989：625.
　　② 吴康宁. 学生仅仅是"受教育者"吗?：兼谈师生关系观的转换[J]. 教育研究，2003（4）：43－47.
　　③ 吴黛舒. 文化变异与中国教育的文化抉择[J]. 教育理论与实践，2002（8）：11.

让课堂成为能促进学生健康发展的生态王国。"① 教师、学生经由教科书这一中介开展文化的交往，从而实现文化的延续乃至跃迁，而非简单的文化执行和传递。

联合国教科文组织最新报告《反思教育：向"全球共同利益"理念的转变？》中指出："我们应将全人类视为一棵树，而我们自己就是一片树叶。离开这棵树，离开他人，我们无法生存。"② 在走向生态主义的师生互动过程中，教师与学生成为一种"共生"的关系，教师不再是高高在上的文化占有者和代言人，而成为文化的组织者，通过对教科书的组织、开发、补充与调适，与学生共同构建、完善教科书的内容体系，并在此过程中，师与生平等协商，在交流、对话中共同发展。

第三节　教科书使用中的创生文化

教师、教科书、学生之间相互调适的关系将极大激发师生在教科书使用过程中的创造性，使教学过程成为一种富有活力的生动的文化实践。在这个过程中，教师、学生将不再简单依赖于教科书，而是在对教科书进行批判、调整、反思的过程中，把教学变成一个真正的创造过程。

不同于依赖型的忠实执行关系和调适型的互动关系，创生型的教科书关系彰显了教师和学生个性发展过程中与教科书的建构关系。在这种关系中，教科书的使用将出现全新样态：教科书将不再只是可依循、可参照的权威文本，而是作为创造性教学的资源；教科书也不再仅仅是文化传递的工具和文化沟通的桥梁，还是文化生成的源泉。教学成为一种创造的过程。而教师作为课程和文化的开发者，在教学过程中以学生的经验和兴趣为中心，组织、引领学生凭借教科书的资源参与、体验，以"活化教科书"的方式对教科书进行创生、重构。这一过程

---

① 巫肇卉，靳玉乐. 课堂的文化学思考[J]. 当代教育科学，2004（7）：21.
② 联合国教科文组织. 反思教育：向"全球共同利益"理念的转变？[M]. 联合国教科文组织总部中文科，译. 北京：教育科学出版社，2017：12.

超越了工具性的教科书执行，是教科书互动文化的进一步升级，是教师和学生主体性和创造性的进一步彰显，凸显了师生文化创造者的身份，指向人的个性和自由的解放。这是独属于教科书使用中的创生文化，其背后的文化诉求与文化机制是超越工具理性、实践理性之上的解放理性，因而高扬人的自主性，充满着生命的创造力与活力。

一、作为文化生成源泉的教科书

教科书观是和知识观紧密联系在一起的，教科书观是知识观的反映。权威式的教科书观是客观主义知识观的体现，强调工具性，导致权威性和功利性，彰显的是工具理性。互动式的教科书观注重教学实践过程中的对话与互动，具有建构主义知识观的特性，遵循的是实践理性。创生型的教科书观则是对教科书的真正重构，倡导主体建构和批判反思，使教学成为人的解放过程，因而具有解放理性的特征。

知识观的转型必然导致教科书观的改变。互动式的教科书观是知识观转型过程中的过渡产物。建构主义知识观超越了传统客观主义知识观，以张扬人的主体性、通过知识建构过程不断提升人的自身意义和价值为终极目的，体现了一种解放理性的旨趣，因而是对工具理性的超越，也是对实践理性的进一步提升，真正彰显了师生的主体地位，并意味着教师与学生能够自主地在教学中从事创造性活动，在不断地自我反思与彼此交往中实现自由与解放。因此，建构主义知识观必然导致相应的建构主义教科书观。

建构主义教科书观所依托的发展性知识观包含以下几个基本观点：第一，关于知识的来源。知识不是客观存在物，是在主客体相互作用的活动之中建构起来的。第二，关于知识的情境性，知识作为学习者主动意义建构的产物，同时也是情境的产物。建构主义者主张把要学习的知识置于多种具有一定复杂性的问题情境中，分别着眼于不同的侧面，使学习者对知识形成多角度的、丰富的理解，从而使他们在面对各种问题时，能更容易地激活相应的知识，灵活地利用它们解释新现象，形成解决问题的程序①。第三，关于知识的迁移。根据建构主义的立场，

---

① 张建伟，陈琦. 简论建构性学习和教学[J]. 教育研究，1999（5）：56-61.

无论在学习情境还是应用情境中都存在建构，建构过程对两种情境下的学习都存在影响。因此，学习迁移就成了知识在新条件下被重新建构的过程①。

从文化层面来看，这意味着以传递"法定"知识为己任的文化传播意义上的教科书观已不符合文化发展的需要。因为文化的终极目的是"以文化人"，无论是知识的学习还是文化的传递，最终都是为了人的发展与解放。作为教学过程基本载体的教科书，如何看待它，也就是如何看待知识，如何看待文化在人的发展过程中的存在方式、认识方式。在建构主义知识观和认识论的指导下，教科书不仅是建构性的存在，更是作为一种文化生成的源泉，"就是在一个有目的的情境的发展过程中所观察的、回忆的、阅读的和谈论的种种事实以及所提出的种种观念"②。可见，不同于传统的静态教科书观，建构主义教科书观是一种活化教科书的观念。

因此，建构主义教科书观背后的文化追求，必然催生一种创生型的教科书变革。这是一种基于"解放"和"权力赋予"的价值追求，凸显了"解放理性"，是对"实践理性"的进一步超越。这一方面自然解放了教师的主体性，另一方面也对教师提出了更高的要求。

二、教师作为文化的开发者

创生型的教科书理解意味着教师不只是文化的传递者，也不仅仅是文化的组织者，还是文化的开发者、创造者；教学价值观秉持可持续发展的价值取向，体现"素养本位"；教学过程则是师生不断"活化"教科书的过程。

（一）"素养本位"教学价值观

随着以科学知识为核心的现代知识观向以文化知识为核心的后现代知识观转变，知识的文化性、可证伪性、境遇性、生成性、多元性凸显，这意味着新的教学价值观可能得以重建。

"在与国际社会课程教学改革对话交流日益频繁的今天，开放早已是当代教

① 刘儒德. 论建构主义学习迁移观[J]. 北京师范大学学报（人文社会科学版），2001（4）：106 – 112.

② 杜威. 民主主义与教育 [M]. 王承绪，译. 北京：人民教育出版社，1990：143，192.

学的标志性特征。生态及可持续发展意识的增强以及这种意识向社会生态、教育生态领域的迁移，也使学校教学开始与学生现实生活、与社会发展脉动与人类未来走向等的关联度越来越高。"① 新的教学价值观秉持主体性教学价值取向、可持续性学习的教学价值取向以及开放性教学价值取向，其基本理念体现在教学必须为人的全面发展服务，满足发展的需要。教学既要尊重生命，又要成为生命的组成部分。具体体现为：第一，教学目标从"知识就是力量"的传统"力量源泉"观，走向个体与知识的"交流与对话"；第二，教学内容从以学科知识为核心，具有结构体系的"认识产物"，走向"新知识建构"；第三，教学过程从实现"知识的迁移应用"的过程走向"创造生产"新知识、新能力的过程；第四，教学方法从把知识教学看成一种服务于个体外在认识需求的"单向灌输"，走向关注个体内在体验的"智能运作"；第五，教学评价从对特定知识体系评价为主的"等级考试"走向促进个体发生积极转变，体验不断改进与不断成功的喜悦②。

随着课堂教学的目标由"偏向双基"到"注重三维目标的培养"，再到"重视核心素养或关键能力"的转变，相对于"双基"，"'三维目标'充实了教学的育人价值，核心素养则是对教学价值的聚焦式的表达。三维目标较之于双基，核心素养较之于三维目标，都是既有传承的一面又有超越的一面。作为核心素养主要构成的关键能力和必备品格，实际上是三维目标的提炼和整合，把知识、技能和过程、方法提炼为能力，把情感、态度与价值观提炼为品格，能力和品格的形成即是三维目标的有机统一"③。核心素养作为一种新的教学价值观，聚焦人的"素养"本位，指向人的生命发展，主张教学应尊重生命的独特性，理解生命的生成性，善待生命的自主性，关照生命的整体性④。通过尝试构建一种合理的发展观，以期实现人与知识、人与文化的双重建构，从而获得可持续发展。

---

① 杨小微. 从"以教定学"到"为学而教"：中国教学走向现代化的40年[J]. 全球教育展望，2018（8）：14.

② 马志颖. 知识观转型背景下教学价值观的重建[J]. 宁夏大学学报（人文社会科学版），2005（1）：114－116.

③ 杨小微. 从"以教定学"到"为学而教"：中国教学走向现代化的40年[J]. 全球教育展望，2018（8）：14－15.

④ 辛继湘. 新课程与教学价值观的重建[J]. 课程·教材·教法，2003（4）：18－21.

（二）"文化批判者"与改造教科书

作为文化传递者的教师，以一种权威主义的知识观来看待教科书，因为教科书中的知识与文化具有确证性和真理性；在教师与教科书的互动关系中，教师更看重教科书的执行过程，注重教科书执行过程中与学生之间的互动与协商，从而适当对教科书进行调适和再组织，因而具有一定的灵活性和实践性。如果说，权威主义知识观下的教师把教科书看作是不可置疑和不可批判的，执行教科书的过程是知识本位、教案本位的"照着讲"，教师的文化身份是主体性消失下的执行者，那么，随着批判主义知识观时代的来临，知识的形态发生了重要转变。知识从一种权威的和真理的形态转变为不确定的、多元的和开放的形态，所有的知识均被认为是猜测性的、假设性的，并不存在静止的、封闭的真理体系。这势必要求教师的权威主义知识观以及执行者的文化身份发生改变。

建构主义教科书观是建构主义知识观的反映，这意味着教师可以对教科书秉持一种批判性的态度。有研究者指出教科书的可批判性主要表现在两个方面：第一，教科书是由人书写的，因此教科书所呈现出来的知识只代表书写者个人的认知，对于整个人类的认知来说，书写者的个人认知并不一定是一种必然的认知方式和途径，而只能称为一种可能的认知方式和途径。尽管建构主义承认这种个人化认知的合理性和实用性，但这种合理性和实用性只是针对个人而言的，并不具有统一的实用性。后现代主义知识观认为人类全部知识在或多或少的程度上都是不确定的，而且不知道在多大程度上是不确定的，教科书远没有想象的那么权威和确信无疑。第二，教科书所呈现出来的首先是一套符号体系，然后才是其所要表达的意义。索绪尔（Ferdinand de Saussure）关于符号的能指与所指的区分以及两者之间可以任意组合的理论，实际上表达了这样一个观点，即教科书是"死"的，而使用教科书的教师是"活"的。教师对教科书的使用绝不能仅仅把教科书当作一个"死"的"文件"来传递，而应该通过与文本的互动、对话和商榷等方式来激活教科书的知识功能①。

教科书的可批判性并非是教师批判教科书权威的充分条件，而只是给教师提供了一种批判的可能。另外，"教师对文本知识的批判性并不是要武断地推翻、

---

① 胡芳. 知识观转型中教师主体性的回归[J]. 高教发展与评估，2010（9）：68 – 75.

颠覆文本知识的意义，这里的批判性是针对无反思的盲从、机械的备份、教条的解读等把文本知识视为'天书'的方式。教师对文本知识的批判性应该是以一种'投入理解'的方式对待文本知识"①。"在生存哲学和解释学看来，人与文本的关系，是人通过文本与潜在于文本中的作者对话，由此成为'我与你'的关系。这样，文本也具有了主体性"②。在对话观的视界下，作为文化批判者的教师与教科书的关系显然超越了传统的不平等而转向平等的"对话与理解"。

在此基础上，教师对待教科书的方式就可以实现一种创造性的使用与改造。教师对教科书的创造性使用与改造主要体现在对教科书进行补充、丰富与完善上，最终整合各种课程资源为教学服务。这要求教师首先要深入解读教科书，对教科书的内容、重难点、组织顺序以及要求的教学方法、教学理念形成深入的认识，其次还要全面涉及教科书的内容、呈现方式、组织顺序与结构等方面。在此基础上，教师还应该发挥自身"活生生的经验"，因为教师本身就是一本"活教材"，"每位教师天赋、特长等各不相同，其人生阅历也有所差异，教师基于自己所拥有的课程资源对教科书进行拓展，把个人的独特知识、体验作为教科书内容的有益补充"③。因此，作为文化批判者的教师与教科书文本之间形成了真正的"我与你"的"交往"关系。具体而言，在这个过程中，教科书真正被"活化"了，而学生的学习成为体验和发展教科书的过程。

三、学生作为文化的创造者

学生不只是教学活动的主体、学习的主体，而且是课程的开发者、知识与文化的创造者，学生在学习活动中不断创造着社会生活经验。

（一）学生是学习活动的主体

学生作为学习活动的主体是确凿无疑的。每一个学习者，不论其知识多寡、能力大小，都有其独立的人格与尊严，都有主宰自己命运的权利，都是一个主体，都应当平等地受到尊重。学生是课程（教学）的有机构成部分，他有权诘

---

① 胡芳. 知识观转型中教师主体性的回归[J]. 高教发展与评估，2010（9）：74.
② 孙智昌. 教科书的本质：教学活动文本[J]. 课程·教材·教法，2013（10）：19.
③ 王世伟. 调适教科书：使用教科书的实然与应然取向之间的中庸之道[J]. 教师教育研究，2011（9）：48.

问他应当朝哪个方向发展、他应当学习什么。重申学习者主体地位，一是提醒我们在教学中尊重学生的个性差异，二是避免学生成为教学的被动接受者，而应该明确他是课程的主动开发者，是课程与教学活动的主体。

（二）学生是知识与文化的创造者

学生是知识与文化的创造者。要意识到不只是科学家、艺术家、诗人在创造知识和文化，每一个学习者也是知识与文化的创造者。学习者在班级和学校交往中、在日常生活中，都在日复一日地创造着自己的个人知识和同伴文化，这些个人知识和同伴文化在学习者人格发展过程中所起的作用丝毫不亚于所接受的学科知识与文化。卢梭（Jean - Jacques Rousseau）在《爱弥儿》中曾说过这样一句话："在万物的秩序中，人类有它的地位；在人生的秩序中，童年有它的地位；应当把成人看作成人，把孩子看作孩子。"杜威也明确指出：在人格的某些方面，成人应当向儿童学习。总之，儿童在社会生活中具有主体地位，儿童不仅是知识与文化的接受者，还是知识与文化的参与者、创造者。

（三）学生创造着生活经验

"学生不只是接受社会生活经验，为社会生活经验所熏染，而且创造着社会生活经验。社会生活经验不是一个抽象的存在，它是不同文化群体、不同社会群体、不同年龄阶段的人（儿童与成人）在持续的交往中形成的。因此，社会经验中熔铸了儿童的精神与智慧。"① 一方面，学生在社会生活中具有主体地位，是社会生活经验的创造者之一；另一方面，学生对成人成熟经验的学习须经过学生的选择、认同，学生是经由学习、体验不断丰富和创造自身的生活经验的。

学生是知识和文化创造者、课程与教学活动的开发者，以及生活经验的创造者，这意味着必须向传统接受型教学方式提出挑战。"传统教学思想及其实践主张的最要害的问题是过分强调有计划的教育环境的作用而忽视了学生自身的能量，忽视了学生的经验参与本身就是环境和教育的一部分；即过分强调计划、控制而忽视了人的主动活动可能带来的教育机会。"② 近年来出现的项目式学习正是基于传统教学的沉疴，基于张扬学生主体性、回归教育本质而受到广泛关注。

---

① 张华. 课程与教学论[M]. 上海：上海教育出版社，2000：207.
② 郭华. 项目学习的教育学意义[J]. 教育科学研究，2018（1）：27.

"项目学习是在系统学科知识学习的基础上，学生综合运用多学科学习成就进行自主学习的一种综合性、活动性的教育实践形态。"[①] 以语文整本书阅读项目化设计为例，七年级学生自读《城南旧事》导读，可以作为教材"亲情""成长"单元及《朝花夕拾》的拓展阅读，通过设计理解作者的童年、讲述"我"心灵的童年两个任务，以"怎样保存自己的童年"为驱动问题，引导学生在阅读中思考，在活动中感悟。活动过程包括梳理故事情节，绘制人物关系图，探秘小说儿童视角，对比电影《城南旧事》，最后生成自己的"童年相册"，讲述照片里的故事，叙写自己的童年故事，感悟"让实际的童年过去，心里的童年永存下来的成长历程"[②]。在这样的学习活动中，学生作为创造者、开发者的身份体验和发展着教科书，同时，经由学生的体验，不断丰富、拓展教科书的内容与框架，学生自身的经验也获得丰富与拓展。

四、"为学而教"的创生文化

用变革的观点看教学，"教学是教师和学生在具体教育情境中对内容做出根本变革的过程——创造内容与建构意义的过程"[③]。如果说传统教学是基于教育心理学原理有效传递内容的过程，是忠实执行教学计划的过程，是书本知识本位教学价值观在教学过程中的体现，那么变革的教学则是一个创造的过程。在这个过程中，教科书只是作为教学资源而存在，且作为课程文本的一部分，经由师生主体性的充分发挥而共同实现课程的创生。因此，对于教师而言，如何在复杂的教学情境中与学生共同创生课程是一件极具挑战的事情。教学过程，不再是执行教科书的"以教定学""教学同步"，而是跨向对教科书进行重构的"以学定教""为学而教"。这一过程，是基于"素养本位"的教学价值观在教学中的体现，是解放旨趣的文化观念在教学中的彰显，也是教科书、教师和学生相互交融、动态开放关系的充分展现。

---

① 郭华. 项目学习的教育学意义[J]. 教育科学研究，2018（1）：26.

② 杨葛莉. 项目化学习：统编初中语文教材实施困境的突破[J]. 中国教育学刊，2019（12）：93.

③ 张华. 课程与教学论[M]. 上海：上海教育出版社，2000：90.

（一）立足人文主义教育观的教学

早在 1996 年，联合国教科文组织就在"德洛尔报告"（《教育——财富蕴藏其中》）中提出了教育的四大支柱，即"学会求知""学会做事""学会共处""学会做人"，指出了 21 世纪教育应该关注的核心问题。"四大支柱"为人的发展指明了道路。

世界在变，教育也必须作出改变。《国家中长期教育改革和发展规划纲要（2010—2020 年）》要求"适应国家和社会发展需要，遵循教育规律和人才成长规律，深化教育教学改革，创新教育教学方法，探索多种培养方式，形成各类人才辈出、拔尖创新人才不断涌现的局面"，"关注学生不同特点和个性差异，发展每一个学生的优势潜能"，同时还提出了创新人才培养模式的具体原则，即学思结合、知行统一和因材施教。积极倡导启发式、探究式、讨论式、参与式教学，帮助学生学会学习。面向 21 世纪，"教育必须教导人们学会如何在承受压力的地球上共处"[1]。这是一种人文主义教育观，把教育视为最根本的共同利益。这提醒我们教育须有更为宏阔的视野，教育不仅仅是为了个人的发展，应该立足于培养"为所有人建设更美好未来"的变革者，因为，"再也没有比教育更为强大的变革力量……需要比以往任何时候都更加重视教师和教育工作者"[2]。

人才和变革者的培养最终落实到课堂。回归到教学中的教科书使用问题，这提示我们，系统的教科书教学固然重要，但学生仅凭教科书的学习是肯定不够的；就文化的发展而言，继承固然重要，但仅有继承不行；就个人发展而言，书本知识的学习固然重要，但在书本知识之外，还应关注理解知识的过程与方法。因此，"共同的趋势是：关注知识传承的同时，关注理解知识的过程与方法；强调系统学科知识掌握的同时，关注跨学科知识的综合运用；关注个人独立与努力的同时，关注群体的沟通与合作；等等。总之，强调让学生有综合运用知识的机会，有相互合作共同生活的机会，有接触真实的沸腾的社会生活的机会"[3]。这

---

① 联合国教科文组织. 反思教育：向"全球共同利益"的理念转变？[M]. 北京：教育科学出版社，2017：1.

② 联合国教科文组织. 反思教育：向"全球共同利益"的理念转变？[M]. 北京：教育科学出版社，2017：2.

③ 郭华. 项目学习的教育学意义[J]. 教育科学研究，2008（1）：29.

意味着我们要跳出教科书使用的传统习惯，从人文主义教育观的层面，重建教学价值观，重构教学过程，走向一种创生型的教学。

（二）走向"以学定教"的创生型教学

深化课堂教学改革的关键在于创新课堂教学模式，把课堂还给学生，发挥学生的主体性。"课堂教学改革应体现个性化、高参与、广互动、深思辨、善表达、多实践、低负担、高效益的特征；要调整好教与学的关系，为学而教、以学论教、先学后教、多学少教。"① 目前，在"核心素养"被普遍关注的背景下，聚焦"关键能力"与"核心素养"的课堂教学改革，突出以学生的发展为本，以整体性地改变教学方式为主，"以学定教，为学而教"已经成为课堂教学改革的共同方向。

以学定教的基本特征体现在以下方面：就目标而言，学生的学习不仅仅是完成教科书的学习，而是指向生命的成长。就内容而言，学习内容不再局限于教科书，也有在学习过程中生发出来的新内容、新主题。就过程而言，"学习过程不是由教师设计的预想流程，而是学生在完成任务的过程中生成的现实过程，虽然终究只能经历某一过程，但学生知道有无限可能的路径和过程，知道选择、决策的重要性，知道需要承受选择的后果"②。就学生的体验而言，学习体验不仅是对于教科书的识记、理解、运用，而是在实际教学活动中体验到的丰富、复杂与多变。"学生能够在真实而具体的情境中体验到分工合作的意义，体验并承受规则的意义，体验到有些问题的答案可以开放而有些问题的答案则必须唯一。"③以学定教不同于传统的课程和教学，突破了教科书执行式的单一线性教学，实现了师生协作、共同学习，整个教学过程以掌握解决问题的方法为主，注重学生的探究与体验，而非局限于知识性的学习。正如布鲁纳（Jerome Seymour Bruner）所言："学生的认识过程与人类的认知过程有相同之处，教学过程就是教师引导学生发现的过程。学习就是运用材料，亲自去发现问题、得出结论、验证规律。学习者应该成为发现者。"以学定教超越了单纯的教科书学习，经由教科书走向

① 余丽红. 深化课堂教学改革 创新人才培养模式：全国课堂教学模式创新研讨会暨《中国教育学刊》2010 年度工作会议综述[J]. 中国教育学刊，2010（11）：91.

② 郭华. 项目学习的教育学意义[J]. 教育科学研究，2008（1）：29.

③ 郭华. 项目学习的教育学意义[J]. 教育科学研究，2008（1）：29.

生活、走向世界，实现了由知识到能力的构建，继而形成了由能力达成素养，再由素养回到完整生活的循环。

以学定教是对教学的重新定义。教学不再是执行教科书的过程，而是师生围绕教科书的交往互动的过程；教学不再是遵循固定的程序，而是在交往中随时跟随变化、复杂而丰富的情境作出调整和改变。这意味着"教学过程不是一种单纯的认识过程，而是生命意义的发生、创造与凝聚的过程，是生命力量的呈现与发展的过程，是主体对于生命内涵的体验过程。教学不只是传递知识的活动，而是一种生命活动，是生命存在的基本方式。师生在教学中通过体验不断领悟世界的意义和人本身存在的意义，不断激活着生命、确证着生命、丰富着生命，不断提升着生命的质量与价值。"① 因此，"学会教学"的核心问题是学会如何在复杂的教学情境中与学生共同创生课程。尽管这个过程比较复杂，因为教师和学生这两类主体之间的交互作用关系是复杂的，真正的课程创生过程是一个复杂的文化事件②，但在这一过程中，学生获得了更多成长发展的机会。

（三）在人格化的教学过程中走向教科书的重构

教学变革的出发点和归宿是教师与学生的个性成长、发展与变化。因此，教学变革不是简单地改变教科书的使用及其教学组织形式，而是整体性地聚焦人的精神世界（思维、情感、价值观等），在人格化的教学过程中走向教科书的重构，走向生命意义的创造与超越。

在教学变革过程中，教师和学生成为真正的主体。首先，学生是教学的主体。学生的主体性获得充分的尊重和发挥是教学成功的基本前提。"学生有自己的精神世界、价值取向和活动范围，这一切都不能用成人的价值观进行武断地判断与取舍，而应在教学中受到应有的尊重。"③ 唯有如此，学生才能在教学中真正发挥创造性。其次，教学是教师人格化的过程。"只有当教师的需要、兴趣、价值观、经验和教学能力获得充分体现，当教师的主体性得以充分发挥，教学才是真正意义上的教学。"④ 教学是教师引领学生以教科书为媒介，实现彼此生命

---

① 辛继湘. 新课程与教学价值观的重建[J]. 课程·教材·教法，2003（4）：20.
② 张华. 课程与教学论[M]. 上海：上海教育出版社，2000：92.
③ 张华. 课程与教学论[M]. 上海：上海教育出版社，2000：371.
④ 张华. 课程与教学论[M]. 上海：上海教育出版社，2000：371.

相遇共生的过程。这一过程是以教师的人格唤醒学生的人格，最终实现师生生命力量的涌动和人格的提升。最后，在人格化的教学过程中走向教科书的重构。教科书不再只是教学的目的和内容，而是作为教学的材料，经由教学过程在师生的文化交往中不断改造完善的过程。

教科书的重构影响着人的精神世界的重构。在这一过程中，师生作为教学的主体，创造着教学，也创造着人自身。正是经由教学中教科书的创造性使用，学生一点点获得思维的点化、精神的敞亮与生命境界的提升，一步步走向成人之路；教师作为引领者，自身也在组织、陪伴、参与过程中，逐步获得为师者的尊严与独特的幸福。唯有超越教科书执行取向的知识授受，回到教学中的师生生命交往，从教科书与师生生命的真实关联入手，才能让教学真正成为具有文化意义的交往活动，从而始终焕发迷人的魅力。

参考文献

[1] 石鸥, 石玉. 论教科书的基本特征[J]. 教育研究, 2012 (4).

[2] 刘晓东. 论儿童文化：兼论儿童文化与成人文化的互补互哺关系[J]. 华东师范大学学报 (教育科学版), 2005 (2).

[3] 孙燕青. 文化自觉与文化自信视野下的传统文化定位[J]. 哲学动态, 2012 (8).

[4] 郑金洲. 教育文化学[M]. 北京：人民教育出版社, 2000.

[5] 吴小鸥. 教科书, 本质特性何在?：基于中国百年教科书的几点思考[J]. 课程·教材·教法, 2012 (2).

[6] 胡潇, 曹维. 文化逻辑的研究策略[J]. 哲学动态, 2014 (4).

[7] 贝尔. 资本主义的文化矛盾[M]. 赵一凡, 等译. 台北：台北久大文化股份有限公司, 1991.

[8] 赵长林, 杨振华, 中美语文教科书政治社会化功能的文本分析[J]. 湖南师范大学教育科学学报, 2016 (2).

[9] 杨凡, 吴立宝. 中美初中数学教科书习题比较研究：以中国人教版和美国 IM 版为例[J]. 数学教育学报, 2014 (5).

[10] 申宣成. 中英母语教科书综合性学习设计之比较：以英国《英国技能》和我国 4 套教科书为例[J]. 当代教育科学, 2011 (2).

[11] 哈里斯. 文化人类学[M]. 李培茱, 等译. 北京：东方出版社, 1988.

[12] 石鸥. 百年中国教科书的文化担当[J]. 教育科学研究, 2017 (11).

[13] 吴永军. 课程社会学[M]. 南京：南京师范大学出版社, 1999.

[14] 王攀峰. 教科书研究方法的现状、问题与建议[J]. 课程·教材·教法, 2017 (1).

[15] 黄显华，霍秉坤. 寻找课程论和教科书设计的理论基础[M]. 北京：人民教育出版社，2001.

[16] 孔凡哲，张恰. 教科书研究方法与质量保障研究[M]. 长春：东北师范大学出版社，2007.

[17] 王固，罗生全. 论问题取向的课程论研究[J]. 教育研究，2011（10）.

[18] 习培荨. 教育文化学[M]. 南京：江苏教育出版社，2000.

[19] 张应强. 中国教育研究的范式和范式转换：兼论教育研究的文化学范式[J]. 教育研究，2010（10）.

[20] 孙隆基. 中国文化的深层结构[M]. 北京：中信出版社，2015.

[21] 史密斯. 文化理论：导论[M]. 张鲲，译. 北京：商务印书馆，2008.

[22] 徐中舒. 甲骨文字典[M]. 成都：四川辞书出版社，1989.

[23] 许慎. 说文解字注[M]. 上海：上海古籍出版社，1988.

[24] 泰勒. 原始文化[M]. 连树声，译. 上海：上海文艺出版社，1992.

[25] 马林诺夫斯基. 文化论[M]. 费孝通，等译. 北京：中国民间文艺出版社，1987.

[26] 道格拉斯. 洁净与危险[M]. 黄剑波，等译. 北京：民族出版社，2008.

[27] 格尔茨. 文化的解释[M]. 韩莉，译. 南京：译林出版社，1999.

[28] 梁启超. 梁启超论中国文化史[M]. 北京：商务印书馆，2012.

[29] 梁漱溟. 中国文化要义[M]. 上海：上海人民出版社，2005.

[30] 张岱年. 文化体用简析[M] // 文化与哲学. 北京：教育科学出版社，1988.

[31] 张汝伦. 文化研究三题议[J]. 复旦学报（社会科学版），1986（3）.

[32] 张岳，熊花，等. 文化学概论[M]. 北京：知识产权出版社，2018.

[33] 胡潇. 文化现象学[M]. 长沙：湖南人民出版社，1987.

[34] 李剑华，范定九. 社会学简明辞典[M]. 兰州：甘肃人民出版社，1984.

[35] 路丽梅，等. 辞海[M]. 北京：光明日报出版社，2012.

[36] 纽宁 A，纽宁 V. 文化学研究导论：理论基础·方法思路·研究视角[M].

敏志荣，译. 南京：南京大学出版社，2018.

[37] 泰勒. 人类学[M]. 连树声，译. 桂林：广西师范大学出版社，2004.

[38] 费孝通. 反思·对话·文化自觉[J]. 北京大学学报（哲学社会科学版），1997（3）.

[39] 卡瓦拉罗. 文化理论关键词[M]. 张卫东，等译. 南京：江苏人民出版社，2013.

[40] 徐椿梁，郭广银. 文化哲学的价值向度[J]. 江苏社会科学，2018（2）.

[41] 卡西尔. 人论[M]. 甘阳，译. 上海：上海译文出版社，2013.

[42] 袁鑫，阎孟伟. 文化哲学的本体论诉求：卡西尔文化哲学思想探析[J]. 世界哲学，2020（1）.

[43] 哈维兰. 文化人类学[M]. 瞿铁鹏，等译. 上海：上海社会科学院出版社，2006.

[44] 陈华文. 文化学概论新编[M]. 北京：首都经济贸易大学出版社，2019.

[45] 庄孔韶. 人类学通论[M]. 太原：山西教育出版社，2002.

[46] 励雪琴. 教育学是什么[M]. 北京：北京大学出版社，2006.

[47] 陈序经. 文化学概观[M]. 长沙：岳麓书社，2010.

[48] 怀特. 文化的科学：人类与文明研究[M]. 沈原，等译. 济南：山东人民出版社，1988.

[49] 胡德海. 论教育的自在和自为[J]. 教育研究与实验，1988（3）.

[50] 黄忠敬. 课程研究的文化学路向[J]. 南京师大学报（社会科学版），2005（6）.

[51] 王道俊，郭文安. 教育学[M]. 北京：人民教育出版社，2016.

[52] 郝德永. 课程与文化[M]. 北京：教育科学出版社，2002.

[53] 邹进. 现代德国文化教育学[M]. 太原：山西教育出版社，1992.

[54] 叶澜. 中国基础教育改革的文化使命[M]. 北京：教育科学出版社，2001.

[55] 杜威. 杜威教育论著选[M]. 赵祥麟，王承绪，译. 上海：华东师范大学出版社，1981.

[56] 石鸥，吴小鸥. 中国近现代教科书史[M]. 长沙：湖南教育出版社，2012.

[57] 刘师培. 伦理教科书：第 2 册[M] // 钱玄同. 刘申叔先生遗书：第 65 册. 忻州：宁武南氏校印，1936.

[58] 黄展云，林万里，王永炘. 国语教科书：第一册[M]. 上海：商务印书馆，1910.

[59] 施良方. 课程理论：课程的基础、原理与问题[M]. 北京：教育科学出版社，1996.

[60] 吴小鸥，吴甜甜. 刘师培编撰的国学教科书及其文化意蕴[J]. 湖南师范大学教育科学学报，2014（2）.

[61] 王后雄，孙建明. 新课程化学教科书中传统文化元素的比较研究[J]. 化学教育，2014（1）.

[62] 钟晓媛，郭震. 中华优秀传统文化在中学化学教科书中的百年变迁研究[J]. 课程·教材·教法，2019（12）.

[63] 钱初熹. 中国中小学美术教科书中的传统文化[J]. 全球教育展望，2015（3）.

[64] 郭宝仙. 英语课程中的传统文化：中日教科书比较的视角[J]. 全球教育展望，2014（1）.

[65] 张曦. 中西文化价值理念之比较分析：评《中西文化比较教程》[J]. 新闻爱好者，2019（12）.

[66] 陈怡璇. 中国优秀传统文化在百年小学语文教科书中的变迁研究[D]. 上海：上海师范大学，2020.

[67] 孔云. 文化视野中的地理教科书研究[D]. 上海：华东师范大学，2008.

[68] 吴晓威. 人教版高中英语教科书中文化内容的选择及其呈现方式研究[D]. 长春：东北师范大学，2014.

[69] 朱有瓛. 中国近代学制史料：第 1 辑下册[C]. 上海：华东师范大学出版社，1986.

[70] 习近平：在庆祝澳门回归祖国 15 周年大会暨澳门特别行政区第四届政府就职典礼上的讲话[N]. 人民日报，2014 - 12 - 21.

[71] 中华人民共和国教育部. 义务教育品德与社会课程标准：2011 年版[S].
北京：北京师范大学出版社，2011.

[72] 顾明远. 教育大辞典[M]. 上海：上海教育出版社，1998.

[73] 张华. 课程与教学论[M]. 上海：上海教育出版社，2001.

[74] 阿普尔，克丽斯蒂安－史密斯. 教科书政治学[M]. 侯定凯，译. 上海：
华东师范大学出版社，2005.

[75] 王天思. 理性之翼：人类认识的哲学方式[M]. 北京：人民教育出版
社，2002.

[76] 黄忠敬. 课程政策[M]. 上海：上海教育出版社，2010.

[77] 石中英. 知识转型与教育改革[M]. 北京：教育科学出版社，2001.

[78] 图海纳. 我们能否共同生存？既彼此平等又互有差异[M]. 狄玉明，李平
沤，译. 北京：商务印书馆，2003.

[79] 郭湛. 社会的文化程序[M]. 哈尔滨：黑龙江教育出版社，2016.

[80] 钱穆. 文化与教育[M]. 桂林：广西师范大学出版社，2004.

[81] 胡定荣. 课程改革的文化研究[M]. 北京：教育科学出版社，2005.

[82] 倪文锦. 高中语文新课程教学法[M]. 北京：高等教育出版社，2004.

[83] 吕达，等. 杜威教育文集：第 5 卷[M]. 北京：人民教育出版社，2008.

[84] 英格尔斯. 人的现代化：心理·思想·态度·行为[M]. 殷陆君，译. 成
都：四川人民出版社，1985.

[85] 库恩. 科学革命的结构[M]. 金吾伦，胡新和，译. 北京：北京大学出版
社，2003.

[86] 埃尔. 文化概念[M]. 康新文，译. 上海：上海人民出版社，1988.

[87] 靳玉乐. 多元文化课程的理论与实践 [M]. 重庆：重庆出版社，2006.

[88] 凌昌焕，杜亚泉. 新学制小学后期用新法理科教科书：第 1 册[M]. 21
版. 上海：商务印书馆，1923.

[89] 杜亚泉，杜就田. 共和国教科书高等小学新理科：第 1 册[M]. 4 版. 上
海：商务印书馆，1912.

［90］中华人民共和国教育部. 义务教育教科书·语文：一年级上册［M］. 北京：人民教育出版社，2016.

［91］屠莉娅. 基于变革社会的视角：核心素养阐发与建构的再思考［J］. 全球教育展望，2016（6）.

［92］靳玉乐，王洪席. 十年教材建设：成就、问题及建议［J］. 课程·教材·教法，2012（1）.

［93］蔺红春，徐继存. 我国学校课程建设十五年：回顾与反思［J］. 教育学报，2017（1）.

［94］项贤明. 论人文系统中的教育［J］. 教育研究，2001（9）.

［95］滕星. "多元文化整合教育"与基础教育课程改革［J］. 中国教育学刊，2010（1）.

［96］王德如. 国家课程文化自觉的实践策略［J］. 中国教育学刊，2007（8）.

［97］辛继湘，李金国. 课堂教学改革的文化矛盾与教育自觉［J］. 湖南师范大学教育科学学报，2015（4）.

［98］郑新蓉. 现代教育教学应体现的教育价值观［J］. 学科教育，1999（1）.

［99］章乐. 儿童立场与传统文化教育：兼论小学道德与法治教材中的中华传统文化教育［J］. 课程·教材·教法，2018（8）.

［100］罗宾·圣克莱尔·巴罗，黄向阳. 文化繁衍与教育［J］. 华东师范大学学报（教育科学版），1996（1）.

［101］吴小鸥，张瑞. 新课程改革教科书对多元文化的理解［J］. 教育理论与实践，2016（2）.

［102］李吉林. "意境说"导引，建构儿童情境学习范式［J］. 课程·教材·教法，2017（4）.

［103］李吉林. 情境教学特点浅说［J］. 课程·教材·教法，1987（4）.

［104］李广超. 地方课程开发中的知识选择：境域性优先的视角［J］. 教育学术月刊，2016（8）.

［105］王鉴，安富海. 知识的普适性与境域性：课程的视角［J］. 教育研究，2007（8）.

[106] 杨德军, 江峰. 中小学三级课程整体推进的范式研究[J]. 课程·教材·教法, 2016 (10).

[107] 吴小鸥. 新课程改革教科书之文化标准研究[J]. 课程·教材·教法, 2016 (2).

[108] 吴婷婷. 百年语文教科书选文文化分析: 基于清末、民国时期、现代三套语文教科书选文的比较[J]. 课程·教材·教法, 2018 (7).

[109] 容中逵. 当代中国传统文化传承的三种语境[J]. 社会科学战线, 2009 (3).

[110] 杨伟. 尊重新教材 理解新教材 用好新教材: 统编本语文教材总主编温儒敏教授访谈[J]. 语文建设, 2018 (7).

[111] 林其雨. 现行语文教科书选文标准的文化选择与突破[J]. 福建基础教育研究, 2014 (6).

[112] 李醒民. 论科学文化及其特性[J]. 科学文化评论, 2007 (4).

[113] 吴小鸥, 石鸥. 1912年"共和国教科书"新文化标准探析[J]. 课程·教材·教法, 2013 (2).

[114] 张维忠, 孙庆括. 多元文化视野下的数学教科书编制问题刍议[J]. 全球教育展望, 2012 (7).

[115] 吴小鸥, 姚艳. "为国家谋文化上之建设": 杜亚泉编辑出版教科书研究[J]. 福建师范大学学报 (哲学社会科学版), 2016 (3).

[116] 侯前伟. 教科书内容的"文化选择": 内涵、评价依据与标准建构[J]. 基础教育, 2019 (5).

[117] 傅建明, 蒋洁蕾. 教科书之异域文化研究: 以新中国八套小学《语文》为文本[J]. 教育发展研究, 2014 (4).

[118] 石鸥, 吴小鸥. 浸润在湖湘文化中的第一乡土教科书[J]. 湖南师范大学社会科学学报, 2009 (4).

[119] 倪文锦. 考察母语教科书文化构成的四个视角[J]. 全球教育展望, 2007 (8).

[120] 姜建. 论开明书店的国文教科书编写: 开明派的文化实践[J]. 南京师范大学文学院学报, 2015 (3).

[121] 宋景堂. 论普通高中课程标准实验教科书《文化生活》中的文化功能[J]. 课程·教材·教法，2011（6）.

[122] 吴小鸥. 文化赋形与意义阐释：以王亨统编撰新式教科书为中心[J]. 福建师范大学学报（哲学社会科学版），2019（2）.

[123] 王有升. 我国现行九年义务教育阶段语文教科书（人教版）的文化构成分析[J]. 教育研究与实验，2000（1）.

[124] 段发明，刘倩. 我国小学科学教科书 70 年回顾与展望：文化视角的审视[J]. 课程·教材·教法，2019（7）.

[125] 刘千秋，董小玉. 新时代教科书编辑的文化选择路径：传承、优化、融合[J]. 中国编辑，2019（3）.

[126] 管贤强，郑国民. 新文化运动时期初中国文教科书中外国翻译作品研究[J]. 基础教育，2015（5）.

[127] 李菁. 选择抑或超越：初中思想品德教科书的文化选择探讨[J]. 内蒙古师范大学学报（教育科学版），2008（12）.

[128] 吕长生. 语文教科书文化选择的现实指向：以道德教育为例[J]. 当代教育论坛（教学研究），2010（11）.

[129] 吴晓威，高长山. 长春版小学语文（实验）教科书中华传统文化内容呈现方式研究[J]. 教育理论与实践，2016（29）.

[130] 杨小微，胡雅静. 从"以教定学"到"为学而教"：中国教学走向现代化的 40 年[J]. 全球教育展望，2018（8）.

[131] 王建磬，汪晓勤，洪燕君. 中、法、美高中数学教科书中的数学文化比较研究[J]. 教育发展研究，2015（20）.

[132] BENEDICT R. Transmitting Our Democratic Heritage in the Schools[J]. American Journal of Sociology，1943（6）.

[133] 中华人民共和国教育部. 普通高中语文课程标准：2017 年版[S]. 北京：人民教育出版社，2018.

[134] 中华人民共和国教育部. 义务教育语文课程标准：2011 年版[S]. 北京：

北京师范大学出版社，2012.

[135] 吴洪成，天谧，李晨. 中国近现代教科书史论[M]. 北京：知识产权出版社，2017.

[136] 陈景磐，陈学恂. 清代后期教育论著选[M]. 北京：人民教育出版社，1997.

[137] 亨廷顿. 文化的重要作用：价值观如何影响人类进步[M]. 北京：新华出版社，2010.

[138] 李庆霞. 社会转型中的文化冲突[M]. 哈尔滨：黑龙江人民出版社，2004.

[139] 霍尔. 超越文化[M]. 北京：北京大学出版社，2010.

[140] 梁晓声. 中国文化的性格[M]. 北京：现代出版社，2018.

[141] 梁漱溟. 中国文化的命运[M]. 北京：中信出版社，2016.

[142] 费孝通. 文化与文化自觉[M]. 北京：群言出版社，2016.

[143] 吴洪成. 中国学校教材史[M]. 北京：人民教育出版社，2018.

[144] 张岱年，程宜山. 中国文化精神[M]. 北京：北京大学出版社，2015.

[145] 吕思勉. 中国近代史[M]. 北京：民主与建设出版社，2015.

[146] 钱穆. 钱穆谈中国历史文化：中华文化十二讲[M]. 贵阳：贵州人民出版社，2019.

[147] 衣俊卿. 文化哲学十五讲[M]. 北京：北京大学出版社，2004.

[148] 刘景超. 清末民初女子教科书文化特性[M]. 北京：知识产权出版社，2015.

[149] 俞启定. 中国教育简史[M]. 北京：中央广播电视大学出版社. 1999.

[150] 石鸥，吴小鸥. 简明中国教科书史[M]. 北京：知识产权出版社，2015.

[151] 石鸥. 弦诵之声：百年中国教科书的文化使命[M]. 长沙：湖南教育出版社，2019.

[152] 王国维. 静庵文集[M]. 沈阳：辽宁教育出版社，1997.

[153] 高旭东. 戊戌变法与近代中国的文化冲突[J]. 文史哲，1998（5）.

[154] 李大钊. 李大钊选集[M]. 北京：人民出版社，1980.

[155] 鲁迅. 鲁迅全集：第 1 卷[M]. 北京：人民出版社，1980.

[156] 梁启超. 梁启超全集：第 5 册·清代学术概论[M]. 北京：北京出版社，1999.

[157] 陈平. 多元文化的冲突与融合[J]. 东北师大学报，2004（1）.

[158] 谷雅慧. 实现科学教育与人文教育有机融合的探索[J]. 课程·教材·教法，2005（8）.

[159] 李宏伟. 西学东渐的文化冲突及其反思[J]. 科学研究，2006（S1）.

[160] 吴婷婷，栗洪武. 中国近代百年教科书出版文化的变迁及启示[J]. 全球教育展望，2019（11）.

[161] 沈大德，吴廷嘉. 略论近代以来的中西文化冲突[J]. 天津社会科学，1988（3）.

[162] 张蓓. 合度·深度·尺度：民国时期教科书装帧设计之研究[J]. 中国出版，2016（7）.

[163] 吴小鸥. 近年来中国近代中小学教科书研究综述[J]. 湖南师范大学教育科学学报，2008（3）.

[164] 杨宏丽. 课堂文化冲突的多视角审视[J]. 东北师大学报，2006（5）.

[165] 蔡铁权. 我国科学教科书之近代递嬗：自主编纂时期[J]. 全球教育展望，2015（6）.

[166] 刘湘溶. 当代中国文化冲突的实质及其特征[J]. 湖南师范大学社会科学学报，1989（4）.

[167] 许纪霖. 近代中西文化冲突的历史鸟瞰[J]. 党史研究与教学，1992（3）.

[168] 曲铁华，于桂霞. 中国近代中小学教材的改革[J]. 教育研究，2006（4）.

[169] 李孝迁. 新旧之争：晚清中国历史教科书[J]. 东南学术，2007（4）.

[170] 周秋利. 民国三大书局的教科书之争[J]. 中国编辑，2003（4）.

[171] 周忠华，向大军. 文化差异·文化冲突·文化调适[J]. 吉首大学学报（社会科学版），2011（2）.

[172] 牛瑞雪，王本陆. 信息时代重新思考教科书[J]. 内蒙古民族大学学报（社会科学版），2016（5）.

[173] 李文堂. 全球化语境中的文化身份与文化冲突[J]. 江苏行政学院学报，2002（3）.

[174] 周蔚华. 全球化背景下的文化冲突[J]. 中国特色社会主义研究，2002（4）.

[175] 周大鸣，秦红增. 人类学视野中的文化冲突及其消解方式[J]. 民族研究，2002（4）.

[176] 刘春华，张涛. 近代中西文化冲突与融合[J]. 山东师范大学学报（人文社会科学版），2008（2）.

[177] 胡维革，郑权. 文化冲突与反洋教斗争：中国近代"教案"的文化透视[J]. 东北师大学报，1996（1）.

[178] 崔新建. 文化认同及其根源[J]. 北京师范大学学报（社会科学版），2004（4）.

[179] 董少辉. 文化冲突与近代中国变革思想的演进[J]. 理论探讨，2005（1）.

[180] 陈独秀. 敬告青年[J]. 当代青年研究，1989（2）.

[181] 辛继湘. 新课程与教学价值观的重建[J]. 课程·教材·教法，2003（4）.

[182] 陈月茹. 中小学教科书中的多元文化问题[J]. 全球教育展望，2007（2）.

[183] 靳玉乐，陈妙娥. 新课程改革的文化哲学探讨[J]. 教育研究，2003（3）.

[184] 王振辉，汪晓勤. 数学史如何融入中学数学教材[J]. 数学通报. 2003（9）.

[185] 彭泽平，姚琳. 科学、人文的紧张与冲突：20世纪20年代初"科玄论战"的文化与教育省察[J]. 西南大学学报（社会科学版），2008（2）.

[186] 黄国英. 论中国近代人文教育与科学教育的文化冲突[J]. 教育与管理，2006（21）.

[187] 郑新蓉. 多元文化视野中的课程与教材建设[J]. 教育研究与实验，2004（2）.

[188] 苏国勋. 全球化背景下的文化冲突与共生：上[J]. 国外社会科学，2003（3）.

[189] 张友谊. 全球化视野下的文化冲突与融合[J]. 西南师范大学学报（人文社会科学版），2001（1）.

[190] 石鸥. 教科书概论[M]. 广州：广东教育出版社，2019.

[191] 陈独秀. 吾人最后之觉悟[C] //陈独秀. 独秀文存，合肥：安徽人民出版社，1987.

[192] 冯契. 哲学大辞典[Z]. 上海：上海辞书出版社，1992.

[193] 比彻，泰罗勒尔. 学术部落与学术领地：知识探索与学科文化[M]. 唐跃勤，译. 北京：北京大学出版社，2018.

[194] 胥秋. 学科文化的内涵及其研究进展[J]. 高教发展与评估，2011（2）.

[195] 程新奎. 国外学科文化研究综述[J]. 宁波大学学报（教育科学版），2016（5）.

[196] 鲁洁. 应对全球化：提升文化自觉[J]. 北京大学教育评论，2003（1）.

[197] 克鲁克洪，等. 文化与个人[M]. 高佳，等译. 杭州：浙江人民出版社，1986.

后
记

　　教科书与文化有着千丝万缕的联系。教科书的编写、使用与研究不仅深受文化因素的影响，它自身也在传承和创新着文化，承担着人类文化延续与发展的使命。从文化学的视角审视和分析教科书不仅有助于拓展教科书研究领域，还能够为教科书研究提供新的路径，进而促进教科书理论的创新和发展。

　　教科书作为读者最多、对读者影响最深远的文本，植根于特定的文化土壤和境脉。文化预设了教科书知识选择的种类、范围和限度，强化了对教科书内容编写的价值引领，规范着对教科书的整体理解和把握。而教科书也在对文化进行优选和重组，是继承和传播文化的重要载体，也承担创新文化以及文化育人、促进学生全面发展的重任。教科书研究的文化取向与逻辑则是以文化为基本视角，把教科书置于丰富、复杂的文化语境中，探寻教科书的文化属性、文化功能以及文化影响因素，从而揭示出教科书发展的文化基础与脉络。

　　教科书在文化传承与交流、选择与创新中起着不可替代的作用。任何一种文化的传播都需要借助相应的载体，在教育领域对文化传承和交流起到至关重要作用的载体就是教科书。不论是对中华五千年优秀文化的传承，还是本土文化与外域文化的碰撞交流，教科书都在发挥其独特的作用。教科书在文化选择的过程中，作为文化主体，它历经了一系列主体性的意向活动，包括教科书对文化进行直接吸收、教科书在选择过程中对文化进行适当的改造以及教科书在文化选择过程中对文化进行提升。不仅如此，教科书还在主动确立着文化标准，引领着人类文化发展的新路向，以此对文化"母体"进行着扬弃式与组合式的创新，从而超越对文化的单向选择，在内容体系、装帧设计、编写体例、图文搭配等方面实现文化的创新性发展。

在教科书的发展进程中，文化冲突对教科书产生了深刻影响。文化冲突通常发生在不同文化相遇、接触之后，由于文化观念、内容、形式等的异质性而会出现各种类型的冲突。教科书作为文化传承与发展的重要载体，文化冲突对其影响是直接和多方面的。当不同文化发生冲突之时，教科书也会随之发生变化，这种变化可能是局部的修正，也可能是某方面根本性的颠覆，需要在既有文本的基础上消化和吸收异质文化，以重新适应文化的变迁与时代发展需求。可以说，文化冲突成了教科书变革的动力，促使教科书在诸多方面加以改革与发展，如教科书编写宗旨的改变、内容选择的多元化和现代化、编写体例的科学化、教科书装帧设计与排版的艺术化以及编写制度的逐步完善。

教科书的编写蕴含多种文化观念。教科书是课程内容的主要载体，是教师实施教学的媒介，也是学生发展的基本文化源。教科书在内容选择、编写体例、版式设计等方面深受学科文化观、儿童文化观、社会文化观的影响，不仅要遵循学科知识的内在逻辑，而且要关注学生个性与整体素质的发展和提升，同时也要发挥教科书在社会文化建设中的作用。因此，教科书在编写过程中既要注重对学科的基本概念、原理、学科态度与方法等方面加以系统把握，体现出应有的学科文化观；也要使教科书整体内容的编写与设计符合儿童认知特点与身心发展规律，彰显儿童文化观；还要根据时代所需，大力弘扬中华优秀传统文化，广泛吸纳多元文化中有价值的内容，从而促进社会文化的繁荣。

在教科书的使用过程中，使用者会持有不同的文化意识。教科书不是普通的读物，而是在教学中使用的文本，因此，教科书使用过程的文化意识又决定着教学活动的文化品格与特征，决定着教学活动抵达的深度与高度，从而最终决定着教育中人的文化塑造与培育。探讨教科书使用过程的文化意识，旨在探寻内在于教学活动中，影响人、制约人行为方式的深层文化肌理，厘清教科书的使用与教学文化之间的关系，关注教科书使用过程中的文化观念、规律、价值、规范等问题，分析教师的文化意识在教科书使用过程中的若干体现，包括作为教科书使用过程实施者的执行文化、作为教科书使用过程组织者的互动文化，以及作为教科书使用过程引领者的创生文化。

本书得以完成，要特别感谢首都师范大学石鸥教授，从最初与教科书文化研究结缘，到书稿的框架结构、写作过程，石鸥教授都给予了高屋建瓴、极富启示性的指点以及从未间断的督促与鼓励！同时，还要感谢我们的研究团队，感谢杨志平、田春、谢雅婷、唐泽霞、李瑞、曹盈、李猷，在研究过程中，我们共同经历了探究的艰难、前行的困惑和取得进展时的欣喜！感谢广东教育出版社林蕳女士等人的辛勤工作！本书在研究过程中参考了大量文献资料，借鉴并引用了很多研究者的成果，在此也一并致以深深的感谢！

本书只是在教科书文化学的研究道路上尝试着作了些许探索，教科书与文化究竟还存在怎样的内在逻辑？两者是如何在更深层次上相互作用的？教科书文化研究还有哪些基本问题需要进一步阐明？如何才能建构一个较为完整的教科书文化学理论体系？对此，还有更长的路要走！

辛继湘

2024 年 7 月